248-0002
鎌倉市二階堂○○○○○
雨宮(守景)鳩子

OGAWA Ito

LETTRES D'AMOUR DE KAMAKURA

Roman traduit du japonais
par Sophie Bescond

Illustrations : Shunshun
Calligraphies : Kayatani Keiko et Mitsui Tadahiro

Éditions Picquier

DE LA MÊME AUTRICE
AUX ÉDITIONS PICQUIER

Le Restaurant de l'amour retrouvé
Le Ruban
Le Jardin arc-en-ciel
La Papeterie Tsubaki
La République du bonheur
Le Goûter du lion

Tous nos remerciements à Mitsui Tadahiro qui a aimablement réalisé les calligraphies de l'édition française (pages 21, 41, 70, 73, 74, 144, 174, 274).

Titre original : *Tsubaki no koibumi*

Mas de Vert
B.P. 20150
13631 Arles cedex
www.editions-picquier.com

Lettres en japonais : Kayatani Keiko

Cartes et illustrations intérieures : Shunshun

En couverture : © Flora Waycott

Conception graphique : Picquier & Protière

Mise en page : Atelier Baie

ISBN : 978-2-8097-1679-5

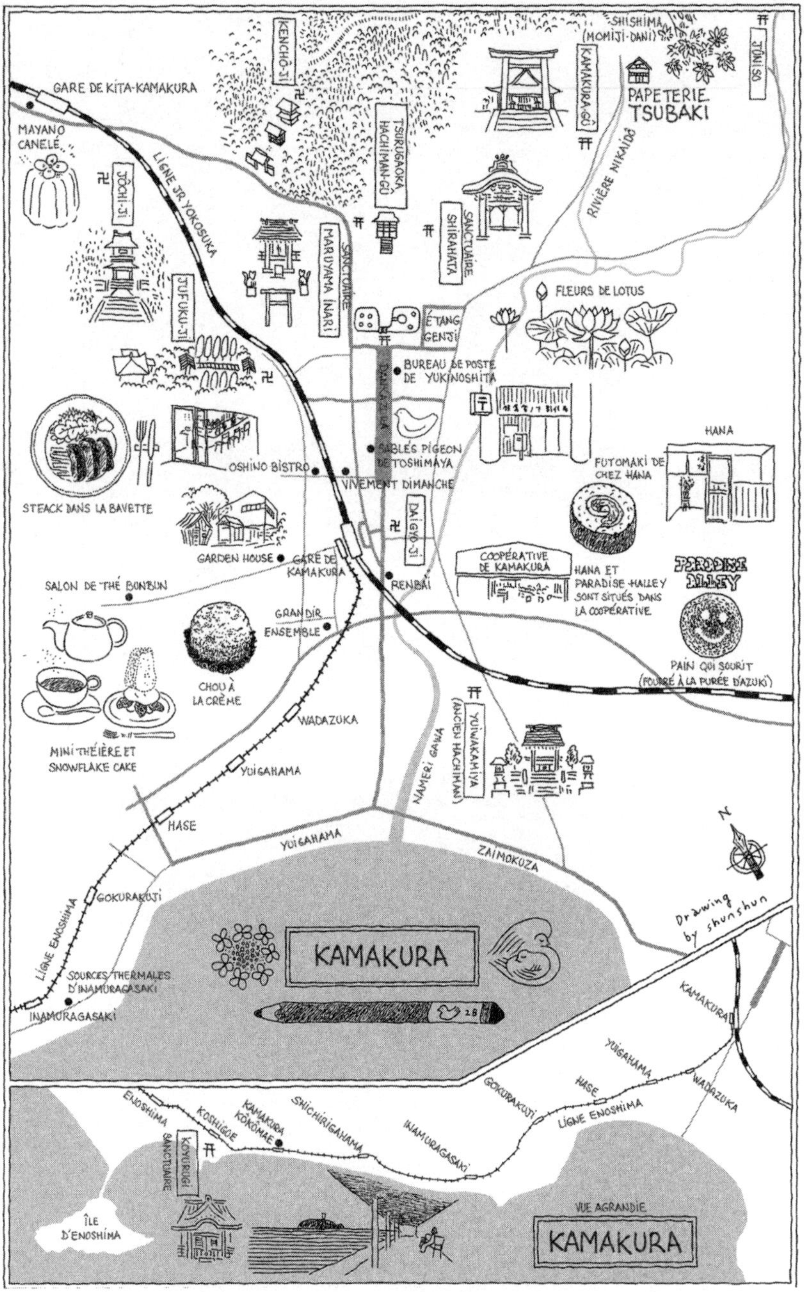

GARE DE KITA-KAMAKURA
MAYANO CANELÉ
JÔCHI-JI
JUFUKU-JI
LIGNE JR YOKOSUKA
KENCHÔ-JI
TSURUGAOKA HACHIMAN-GÛ
SANCTUAIRE MARUYAMA INARI
SANCTUAIRE SHIRAHATA
KAMAKURA-GÛ
SHISHIMA (MOMIJI-DANI)
JÔMYÔ-JI
PAPETERIE TSUBAKI
RIVIÈRE NIKAIDÔ
FLEURS DE LOTUS
ÉTANG GENJI
BUREAU DE POSTE DE YUKINOSHITA
SABLÉS PIGEON DE TOSHIMAYA
OSHINO BISTRO
VIVEMENT DIMANCHE
STEACK DANS LA BAVETTE
HANA
FUTOMAKI DE CHEZ HANA
DAIGYO-JI
GARDEN HOUSE
GARE DE KAMAKURA
RENBAI
COOPÉRATIVE DE KAMAKURA
HANA ET PARADISE HALLEY SONT SITUÉS DANS LA COOPÉRATIVE
PARADISE ALLEY
SALON DE THÉ BONBUN
GRANDIR ENSEMBLE
CHOU À LA CRÈME
PAIN QUI SOURIT (FOURRÉ À LA PURÉE D'AZUKI)
MINI THÉIÈRE ET SNOWFLAKE CAKE
WADAZUKA
YUIGAHAMA
NAMERI GAWA
YUIWAKAMIYA (ANCIEN HACHIMAN)
HASE
YUIGAHAMA
ZAIMOKUZA
N
GOKURAKUJI
LIGNE ENOSHIMA
SOURCES THERMALES D'INAMURAGASAKI
INAMURAGASAKI
KAMAKURA
Drawing by shunshun
2B
KAMAKURA
YUIGAHAMA
WADAZUKA
HASE
GOKURAKUJI
LIGNE ENOSHIMA
INAMURAGASAKI
SHICHIRIGAHAMA
KAMAKURA KÔKÔMAE
KOSHIGOE
ENOSHIMA
SANCTUAIRE KOYURUGI
ÎLE D'ENOSHIMA
VUE AGRANDIE
KAMAKURA

HORTENSIA

Chers tous,

La saison des fleurs de cerisiers est de retour, cette année encore.

Comment allez-vous ?

Les cerisiers de l'allée Dankazura, dont la rénovation est terminée, sont actuellement en pleine floraison.

Je suis désolée de vous en informer aussi tardivement, mais en fait, ma petite famille s'est agrandie de nouveaux membres.

Il y a six ans est née ma fille cadette, Koume, et l'année suivante, cela a été au tour de mon premier fils, Rentarô. Nous voilà donc une heureuse famille de cinq personnes.

Ma fille aînée Haruna (QP) entrera en troisième au printemps prochain.

Grossesse, accouchement, soins du nourrisson, ces grands événements de la vie se sont produits deux fois dans la mienne, et bien que j'en aie été heureuse, cela a aussi engendré pas mal de chaos, rendant mes journées plutôt mouvementées.

長らくお休みをいただいておりました代書屋は、この春からの再開に向け、ただいま準備を進めております。
このお知らせが皆様の元に届く頃には、また代書のご依頼を承ることができるようになっているかと存じます。
ご用の際には、ぜひツバキ文具店にてお声がけくださいますよう、よろしくお願い申し上げます。

これからの季節、鎌倉の町にはますます緑があふれます。
輝くような美しいひとときを味わいに、ぜひ、こちらまで足を伸ばしていただけましたら、幸いです。
皆様にお会いできるのを、心から楽しみにしております。

ツバキ文具店店主
雨宮（守景）鳩子

お世話になった皆様へ

今年も、桜の季節が巡ってきました。
皆様、お元気でお過ごしですか？
補修工事を終えた段葛の桜が、今、美しく花を咲かせています。

ご報告が遅くなってしまいましたが、実は、わが家に新しい家族が増えました。
六年前に次女の小梅が、その翌年には長男の蓮太朗が誕生し、わが家はめでたく五人家族となりました。
長女の陽菜（QPちゃん）は、この春、中学三年生になります。
妊娠、出産、育児という、人生における大きな出来事が二回も立て続けに起こり、嬉しい反面、混乱する場面も多く、ただただ慌ただしい日々を過ごしてきました。
その間、代書業の方がおろそかになり、皆様にご不便をおかけしましたこと、心よりお詫び申し上げます。
毎日毎日が宇宙旅行のような日々でしたが、先日、小梅と蓮太朗がそろって小学校に入学しました。
この間、私どもの成長を温かい目で見守ってくださった方々には、感謝の気持ちでいっぱいです。

Durant cette période, j'ai négligé mon travail d'écrivain public, ainsi je tiens à m'excuser sincèrement du désagrément que cela a pu vous causer.

Chaque journée était comme un voyage dans l'espace, mais l'autre jour, Koume et Rentarô sont tous deux entrés à l'école primaire.

Je suis remplie de gratitude envers ceux qui ont veillé sur nous avec gentillesse pendant tout ce temps.

Après cette longue interruption, je me prépare à reprendre mon activité d'écrivain public au printemps.

Je pense qu'au moment où cette annonce vous parviendra, je serai à nouveau en mesure d'accepter les demandes de rédaction de lettres.

Si vous avez besoin de moi, n'hésitez pas à me contacter à la papeterie Tsubaki.

Au cours de la saison à venir, Kamakura sera de plus en plus verdoyante.

Je serais heureuse si vous passiez par ici pour goûter à de beaux moments lumineux.

J'ai vraiment hâte de vous revoir tous.

Amemiya (Morikage) Hatoko
Propriétaire de la papeterie Tsubaki

J'ai relu ma lettre encore et encore, vérifiant qu'il n'y ait pas de faute d'étourderie, de formulation incorrecte ou de phrase tordue. Pour en être plus sûre, j'ai d'abord imprimé une seule feuille sur mon imprimante. J'ai choisi un papier de couleur rose pâle, évoquant les fleurs de cerisiers.

Une fois l'imprimante refroidie, j'ai mis l'énorme liasse que j'avais imprimée dans la grande boîte carrée jaune de sablés-pigeons que QP utilisait avant pour ranger son matériel d'écriture, avec un insert parfumé. Quelques jours passés là-dedans, et une légère fragrance viendra imprégner le papier.

Le parfum délicat et raffiné que le destinataire va sentir quand il ouvrira l'enveloppe sera un petit cadeau de ma part.

Pour l'enveloppe, j'ai choisi d'utiliser la *yôgata* n° 2, une enveloppe de style occidental de 162 sur 114 millimètres, couleur jaune d'œuf afin de figurer la lumière printanière. Chaque adresse est écrite à la main au stylo-plume. Pour l'adresse de l'expéditrice, j'ai fait graver des caractères tracés par mes soins sur un tampon en caoutchouc, que j'ai apposé sur les enveloppes en usant de la même encre bleu-noir que pour celle des destinataires. Il n'y a que mon nom que je souhaite ajouter à la main, je vais donc le calligraphier sur chaque exemplaire.

Je n'arrivais pas à décider si je devais utiliser mon nom de jeune fille, « Amemiya », ou celui de Mitsurô, « Morikage », et d'ailleurs cela n'a pas vraiment d'importance, mais il aurait été trop familier d'écrire simplement « Hatoko ». Après bien des hésitations, j'ai mis Amemiya en tête et Morikage entre parenthèses.

Quand je me suis mariée, j'ai changé mon nom de famille Amemiya en Morikage, sans raison particulière, je trouvais ça tout naturel. Dans la foulée, j'ai entamé les formalités de changement de nom pour mon compte bancaire et ma carte de crédit, avant de tout laisser tomber en chemin. Non seulement cela demandait beaucoup de temps et d'argent, mais c'était aussi très perturbant mentalement, car j'avais l'impression de faire table rase de mon existence passée.

Je me suis demandé ce qu'avait été ma vie en tant que Amemiya Hatoko. Pour commencer, je ne comprenais pas pourquoi il faudrait adopter le nom de famille de l'autre simplement parce qu'on se liait à lui. L'idée m'est même venue que croire que porter le même nom de famille resserrait les liens familiaux signifiait au contraire que l'on en faisait peu de cas.

Finalement, c'est par mon nom de jeune fille, Amemiya, que je me fais appeler le plus couramment, comme autrefois. Mais pour ce qui concerne l'école des enfants, j'utilise Morikage, juste pour éviter toute confusion.

J'ai l'impression d'être la seule à me prendre la tête pour cette histoire de nom de famille et que cela n'a pas de sens. Même si l'envie me prenait de lever le poing et de faire quelque chose politiquement à ce sujet, je n'y pourrais pas grand-chose.

Quoi qu'il en soit, Amemiya (Morikage) Hatoko vit actuellement chaque journée du mieux possible, avec ardeur, accaparée par mille menus travaux comme le ménage et l'éducation des enfants. J'ai beau être favorable aux noms de famille alternatifs pour les couples mariés, je n'ai pas le temps d'engager un procès pour modifier la loi.

Le parfum de l'insert a légèrement imprégné le papier machine A4, créant une atmosphère fort agréable. Le papier ordinaire de couleur rose est élégant et sourit avec une expression distante, un brin prétentieuse.

Seuls des parfums naturels sont utilisés dans cet insert, comme le bois de santal, le camphre, le clou de girofle et la cannelle. Si j'approche mon visage de la surface du papier pour prendre une profonde inspiration, j'ai l'impression qu'une éminente présence me caresse tendrement la tête.

Pour moi qui vis à un train d'enfer à m'occuper des enfants nuit et jour, de petites pauses comme celle-ci se révèlent précieuses. C'est ce que j'ai appris, immergée jusqu'au cou dans le tourbillon de mes devoirs de mère. On doit éprouver la même chose lorsqu'on trouve son goûter préféré au coin d'une station d'eau lors d'un marathon, on oublie sa douleur ne serait-ce qu'un instant.

Le prix des timbres a augmenté deux fois au cours des huit dernières années. Même si on n'y peut rien (c'est à cause de l'augmentation de la TVA), ça m'ennuie de devoir apposer un timbre supplémentaire près de chacun des timbres de 80 yens qui me restent.

Désormais, l'affranchissement d'une lettre standard coûte 84 yens pour un maximum de 25 grammes, et 94 yens pour un maximum de 50 grammes. Je me demandais si je parviendrais à trouver un joli timbre de 84 yens, car je supposais que mon courrier pesait moins de 25 grammes, vu qu'il ne contenait qu'une feuille A4. Cela me turlupinait.

Le timbre de 84 yens vendu couramment a un motif de fleurs de prunier. Mais avec les pruniers, plutôt que d'être en avance sur la saison, j'aurais l'air d'être à la traîne, ce qui n'est pas très raffiné. Et surtout, c'est trop administratif et banal.

En ouvrant ma boîte à timbres, parmi ceux réalisés pour commémorer le centième anniversaire du recensement, j'en ai trouvé un avec un mignon dessin d'une famille de six personnes. La famille Morikage compte maintenant cinq membres, mais peut-être y en aura-t-il un de plus dans le futur. Et Miyuki aussi, bien sûr, fait partie de notre tribu. J'ai donc décidé de ne pas trop me préoccuper du nombre et de me focaliser sur la famille. S'il avait été autocollant, cela m'aurait simplifié la tâche, mais là encore, je n'avais pas le choix.

J'ai profité du moment où les trois enfants étaient à l'école pour me concentrer sur le collage des timbres. Je les ai apposés avec soin, un par un, en veillant à ce qu'ils soient correctement placés, bien droits, en harmonie avec le coin de l'enveloppe. Si la lettre est un visage, le timbre en est la bouche. Je ne connais rien de plus vilain que du rouge à lèvres qui déborde.

Tandis que je collais les timbres, je me suis souvenue qu'avec l'aide de QP, j'avais confectionné des faire-part en forme d'avion pour annoncer mon mariage. A cette époque, j'avais eu le courage de composer moi-même le texte avec des caractères typographiques. Une tâche exigeant tellement de temps serait rigoureusement impossible à celle que je suis aujourd'hui. D'ailleurs, je n'y ai même pas songé.

Il est vrai que l'impression typographique dégage plus de chaleur et de sincérité, mais les techniques d'impression ont progressé. Quoi de mieux qu'une imprimante pour dupliquer de beaux caractères proprement et rapidement ? C'est ce que je pense avec pragmatisme, en tant que mère de trois enfants absolument débordée.

Et voilà !

J'avais fini de timbrer soigneusement chaque lettre. J'étais tellement heureuse d'avoir du temps pour moi que l'enthousiasme me faisait parler toute seule.

Il ne me restait plus qu'à plier les feuilles en quatre, les glisser dans les enveloppes, fermer celles-ci et le tour était joué. Un travail que je ferais cette nuit, quand les enfants seraient endormis.

Le lendemain, je suis allée en ville pour la première fois depuis longtemps.

Ce que j'appelle la ville se résume aux alentours de Dankazura à Kamakura. Une zone qui s'étend jusqu'à la librairie Shimamori, au maximum. Voilà bien des années que je n'ai pas mis les pieds dans le quartier à l'ouest de la gare. J'ai peine à croire que je me rendais tous les jours au Garden House avec Madame Barbara. Le Garden est désormais pour moi un lieu aussi lointain que Shibuya ou Harajuku.

Je peux compter sur les doigts d'une main le nombre de fois où j'ai quitté Kamakura en train. Et comme à chaque fois c'était en lien avec des manifestations enfantines, ce n'est pas comme si j'étais allée dans un endroit qui me plaisait de ma propre volonté.

Alors que j'avançais d'un pas plutôt pressé sur l'allée Dankazura, tournant le dos au sanctuaire Hachiman, des images du passé sont remontées à ma mémoire.

Combien d'années s'étaient écoulées depuis que nous avions descendu la Dankazura en nous tenant la main, Mitsurô et moi, avec QP, qui venait d'entrer à l'école primaire, entre nous deux ?

A l'époque, elle était encore petite, et en y repensant, la QP d'alors était pour moi comme une petite boule de *daifuku* fourrée à l'*anko*.

Ronde, mignonne, avec une odeur légèrement sucrée quand on s'approchait d'elle, croustillante par endroits, mais moelleuse quand on la serrait dans ses bras.

Ce jour-là, Mitsurô et moi avons officiellement enregistré notre union, devenant mari et femme. Je suis devenue la maman de QP et nous avons fait nos premiers pas en tant que famille. Dans ma vie, devenir la mère de QP a été un événement bien plus bouleversant que de devenir l'épouse de Mitsurô.

Je pensais avec optimisme que nous irions chaque année chez zebrA, où nous avions mangé ce jour-là, pour commémorer notre anniversaire de mariage en famille, mais nous n'avons pu le faire que l'année suivante. Après deux grossesses consécutives et la naissance de mon plus jeune fils, il ne m'était guère possible de sortir manger en famille, encore moins chez zebrA. Et il en est allé ainsi jusqu'à aujourd'hui. C'est pourquoi avoir pu célébrer tranquillement les débuts de notre famille avec QP et Mitsurô s'est changé en un beau souvenir vraiment précieux.

J'ai été tellement occupée ces dernières années que je n'avais même pas le temps de repenser à tout ça.

Ces lettres annonçant la reprise de mon activité d'écrivain public à la papeterie Tsubaki, je les ai envoyées depuis le bureau de poste de Yukinoshita.

Quand le courrier part de là, on peut le faire tamponner d'un cachet montrant un guerrier qui tire à l'arc à cheval durant le rituel du Yabusame au sanctuaire

Hachiman. Le bureau de poste de Kamakura, situé un peu plus loin sur la grand-rue Wakamiya, possède un tampon décoratif représentant la mer et le Grand Bouddha, mais Kamakura, pour moi, c'est définitivement le sanctuaire Hachiman.

En consultant ma montre, j'ai vu qu'il me restait encore un peu de temps. Malgré mon envie de gravir les escaliers de Hachiman pour la première fois depuis longtemps et de me recueillir bien comme il faut devant le sanctuaire principal, rien à faire, je mourais de faim.

J'ai franchi le deuxième torii en continuant de tourner le dos au sanctuaire Hachiman, puis, après m'être retournée d'une pirouette et inclinée devant lui, j'ai traversé au passage piéton, dépassé la librairie Shimamori et poursuivi mon chemin vers la mer. J'ai jeté un rapide coup d'œil aux jardins du temple Daigyô-ji, affectueusement surnommé « Onme-sama » car dédié à la déesse de l'accouchement, et je me suis dirigée vers Renbai, la coopérative de Kamakura.

Mon prétexte officiel était d'acheter pour les enfants des pains à la crème d'*azuki* de chez Paradise Alley, aussi appelés pains-qui-sourient. Mais la vraie raison, c'est que je voulais à tout prix manger des *futomaki-zushi.*

Les épais rouleaux de sushis de Madame Hana.

Beaucoup de gens m'en avaient parlé. Il y a peu, une petite confiserie japonaise appelée « Hana » avait ouvert ses portes à Renbai, juste en face de Paradise Alley. Si ses gâteaux japonais étaient exquis, ses *futomaki-zushi* étaient, paraît-il, une tuerie ! J'en avais entendu dire beaucoup de bien de la part d'amies mamans et de clients réguliers de la papeterie Tsubaki. Mais je n'avais pas encore eu l'occasion d'y aller.

Mon souhait réalisé, la boutique où j'ai enfin pu mettre les pieds s'est révélée petite mais accueillante. La femme qui la tenait (probablement Madame Hana) possédait elle aussi une apparence discrète et soignée, donnant le sentiment que la nourriture apprêtée par ses soins serait à coup sûr délicieuse.

Mitsurô se rend régulièrement à Renbai pour s'approvisionner en légumes et en autres produits, mais vu qu'il n'y en a plus si l'on ne vient pas tôt le matin, il n'arrive presque jamais à la coopérative après onze heures, heure à laquelle Madame Hana ouvre sa confiserie. Par conséquent, nous n'avons encore rien goûté qui provienne de chez elle.

J'ai d'abord pris des *futomaki-zushi* pour moi, puis choisi d'acheter des brochettes de boulettes *dango* pour Mitsurô et les enfants.

Peut-être parce que le magasin était petit, j'avais l'impression d'être une enfant à qui l'on a demandé de faire une course en lui confiant de la monnaie. Même pour de si menues emplettes, j'étais curieusement excitée et ne pouvais empêcher mon visage de se fendre d'un sourire.

Une fois sortie de la coopérative, jetant par hasard un coup d'œil au-delà du passage piéton, j'ai remarqué qu'un nouveau marchand de bonbons avait ouvert.

Même si en théorie j'étais vaguement au courant, le voir en vrai m'a rendue mélancolique. Là, autrefois, il y avait une boutique de boutons. Son nom était, si ma mémoire est bonne, Fuji Boutons.

Contrairement à ce qu'on pourrait croire, Kamakura est un endroit qui évolue très rapidement.

Avant que l'on s'en rende compte, de nouveaux magasins poussent comme des champignons après la pluie. J'ai sans arrêt l'impression d'être dans la peau d'Urashima Tarô après trois cents ans passés dans le palais du Roi-Dragon.

Bien sûr, il y a quelque chose d'amusant à voir de nouvelles boutiques ouvrir les unes après les autres, mais quand un magasin familier disparaît, c'est triste. Il suffit d'avoir la tête dans les nuages pour que des décors aimés s'évanouissent.

De retour à l'allée Dankazura, cette fois, je me suis dirigée vers le sanctuaire Hachiman. Comme la plupart du temps je marche en tenant mes jeunes enfants par la main, j'ai trouvé rafraîchissant d'avoir les deux mains vides. J'éprouvais un sentiment de libération, comme si je goûtais les plaisirs d'une randonnée.

Mais tout de même, qu'est-ce que c'est haut !

Avec les travaux de rénovation, j'ai réalisé combien le paysage vu depuis la Dankazura avait changé.

Les vieux cerisiers qui avaient été transplantés ou abattus ont été remplacés par de jeunes arbres. J'ai entendu dire que leur nombre avait réduit. Le plus grand changement réside dans le bétonnage du chemin de terre ; secrètement, je m'inquiétais de la profonde tristesse de l'Aînée si elle avait su cela.

Mais ce n'était là que crainte imaginaire. Un homme en fauteuil roulant venait en face, poussé lentement par un aide-soignant. Maintenant qu'elle est dépourvue d'obstacles, l'allée Dankazura est devenue accessible aux personnes qui ne pouvaient pas l'emprunter auparavant. Et on peut admirer les fleurs de cerisiers sans se soucier du passage des voitures et des vélos.

Bien sûr, la vue change selon que l'on marche sur le trottoir de la rue principale Wakamiya ou sur le sol surélevé de la Dankazura, mais surtout, j'aime le fait que lorsque je me promène sur cette allée, j'éprouve un sentiment spécial, celui d'être traitée avec égards en tant qu'être humain, celui d'être protégée.

En plus, on peut se tenir bien en face du sanctuaire Hachiman ! Grâce aux travaux de rénovation, davantage de personnes sont désormais en mesure de profiter de cette expérience.

L'allée Dankazura a été construite par le shogun Minamoto no Yoritomo en offrande aux dieux, dans l'espoir que son épouse bien-aimée Masako accouche sans encombre.

Jusqu'à la moitié des travaux, je n'étais guère d'humeur à les approuver, mais lorsqu'ils ont été terminés et que j'ai parcouru la nouvelle Dankazura, je me suis demandé honnêtement si ce n'était pas mieux ainsi. J'en suis arrivée à penser que si Yoritomo avait vécu à notre époque, il aurait engagé les mêmes travaux de réfection.

Ceci mis à part, la vitalité des végétaux est vraiment admirable.

Au début, quand les cerisiers ont été replantés, je craignais que des branches aussi fines ne donnent pas de fleurs. Mais en l'espace de quelques années, ces cerisiers si frêles ont poussé à toute vitesse et fleurissent désormais comme il se doit.

Cette année, les branches des cerisiers des deux côtés

de l'allée font un tunnel de fleurs fraîches.

Comme c'est beau !

Je me suis arrêtée au milieu de la Dankazura et j'ai levé les yeux vers ce ciel rose.

Légères, aériennes, les fleurs s'épanouissaient, semblant ajouter de la couleur à l'air. Quand le vent soufflait, elles dansaient dans le ciel ; lorsqu'elles captaient la lumière, elles scintillaient d'une lueur dorée.

Comme j'avais encore un peu de temps devant moi, me dénichant un banc, je m'y suis assise et j'ai mordu dans un *futomaki-zushi.*

Quel bonheur !

Tandis que je mangeais les épais rouleaux de sushi cuisinés avec amour sous la douce pluie de pétales de fleurs de cerisiers, une telle félicité m'emplissait que cela ne m'aurait pas dérangée de mourir dans l'instant.

Des concombres, du gingembre rouge mariné, des lamelles de courge séchées et des champignons *shiitake,* tous coupés et préparés avec soin, s'alignaient en ordre parfait le long de la fine omelette pour former le caractère *no.* Le riz à sushi avait la consistance idéale, quant à la feuille d'algue *nori,* son parfum était divin.

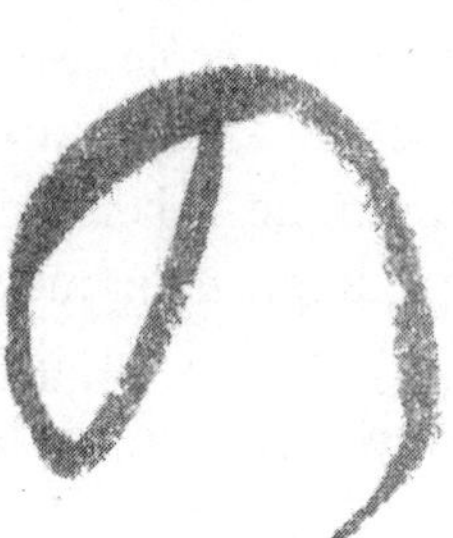

no

Depuis que j'ai une famille, je mange principalement des repas que moi ou Mitsurô avons cuisinés. Ils sont délicieux à leur manière. Mais parfois, j'ai envie de manger quelque chose de différent.

C'est peut-être en demander trop, mais il y a des moments où les saveurs douces et riches de plats préparés par une personne extérieure me manquent désespérément.

L'épais rouleau dans ma paume était rempli d'amour ou de tendresse sans limite, jusqu'au moindre grain de riz, et cela touchait avec délicatesse le noyau de mes émotions. Un flot de bonheur a dilaté mon cœur, comme si j'étais plongée jusqu'aux épaules dans un bain avec juste ce qu'il faut d'eau chaude, et les larmes me sont montées aux yeux.

Jamais je n'aurais imaginé qu'un jour viendrait où je verserais des larmes en mangeant un *futomaki-zushi*.

Sortant mon mouchoir, j'ai essuyé mes pleurs. Le vieux mouchoir, hérité de QP, portait ses initiales cousues au fil à broder par Mitsurô.

Mais l'heure est bientôt venue pour moi de partir. Deux élèves de CP tout beaux tout neufs allaient rentrer de l'école. Même si, quelques minutes plus tôt, je pensais que mourir ne m'aurait pas dérangée, dans la pratique, cela m'est impossible.

Réprimant mon envie de me laisser flotter sur les vagues de l'émotion, j'ai rassemblé mes forces et je me suis levée comme un vaillant samouraï.

La prochaine fois que j'emprunterai l'allée Dankazura, les fleurs de cerisiers seront sans doute tombées, révélant les jeunes feuilles vertes.

Après avoir jeté un dernier regard aux fleurs de cerisiers et fait une prière très simple au sanctuaire Hachiman, je suis rentrée chez moi à la vitesse d'une marche athlétique.

— Bonjour ! Poppo, tu es là ?

Quelques jours plus tard, quand j'ai levé la tête en m'entendant appeler Poppo pour la première fois depuis longtemps, j'ai découvert mon amie d'enfance à l'entrée de la papeterie Tsubaki.

— Mai ! me suis-je exclamée, ravie.

— Ça fait longtemps. Comment vas-tu ? J'ai apporté ceci pour le manger avec toi.

Mai m'a tendu un sachet brun.

— C'est quoi ?

— Je suis allée à Kita-Kamakura faire quelques courses. Devant la gare, un joli magasin de cannelés m'a fait de l'œil, alors je n'ai pas pu m'empêcher d'entrer et d'en acheter. Je venais juste de recevoir ta lettre et je me suis dit : « Aah, comme j'aimerais manger des cannelés avec Poppo ! » Impossible de résister, j'ai pris le bus pour venir jusqu'ici. J'avais prévu de laisser le sachet sur le pas de la porte et de m'en aller si la boutique était fermée, mais comme elle était ouverte...

Mai m'a souri avec son sourire typique d'écolière.

— Merci !

Le simple fait qu'une amie vienne me rendre visite comme ça, à l'improviste, me touchait profondément et me rendait heureuse.

— Je vais tout de suite préparer du thé.

Je me suis levée pour aller faire bouillir de l'eau dans l'arrière-boutique.

Alors que je me demandais ce qui irait bien avec les cannelés, j'ai soudain remarqué une boîte à thé noire de chez Mariage Frères. A l'intérieur dormaient les feuilles de thé Marco Polo que Madame Barbara m'avait envoyées de Paris.

— Comme toujours, je me sens si apaisée quand je viens ici, a dit Mai dans un doux murmure.

J'ai vu alors que, me tournant le dos, Mai contemplait le paysage par la porte coulissante de l'entrée.

Ce qu'elle regardait ainsi, c'était un écureuil. Sa queue en panache toute gonflée, il grignotait avec enthousiasme un bouton de camélia. Un spectacle qui n'était pas si rare. Sur le camélia du Japon, l'arbre symbole de la papeterie Tsubaki, des pétales rouges s'attardaient encore ici et là, même maintenant que le printemps était arrivé.

Après avoir rempli généreusement de thé la théière en acier inoxydable, je l'ai apportée sur un plateau. En attendant que les feuilles de thé Marco Polo se détendent dans l'eau chaude, j'ai sorti les cannelés du sachet brun.

Ils étaient beaucoup plus petits que ce à quoi je m'attendais. Ces gâteaux minuscules étaient surmontés de pétales de fleurs, ce qui leur donnait l'apparence de plantes en pot. Les pétales avaient des couleurs si vives que l'on aurait dit des pierres précieuses. Quel dommage de les manger !

— Il paraît que dans cette boutique, ils font les cannelés avec ce qu'on appelle des *edible flowers*, des fleurs comestibles. Et ils utilisent de la farine de riz au lieu de blé.

Dans ce cas, je pouvais en donner à Koume en toute sécurité, ai-je pensé sur-le-champ. Comme ma fille cadette Koume est allergique au blé, il me faut prêter une attention particulière aux gâteaux qui contiennent de la farine de blé comme ingrédient. Même si ses réactions allergiques ne sont plus aussi graves qu'avant, je continue de m'inquiéter de ce qu'elle mange.

Quand j'ai disposé les cannelés sur l'assiette ovale blanche offerte par Madame Barbara, l'effet était aussi gai qu'un parterre de fleurs d'école primaire.

— C'est si joli...

— Oui, rien que de les regarder, je me sens comme une petite fille.

Toutes les deux, nous avons fait l'éloge des cannelés.

Comme le thé paraissait avoir assez infusé, j'en ai versé dans les tasses. Son rouge garance intense et transparent semblait l'image même du caractère passionné de Madame Barbara.

— Ça sent bon.

Mai a plissé les yeux.

— C'est Madame Barbara qui me l'a envoyé, ai-je expliqué tout en respirant profondément le parfum du thé Marco Polo.

En m'emplissant les poumons de cette fragrance, j'avais l'impression de retrouver Madame Barbara.

— Je ne l'ai rencontrée qu'une fois, ici, avec toi, mais elle m'a semblé une personne charmante et vraiment merveilleuse. Est-ce que tout va bien pour elle dans le sud de la France ?

— Oui, elle m'envoie parfois des cartes postales et des colis.

— Ah oui ? Je vois. Merci pour le précieux thé. Madame Barbara a beaucoup d'énergie, ou peut-être devrais-je dire, de vitalité ? Une grande force de volonté ? Elle est vraiment digne d'être ta meilleure amie.

Proclamant qu'il était mal de se trouver des échappatoires quand on avait un endroit où aller, Madame Barbara avait définitivement quitté sa maison pour partir vivre auprès de son petit ami favori qui habitait dans le sud de la France. Selon ses propres mots, ce serait le dernier amour de sa vie.

Et à présent, dans l'ancienne maison de Madame Barbara devenue vacante, vivait une femme d'âge mûr probablement célibataire, en compagnie de plusieurs chats. Si la famille Morikage accumule les problèmes et les défis à relever, l'un de ses plus grands challenges est de découvrir comment entretenir de bonnes relations avec cette personne revêche.

— Vas-y, toi d'abord. Choisis le cannelé qui te fait envie.

Alors que mon moral menaçait de sombrer face à la dure réalité, Mai me l'a remonté avec un timing parfait.

J'aurais sans doute pu n'en faire qu'une bouchée, cependant j'ai pris la peine de diviser le gâteau en deux avant de le mettre respectueusement dans ma bouche. Si, à l'extérieur, il présentait une texture lisse évoquant la céramique, l'intérieur était humide et moelleux comme de la mousse.

Mai aussi a d'abord goûté le plaisir de contempler tranquillement le petit cannelé sous tous les angles ; puis, après l'avoir admiré tout son soûl, elle l'a mis dans sa bouche.

Tandis qu'amicalement nous mâchions nos cannelés à l'unisson, nous nous sommes regardées à maintes reprises, en hochant profondément et vigoureusement la tête.

Même si nous ne l'exprimions pas à voix haute, nous partagions en cet instant la même émotion, celle de se noyer dans un tourbillon de bonheur.

— Alors, euh...

Quand nous avons fini d'échanger sommairement des nouvelles, Mai est entrée dans le vif du sujet. Dès que j'avais vu son visage, j'en avais eu le pressentiment : elle m'a demandé d'écrire une lettre pour elle.

Les cannelés sombraient lentement dans les profondeurs de mon estomac. Il se pouvait qu'en ce moment, Mai ait de sérieux problèmes.

Le regard intense, comme si elle allait faire une déclaration solennelle, elle m'a annoncé :

— J'ai mangé du pudding à la citrouille !

— Hum.

Sans mot dire, j'ai écouté Mai de toutes mes oreilles.

— C'est ma belle-mère qui l'a préparé et mon beau-père me l'a apporté.

— Oui.

— Dedans, il y avait un cheveu. En plus, cela s'était déjà produit avant. La première fois, c'était dans une croquette de viande hachée.

Mai a poussé un grand soupir, alors j'ai fait de même. Après quelques instants de silence, elle a poursuivi :

— Tu sais, la cuisine de Maman Yukko est incroyablement délicieuse. Je dirais même qu'elle a un niveau professionnel. Et pas seulement en cuisine japonaise, mais aussi chinoise, italienne... Parfois, elle me prépare aussi des plats marocains ou espagnols. Quand il y en a beaucoup, j'en donne à mes voisins. S'il n'y avait eu un cheveu qu'une fois, je pense que j'aurais fermé les yeux en mettant ça sur le compte du hasard. Mais deux fois de suite ? Je ne sais pas quoi faire… En fin de compte, je me demande si ce ne serait pas plus gentil de lui dire la vérité.

Je me suis dit que c'était là une opinion honnête, bien digne de Mai et de son sens aigu de la justice.

— Dans ce cas, pourquoi tu ne demandes pas à ton mari de s'en charger ?

A mon sens, c'était la manière la plus douce et la plus adroite de procéder. Car après tout, le mari de Mai était le fils de l'intéressée.

— Oui, moi aussi j'y ai pensé, mais comment dire, mon mari est toujours le petit garçon à sa maman. Il ne s'oppose jamais à sa mère, alors je ne peux absolument pas compter sur lui pour ça.

— Je vois. Et ton fils ? Pourquoi ne pas lui demander de parler à sa grand-mère ?

— Mon fils est en pension, il n'était pas à la maison à ce moment-là.

Mai était complètement abattue. J'avais l'impression que ses épaules s'affaissaient de plus en plus.

— Poppo, s'il te plaît, pourrais-tu m'écrire une lettre qui informerait ma belle-mère de manière diplomate ?

Je me doutais un peu que nous allions en arriver là, mais pour mon come-back d'écrivain public, c'était placer la barre assez haut.

— Mmm…

J'ai croisé les bras, indécise.

— A ce train-là, j'ai peur d'en arriver à ne plus aimer la cuisine de Maman Yukko, ce qui serait navrant ! Je ne peux pas rester sans rien lui dire. Elle est de la famille !

— Je suppose qu'elle n'a aucune mauvaise intention.

De son vivant, l'Aînée me l'avait répété cent fois : les mauvaises actions inconscientes sont les plus incontrôlables.

— Elle a les cheveux longs ?

Sans savoir moi-même si c'était pertinent ou pas, l'envie m'était venue de l'interroger sur ce point, à titre d'information.

— Non, ils sont courts. C'est peut-être la raison de son manque de vigilance. S'ils étaient longs, elle aurait la possibilité de les attacher, pas vrai ?

— Oui, exact... Mais quand nous étions petites et que nous achetions des bentos en magasin, je crois me souvenir qu'il était courant d'y trouver des cheveux.

— Que veux-tu, nous vivons à une époque où l'on craint la contamination par des corps étrangers.

— C'est vrai. Il suffit qu'il y ait le moindre corps étranger dans un produit pour que ce soit publié sur les réseaux sociaux et qu'on en fasse une affaire d'Etat.

— Voilà pourquoi je m'inquiète pour Maman Yukko.

Si Mai voulait informer sa belle-mère de ce problème de cheveux, ce n'était pas par esprit de contradiction mais par amour pour elle. A l'expression de son visage, je l'ai parfaitement compris.

— Parce qu'elle ne se rend compte de rien, a-t-elle ajouté.

Mai semblait avoir retrouvé sa bonne humeur. Le simple fait de parler à quelqu'un peut alléger votre fardeau.

— Moi, si je me baladais avec une crotte de nez sur le visage, j'aimerais vraiment que quelqu'un me le dise, ai-je déclaré. Quand il s'agit d'un membre de la famille, naturellement, on parle sans détour. On lui dit : « Tu as une crotte de nez sur la figure. » Mais si c'est une amie, c'est plus délicat. Bien sûr, je pense qu'on peut se le permettre si c'est une bonne copine, mais avec une nouvelle connaissance, on hésiterait peut-être un peu.

J'avais parlé d'une traite, avec la conviction qu'être la mère d'un petit garçon signifiait pouvoir tenir de pareils propos sans la moindre gêne.

Des mots comme « crotte de nez » et « caca » se glissent naturellement dans la conversation quotidienne, et à votre insu, les voilà entrés dans votre vocabulaire courant.

— Oui, exactement. S'il s'agissait de ma mère, je pense que j'arriverais à lui dire qu'il y a des cheveux dans ses plats, là, tout de suite, sans hésitation. Seulement, ma relation avec ma belle-mère est, comment dire, plus complexe.

J'ai hoché vigoureusement la tête, tout à fait d'accord.

S'il y avait des cheveux dans la nourriture que la mère de Mitsurô nous envoie de Kôchi, moi non plus, je n'étais pas sûre que je serais capable de le lui dire franchement.

— Alors, Poppo, tu vas accepter de l'écrire pour moi ?

Comme Mai me regardait avec un regard assez perçant pour me clouer au mur comme une punaise, j'ai dit oui, tout en restant évasive.

— Mais je ne sais pas si j'y arriverai...

Tout en prononçant ces mots, je me suis remémoré vaguement la dernière lettre que j'avais écrite pour Mai.

— Je vais faire de mon mieux, ai-je ajouté avec détermination, car mise ainsi au pied du mur, je ne pouvais plus me défiler.

Pour mon retour en tant qu'écrivain public, ce premier travail se révélait du niveau de difficulté d'un triple axel mais je n'avais d'autre choix que d'y aller franco et de relever le défi hardiment.

— Ouf, merci, tu me sauves la vie ! J'irai t'acheter de délicieux cannelés.

Mai a tiré la langue, comme pour se donner un air mignon.

— C'est donnant-donnant ! ai-je lancé, persuadée que telle était son intention depuis le début.

Après tout, Mai est l'une des rares amies qui me le diraient tout de suite, si j'avais une crotte de nez sur le visage. Je ne pouvais pas rejeter la demande d'une amie aussi précieuse.

— A la prochaine !

Même si ce n'était pas la dernière fois que nous nous voyions ici-bas, Mai, qui est polie et respectueuse, s'est arrêtée plusieurs fois pour me faire signe. Alors moi aussi, jusqu'à ce qu'elle tourne le coin de la rue, je suis restée à la regarder s'éloigner, les yeux fixés sur son dos.

Juste après son départ, deux élèves de CP tout beaux tout neufs sont rentrés en coup de vent.

Occupée comme je l'étais à élever mes trois enfants, mon âme d'écrivain public était demeurée en sommeil. Mais grâce à la requête de Mai, elle s'était réveillée d'un coup après toutes ces années.

Certes, question contenu, la lettre que j'avais à écrire

ne serait pas une sinécure. Cependant, l'idée de m'impliquer à nouveau dans la société, non pas en tant qu'épouse de Mitsurô ou mère de trois enfants, mais simplement en tant qu'être humain, me procurait une joie immense. J'étais tellement heureuse de pouvoir reprendre mon travail d'écrivain public que j'avais envie de lever le poing dans une pose triomphale, en cachette, là où personne ne me verrait.

Lorsqu'on a le devoir, en tant que femme au foyer, de répondre aux besoins d'une famille de cinq personnes, dont soi-même, trouver du temps pour soi requiert un certain degré d'ingéniosité. La coopération de la famille est essentielle, et si ça ne suffit pas, on n'a d'autre choix que de réduire ses heures de sommeil.

S'il n'y avait eu que QP, j'aurais pu me débrouiller pour m'occuper à la fois de la papeterie Tsubaki et de son éducation.

Quand je suis tombée enceinte pour la première fois de ma vie, j'ai souffert de nausées matinales si sévères que j'ai regretté ma grossesse, et comme je risquais également de faire une fausse couche, je ne pouvais pratiquement pas bouger. Quel que soit l'angle sous lequel j'envisageais la question, il m'était impossible d'assumer un travail d'écrivain public.

Comme je n'étais plus en mesure de tenir correctement la boutique et que la situation s'éternisait, l'embauche d'une employée à temps partiel m'a permis tant bien que mal de surmonter la crise. Cette employée, c'est Agno qui me l'a présentée. Agno est le fils de Shizuko qui vit en Italie et qui était l'amie épistolaire de l'Aînée. Il étudie l'art dans une université de Tôkyô.

Après une grossesse longue et éprouvante qui m'a semblé durer une éternité, bien qu'à moitié morte, j'ai réussi à donner naissance à Koume. A cette époque, je m'imaginais encore que je pourrais m'occuper du bébé et de la papeterie avec l'aide d'une employée à temps partiel pendant environ un an, puis reprendre mon mode de vie antérieur.

Cependant, j'ai bientôt découvert que j'étais enceinte d'un deuxième enfant. Alors que je donnais toujours le sein à un nourrisson qui venait à peine de naître, je portais déjà une nouvelle vie dans mon ventre. Mitsurô n'en revenait pas, moi non plus, pourtant la principale concernée. J'avais quand même ma petite idée sur la question.

Même une fois mariée, j'avais eu du mal à avoir un enfant, j'étais donc persuadée d'être dotée d'une constitution qui me rendait la procréation difficile. Et voilà que, surprise, j'avais deux grossesses consécutives ; bien que n'étant pas jumeaux, ces enfants se retrouveraient probablement dans la même classe. A l'apogée de ma carrière de maman, je portais un bébé de chaque côté et je les allaitais tous les deux en même temps.

Les gens devaient penser que mon mari et moi formions un couple très uni. De fait, certaines personnes allaient jusqu'à nous gratifier d'allusions grivoises. Pourtant, Mitsurô et moi ne sommes pas particulièrement portés sur la chose. Ce n'est que plus tard que j'ai appris qu'il est possible de tomber enceinte aussitôt après un accouchement.

Ce que je trouve vraiment étrange, c'est que bien qu'ayant les mêmes parents, Koume et Rentarô ne se ressemblent absolument pas, ni pour l'apparence ni pour le caractère. Il faut dire qu'ils sont venus au monde dans des circonstances radicalement différentes.

Même si mes nausées matinales n'étaient pas aussi graves que lorsque j'étais enceinte de Koume, j'étais en proie à des sautes d'humeur tellement violentes pendant que j'attendais Rentarô que ni moi ni mon entourage ne pouvions plus suivre.

A présent, quand je regarde en arrière, je réalise que j'étais une bête féroce. Brusquement triste, je pleurais à chaudes larmes, pour être prise l'instant suivant d'un fou rire incontrôlable, puis je piquais une crise parce que j'avais soudain envie de boire de la bière, bref, mon corps et mon esprit étaient entièrement sous le contrôle de l'enfant que je portais.

Contrairement à ce qui s'était passé lors de la naissance de Koume, j'ai accouché très facilement de Rentarô. Après seulement quelques poussées – *pop !* – il a jailli comme un bouchon de champagne. Je ne l'ai pas dit à Mitsurô, mais il est sorti aussi simplement qu'un pet.

Tant qu'à faire, j'aurais aimé que ce soit un enfant qui ne demande pas beaucoup d'attention, mais je n'allais pas m'en tirer à si bon compte.

Rentarô pleurait beaucoup la nuit et faisait sans arrêt pipi au lit. Le comble, c'est qu'il était devenu un petit fétichiste des seins comme on en a rarement vu dans l'histoire et ne voulait tout bonnement pas quitter ma poitrine. J'ai essayé plusieurs fois de le sevrer mais chaque tentative s'est soldée par un échec complet.

Même maintenant qu'il va à l'école primaire, il n'est toujours pas complètement sevré et il lui arrive de me toucher les seins ou d'y poser la bouche, incapable de se débarrasser totalement de son obsession. Moi qui espérais qu'une fois à l'école, son intérêt se porterait naturellement vers d'autres domaines, je n'en vois aucun signe pour le moment.

Bien que la naissance de Koume ait été difficile, elle n'a pas souffert de maladie sérieuse et se développe relativement bien. A un moment donné, ses allergies alimentaires étaient si graves que nous étions au bord de la panique. Mais il semble que nous ayons réussi vaille que vaille à dépasser la phase la plus critique. Si je regrette que sa personnalité soit trop calme et réfléchie, je prends ça avec optimisme en me disant que c'est peut-être ainsi que sont maintenant les enfants.

Désormais, l'enfant à problèmes de la famille Morikage, c'est QP. Elle est actuellement en pleine crise d'adolescence.

Mais pour revenir à mon sujet, afin d'avoir un moment pour moi, j'ai décidé de me lever plus tôt. Me réveiller à la même heure que le reste de la famille ne me laisserait guère de temps pour l'introspection. Un proverbe japonais dit : « Qui se lève tôt gagne trois pièces de monnaie », mais là, il n'est pas question de petit bénéfice. Me réveiller tôt m'a apporté des avantages infinis. Votre style de vie et, par extension, sa qualité, dépendent du fait que vous vous leviez de bonne heure ou non.

Avant que Mitsurô et QP n'emménagent dans cette maison, je me réveillais vers les six heures et je commençais ma journée en buvant tranquillement mon thé, toute seule. C'était du thé vert *kyô-bancha.* Après avoir fait la lessive et sorti les poubelles dans la foulée, je changeais l'eau de la stèle épistolaire. Telle était ma routine matinale, qui s'achevait par l'ouverture de la papeterie Tsubaki.

A l'époque, je pouvais prendre soin de moi et tout allait comme sur des roulettes. Mais voilà que Mitsurô et QP ont commencé à vivre dans cette maison, puis Koume et Rentarô sont venus agrandir la tribu, et avant que je m'en rende compte, je me suis retrouvée avec une famille nombreuse.

Le réfrigérateur étant devenu trop petit, j'en ai acheté un nouveau, quant à la machine à laver, je dois généralement la mettre en route deux fois par jour, parfois trois, avant de venir à bout de la lessive. Plus on est nombreux et plus la saleté vous saute aux yeux, ce qui fait que pour le ménage, je ne peux plus me contenter d'un coup de balai et de chiffon.

Quand Koume est née, les parents de Mitsurô m'ont demandé ce que j'aimerais comme cadeau, et la première chose que j'ai réclamée a été un aspirateur sans fil. Plus que d'un berceau ou d'une poupée, ce dont nous avions besoin à la maison, c'était d'un aspirateur ultra puissant.

Seulement, quand on fait le ménage à l'aide d'un balai et d'un chiffon, ça ne fait pas de bruit, ce qui n'est pas le cas lorsqu'on passe l'aspirateur ! Alors maintenant, j'attends que ma tribu ait quitté la maison et tout en gardant un œil sur la voisine qui a tendance à être sensible au bruit, je passe l'aspirateur pendant le laps de temps qui me reste avant l'ouverture de la papeterie Tsubaki.

En soustrayant le temps nécessaire aux tâches domestiques, je dois absolument me réveiller avant cinq heures du matin pour me ménager une petite heure de solitude. Certaines de mes amies mamans prennent du temps pour elles le soir, une fois leur tribu endormie. Mais comme Mitsurô est un oiseau de nuit, il me serait assez difficile d'être seule à ce moment-là.

Je suis sûre que Mitsurô apprécie lui aussi d'avoir un peu de solitude. Je m'efforce donc de faire des premières heures du jour mon temps à moi. Je me réveille avant les oiseaux qui annoncent le matin.

Le lendemain de la visite de Mai, je me suis préparé du thé vert *kyô-bancha* pour la première fois depuis des années.

Cela faisait longtemps que j'avais arrêté d'en préparer car il est ennuyeux d'avoir à se débarrasser des feuilles de thé après l'infusion. « Je suis sûre qu'il est là », marmonnais-je en farfouillant au fin fond du congélateur, et c'est ainsi que j'ai mis la main sur un sachet du *kyô-bancha* que je buvais autrefois. La date de péremption était passée depuis belle lurette, mais ce n'était pas le moment de se soucier d'une telle broutille.

Après toutes ces années, mon *kyô-bancha* était vraiment délicieux. Comme mon corps se souvenait de son goût, il s'est coulé harmonieusement en moi.

L'arôme unique de ce thé est vraiment étrange. Quand je le hume, je me souviens automatiquement de l'Aînée. On dirait la lampe magique d'Aladdin. D'ailleurs, en y réfléchissant bien, je perçois une forme de similitude entre la personnalité décalée de l'Aînée et le goût tout aussi particulier du *kyô-bancha.*

Après avoir versé une généreuse quantité de thé dans un mug blanc, j'ai laissé sa vapeur s'engouffrer profondément dans mes poumons.

S'il y a de plus en plus de choses que je ne peux plus faire depuis que je suis une mère débordée, d'un autre côté, cela m'a permis d'adopter une nouvelle habitude : la lecture. Il a fallu que les tâches ménagères et les bébés m'accaparent pour que je me mette à lire passionnément des livres.

A cause de la lourde charge que représentent des enfants en bas âge, je me retrouvais coincée à la maison. Quand on n'est plus libre de bouger, ce qui vous propulse instantanément dans le monde extérieur, ce sont les livres.

Les romans, surtout, m'embarquent sur leur tapis volant pour un voyage sans fin hors de la réalité.

C'est pourquoi, l'espace d'un instant, j'ai failli tendre la main vers un livre. Néanmoins, je me suis reprise à la hâte.

Parce que le thème du jour, ce sont les cheveux. Mai m'a demandé d'écrire une lettre pour informer sa belle-mère qu'il y avait des cheveux dans ses plats faits maison.

Il me fallait dire la vérité sans fard, mais en évitant de la froisser.

Plus le temps s'écoulait depuis le décès de l'Aînée et plus son ombre, ou plutôt son image, devenait vive.

Au début, je pensais que cela s'estomperait avec le temps pour finir par disparaître dans les airs. Mais c'est le contraire qui est arrivé.

La présence de l'Aînée a gagné peu à peu en densité,

devenant si nette que je pouvais en distinguer clairement les contours. C'est une présence fiable, toujours à mes côtés et prête à écouter attentivement ce que j'ai sur le cœur. Parfois, j'arrive presque à la voir. L'Aînée n'a jamais cessé de me protéger.

Toutefois, l'Aînée se montre assez sèche dès que le sujet concerne mon travail d'écrivain public. Elle ne me donne pas de conseils ou d'indices si facilement. Son intransigeance n'a pas changé : de son vivant comme après sa mort, elle n'a jamais été tendre avec moi.

— Hatoko, réfléchis avec ton cœur.

C'est ce qu'elle me répond toujours.

— Car tu sais, moi aussi, ce n'était qu'au prix d'efforts acharnés que je parvenais enfin à trouver les mots justes.

Cette phrase également, je l'entends souvent.

Et c'était la vérité. Quand j'ai commencé à travailler comme écrivain public, j'ai compris les épreuves qu'avait traversées l'Aînée. Elle n'avait rien d'un génie. Si elle affectait d'en être un, ce n'était qu'une forme de bravade ou d'orgueil bien à elle.

En réalité, elle travaillait très dur, endurant les douleurs atroces de l'enfantement, et elle a continué de lutter ainsi pour l'excellence jusqu'à l'instant de sa mort.

Récemment, je me suis enfin résolue à ouvrir l'ultime carnet de l'Aînée, qu'elle avait paraît-il gardé jusqu'à la fin dans le tiroir de son lit d'hôpital. Là, le *Chant de l'Iroha* se trouvait transcrit dans différents styles d'écriture.

Toute floraison finit par se faner.
Qui donc en ce monde dure éternellement ?
Les lointaines montagnes de l'illusion franchies,

いろはにほへと ちりぬるを
わかよたれそつ ねならむ
うゐのおくやま けふこえて
あさきゆめみし ゑひもせす

Ne cédons plus aux rêves inutiles et vains
Ni à l'ivresse.

Dans ces quarante-sept caractères, on retrouve l'intégralité du syllabaire kana. Quand j'étais petite, en guise d'entraînement à la calligraphie, je ne compte plus le nombre de fois où j'ai écrit ce poème sur un rectangle de papier blanc, qu'ensuite l'Aînée corrigeait.

Maintenant encore, je m'en souviens comme si c'était hier.

i *ro* *ha*

Le *i* représente deux bons amis qui discutent gaiement face à face, le *ro* est un cygne flottant sur un lac. Le *ha* évoque un spectacle acrobatique aérien.

Associant mes propres images et histoires à chaque caractère kana, je les ai appris par la pratique, en les traçant avec un pinceau.

J'étais toujours nerveuse pendant que je m'exerçais, je redoutais les reproches de l'Aînée, mais de temps en temps, quand elle me félicitait d'un air satisfait en disant : « C'est bien écrit » et encerclait le caractère en question en rouge, j'étais vraiment, vraiment heureuse.

Aujourd'hui encore, je peux exhumer cette joie du plus profond de mon cœur, parfaitement intacte.

C'est pourquoi je pense que faire des compliments, c'est important.

Tout en sirotant mon *kyô-bancha* qui commençait

déjà à refroidir, j'ai réfléchi à mon passé récent.

Que ce soit les enfants ou Mitsurô, je me contentais de les critiquer. Moi qui avais tellement d'aversion pour la sévérité de l'Aînée qui me faisait sans arrêt les gros yeux, voilà que sans m'en apercevoir, je commençais à ressembler à un démon.

Pas bon, ça, pas bon du tout.

La colère ne résout rien.

Qui se sentirait dans de meilleures dispositions après avoir été grondé ?

Il en allait de même pour le problème des cheveux. S'en remettre à ses émotions et blâmer l'autre ne mènerait pas à une solution. Alors, tout d'abord, féliciter. Ensuite, signaler calmement ce qui ne va pas en utilisant le minimum de mots.

— Tu vois que c'est simple.

La voix de l'Aînée s'est à nouveau fait entendre.

— Je l'espère, ai-je répondu.

De son vivant, j'avais rarement bavardé ainsi avec l'Aînée. Je trouvais normal de m'adresser à elle de façon formelle. Nos relations étaient plutôt de maître à disciple que de grand-mère à petite-fille, lui parler sans mettre les formes était hors de question.

Mais maintenant, je peux m'adresser à l'Aînée de manière décontractée. Et elle aussi me parle familièrement.

L'Aînée m'a appris que même si l'une de nous a disparu, notre relation perdure, et que nous pouvons même devenir plus proches que quand elle vivait. On reste l'enfant de ses parents même après leur mort.

Dans l'après-midi, j'ai appelé Mai et je l'ai interviewée sur les spécialités culinaires de sa belle-mère.

A la fin de la conversation, elle a subitement déclaré :

— Tu sais, Maman Yukko est terriblement fière. Et quand je dis ça, c'est dans un sens positif. Elle n'a aucun défaut, on dirait une femme au foyer professionnelle. Elle tient sa maison à la perfection. Je ne voudrais pas que ma lettre la fasse douter d'elle. Si elle a tellement le cafard qu'elle ne peut plus cuisiner, ce sera l'inverse du but recherché. Et je ne veux surtout pas lui faire de la peine. J'ai souvent pensé à lui parler ou à lui écrire moi-même, mais mes talents ont des limites, pas vrai ? Alors quand j'ai reçu ton faire-part disant que tu reprenais ton activité d'écrivain public, je me suis dit : « Ah, laisse donc les choses suivre leur cours et confie la lettre à Poppo. »

Mai me suppliait d'écrire une lettre qui ne blesserait en aucune façon sa belle-mère. Même si elle usait d'un langage détourné bien digne d'elle, j'ai bien compris que là étaient ses véritables intentions.

— Compte sur moi ! ai-je répondu en y mettant tout mon cœur.

Les sentiments chaleureux de Mai pour sa belle-mère, je les avais pleinement saisis à deux mains. Si elle ne lui écrivait pas personnellement, ce n'était pas une dérobade, plutôt un témoignage d'affection.

— Je vais lui choisir un joli *tenugui*, a lancé Mai d'une voix joyeuse.

La poste est la seule option quand on vit éloigné les uns des autres, mais les parents du mari de Mai habitaient sur le mont Kamakura. Envoyer une lettre alors qu'ils se voyaient régulièrement ne me paraissait pas naturel.

J'avais donc suggéré de la remettre comme si de rien n'était avec un cadeau, afin d'atténuer le choc. Quant au *tenugui*, c'est Mai qui en avait eu l'idée.

Dans la lettre, nous avions décidé de conseiller à sa belle-mère d'enrouler un *tenugui* autour de sa tête pendant qu'elle cuisinait.

Quelques jours plus tard, l'heure est enfin venue d'écrire.

Autrefois, Mai m'avait demandé de rédiger une lettre de rupture avec son maître de thé. Leur relation était hiérarchique, alors j'avais fait de l'encre et je l'avais écrite soigneusement avec un pinceau de calligraphie. Mais cette fois, il s'agissait d'une lettre destinée à créer du lien et, si possible, à le renforcer.

Ces derniers temps, j'emploie de préférence un stylo-pinceau. On l'utilise souvent pour écrire dans les livres d'or et les ouvrages du même genre. Il combine les meilleures caractéristiques du pinceau et du stylo et permet de tracer facilement des caractères imitant la texture du pinceau.

L'Aînée aurait probablement méprisé cet instrument si elle l'avait connu. Pourtant, il est plutôt pratique, et je l'utilise assez fréquemment pour écrire mon nom ou celui des membres de ma famille.

Pour une raison mystérieuse, quand j'écris au stylo-pinceau, j'ai l'impression que mon écriture s'améliore.

Concernant le papier à lettres, comme je souhaitais mettre en valeur l'air de fraîcheur et de propreté qui émane de Mai, il m'en fallait un qui soit simple et sans fioritures. Un papier comportant uniquement des lignes réglées n'était cependant pas très attrayant. J'ai donc disposé plusieurs candidats sur mon bureau, et après les avoir attentivement examinés, j'ai choisi un papier à lettres de la marque Life.

J'aime son design qui se marie bien avec n'importe quel instrument d'écriture et n'a rien d'intimidant pour le destinataire. Il me semblait que je ne devais me montrer ni trop familière ni trop cérémonieuse, et le papier à lettres Life répondait parfaitement à ces critères.

Chaque fois que j'ai en main un produit de cette entreprise, je suis impressionnée et je me dis : « Au Japon aussi, on fait du sacré bon boulot. » En plus, son prix est raisonnable, ce qui ne gâte rien.

Quand j'écris pour quelqu'un, je m'imagine toujours être une actrice en costume. Par exemple, cette fois-ci, j'allais me couler dans un costume en forme de Mai. J'allais m'y fondre doucement jusqu'à ne plus faire qu'un avec elle.

De cette façon, adaptant progressivement ma température corporelle à celle de Mai, synchronisant ma respiration avec la sienne, j'épouserais son regard et son toucher.

Si parfois cette opération peut s'effectuer en un instant, il arrive aussi que l'adaptation se révèle difficile et nécessite du temps, mais dans le cas de cette lettre pour Mai, tout s'est relativement bien passé.

Pour la lettre de rupture écrite jadis, je m'étais déjà totalement fondue dans la peau de mon amie. Par conséquent, cette fois-ci, le degré de difficulté n'était pas aussi élevé.

Vu que Mai appelle habituellement sa belle-mère

Maman Yukko, je lui ai adressé la lettre sous ce nom.

Très chère Maman Yukko,

Ces jours-ci, il s'est mis tout à coup à faire chaud, n'est-ce pas ? Le ciel est déjà celui du début de l'été.

J'ai le pressentiment que la gelée au café dont vous m'avez appris la recette il y a longtemps aura énormément de succès cette année encore.

Toshio dit que son extrême fondant est irrésistible.

Je suis entièrement d'accord avec lui. Moi, j'y ajoute du lait et du miel. Manger cette gelée en la brisant délicatement avec une cuillère, voilà ce que j'appelle le bonheur ! Rien que d'y penser, je me sens rafraîchie.

D'habitude, nous ne buvons pas beaucoup de lait à la maison, mais en été, j'en garde toujours sous la main, et la gelée au café est en première ligne dans le réfrigérateur (je dis cela avec le sourire).

Je suis désolée de ne parler que de nourriture, mais je n'oublierai jamais le goût du premier hiyashi chûka de l'année dont vous m'avez régalée quand je suis passée vous voir l'autre jour. Rien ne vaut des ramen froides par une journée chaude et humide ! Après cela, j'étais bien revigorée.

Jamais je n'aurais pensé que l'on puisse préparer chez soi la sauce pour le hiyashi chûka.

Comme vous m'avez dit qu'il est plus facile de la faire en utilisant de la sauce ponzu, j'ai essayé d'en cuisiner moi-même. Mais je n'ai pas réussi à obtenir un goût aussi riche et savoureux que celui de votre sauce.

Même si les ingrédients sont les mêmes, il est difficile d'équilibrer les quantités, n'est-ce pas ? J'ai essayé de la pré-

parer en la goûtant encore et encore, comme vous me l'avez enseigné, mais plus j'ajoutais d'assaisonnement et plus je m'éloignais du goût idéal, j'étais complètement perdue.

S'il vous plaît, apprenez-moi une fois encore la recette de cette sauce ! Ou plutôt, faites-la-moi goûter à nouveau ! (C'est ce que j'ai vraiment en tête.)

Car c'était la première fois de ma vie que je mangeais un hiyashi chûka aussi délicieux.

J'aimerais profiter de l'occasion pour vous signaler quelque chose.

La question de savoir si je devais vous en parler ou non m'a longtemps tourmentée.

Même maintenant, alors que j'écris cette lettre, je me demande encore s'il ne serait pas mieux pour nous deux que je ne vous dise rien.

Cependant, après avoir réfléchi à ce que je ferais si j'étais à votre place, j'ai fini par me résoudre à vous en parler. Je suis sincèrement désolée si cela doit vous offenser.

En fait, il y avait un cheveu dans le pudding à la citrouille que vous nous avez fait apporter la dernière fois. Et avant, dans la croquette de viande hachée que vous m'avez proposée quand je suis venue chez vous, un cheveu s'était également glissé.

Moi aussi, un jour, j'ai accidentellement laissé tomber un cheveu dans le bento de mon fils et j'ai été bien surprise lorsqu'il m'en a parlé.

Depuis, j'ai pris l'habitude de m'enrouler un tenugui autour de la tête quand je fais la cuisine. Même si cela a l'inconvénient de vous faire les cheveux tout plats...

Que diriez-vous de porter vous aussi un tenugui, juste une fois pour essayer ?

L'autre jour, j'ai trouvé un joli tenugui dans un grand magasin à Komachi, alors utilisez-le si vous le souhaitez. C'est le même que le mien, il paraît que les motifs représentent les phases de la lune.

Chaque fois que mon fils me téléphone de l'internat, il se plaint que la cuisine de sa grand-mère lui manque. (Soit dit en passant, il n'a jamais dit que ma cuisine à moi lui manquait !)

Impossible d'énumérer tous les bons petits plats dont vous nous avez régalés jusqu'à ce jour. Mais si nous devions n'en choisir qu'un, et ce serait un choix vraiment ardu, pour moi ce serait l'oden, pour Toshio, le ragoût de bœuf, et pour notre fils, ce serait paraît-il les œufs mollets roulés dans la poitrine de porc.

Merci du fond du cœur de cuisiner avec autant d'amour pour les affamés que nous sommes !

Il va faire de plus en plus chaud, alors je vous en prie, faites bien attention à l'épuisement estival.

J'attends avec impatience votre prochain plat, dont je me réjouis d'avance.

Mai

Tandis que j'écrivais, je n'éprouvais aucune fatigue grâce à la montée d'adrénaline, mais après avoir terminé, je me suis soudain sentie lessivée. Etais-je sous tension parce que c'était mon premier travail d'écrivain public depuis longtemps ? Je me sentais lourde, comme si la fatigue accumulée ces dernières années était venue peser d'un seul coup sur mon corps, m'ôtant la force de me lever.

大好きなゆっこママへ

このところ、急に暑くなってきましたね。もうすでに、初夏の空です。

もう随分前にゆっこママにレシピを教えてもらったコーヒーゼリーが、今年も大活躍しそうな予感です。

俊雄さんは、このコーヒーゼリーのぎりぎりの柔らかさがたまらないのだそうです。

私も、全くの同感です。ゆるゆるのゼリーに、はちみつと牛乳。それを、スプーンでそっと崩しながら食べる幸せといったら！もう、想像するだけで涼しげな気分になります。

ふだん牛乳をあまり飲むことのない我が家ですが、夏だけは必ず牛乳を常備して、コーヒーゼリーはいつだって冷蔵庫のスタメンです(笑)。

食べ物の話ばかりで恐縮ですが、先日お邪魔した時にいただいた今年初の冷やし中華の味が、忘れられません。蒸し暑い日の冷やし中華、最高でした！　あの後、体がスーッと爽やかになりました。

私、冷やし中華のタレを自宅で作れるなんて、思ってもみませんでした。

ポン酢を使えばもっと簡単にできるわよ、なんてゆっこママがおっしゃっていたから、私、あの後自分で作ってみたんです。でも、全然あんな風味豊かな味にはたどり着けませんでした。

材料が同じでも、その分量というか、バランスが難しいですね。ゆっこママに教わった通り、何度も何度も味見を繰り返しながら作ってみたのですが、調味料を足せば足すほど理想の味からはどんどん遠ざかるばかりで、完全に迷走してしまいました。

作り方を、ぜひまた教えてください！ というか、また食べさせてください！（というのが本音です。）

だって、あんなにおいしい冷やし中華、人生で初めて食べましたから。

ところで、今日は折り入って、ゆっこママにご報告です。

このことをゆっこママにお伝えすべきかどうか、ずいぶん長い間悩みました。

もしかしたら、お伝えしない方がお互いのためなのではないかと、こうしてこの手紙を書いている今も、迷っています。

でも、もし自分がゆっこママの立場だったら、と考えて、やっぱりお伝えしようという思いに至りました。気分を害されてしまったら、本当にごめんなさい。

実は、ゆっこママが前回作って届けてくださったパンプキンプリンの中に、髪の毛が混入していました。そして、その前にご自宅でいただいたメンチカツにも、同じように髪の毛が入っていたんです。

私も以前、自分では気付かないうちに、息子のお弁当に髪の毛を入れてしまっていて、言われて驚いたことがあります。

以来、台所に立つ時は頭に手ぬぐいを巻くことにしました。髪がぺしゃんこになってしまうのは難点なんですけど……。

もしよかったら、試しに一度、ゆっこママも頭に手ぬぐいはどうですか？

先日、小町にある雑貨屋さんで素敵な手ぬぐいを見つけたので、よかったら使ってみてください。私とお揃いで、月の満ち欠けの模様だそうです。

寮生活の息子が、毎回のように電話で、ゆっこママの料理が恋しいと訴えてます。（ちなみに、私の料理が恋しいとは、一度も言ってくれません！）

ゆっこママがこれまでに作って食べさせてくれたおいしい料理を挙げたら切りがありませんが、もしひとつだけ選ぶとするなら、本当に苦渋の選択ですが、私はおでん、俊雄さんはビーフシチュー、息子は肉巻き卵だそうです。

いつも、おなかをすかせた私達に愛情たっぷりの料理を作って食べさせてくださり、本当に本当にありがとうございます！

これからますます暑さが厳しくなりますが、どうぞ夏バテには気をつけてお過ごしくださいね。

ゆっこママの次のお料理を、首を長く長ーく伸ばして、楽しみにしております。

舞より

Poussant la lettre sur le côté, j'ai posé mon front sur l'espace ainsi libéré et je me suis affalée sur le bureau. Les yeux fermés, j'ai repris mon souffle. Durant un instant, une violente envie de dormir m'a assaillie.

Est-ce parce que j'avais arrêté ce genre de travail pendant longtemps ? La somme d'énergie colossale qu'il m'a fallu pour reprendre mes esprits dépassait de loin mes prévisions. On dit souvent que si l'on interrompt durant une journée la pratique d'un sport ou d'un instrument de musique, il faut trois jours pour retrouver sa condition d'origine. C'est exactement ce que j'avais l'impression de vivre.

Après m'être reposée un moment, j'ai écrit *Pour Maman Yukko* sur l'enveloppe, *De la part de Mai* au dos, puis j'ai glissé la feuille de papier à lettres pliée en deux à l'intérieur. Je l'ai posée sur un coin de l'autel bouddhique.

Comme j'avais le dos en sueur, je suis allée prendre de l'eau gazeuse fraîche dans le réfrigérateur. La bouteille en plastique avait déjà été décapsulée et vidée de plus de la moitié de son contenu. La portant directement à ma bouche, je l'ai éclusée d'un trait, à grandes goulées.

C'est à ce moment que – « Me revoilà ! » – Mitsurô est rentré à la maison.

Le café qu'il tient étant fermé ce jour-là, il était parti à la mer depuis le matin.

Si Kamakura est nettement divisée en ceux qui sont « mer » et ceux qui sont « montagne », ici, à Nikaidô, la région est entièrement occupée par le clan des montagnards.

Il existe des différences ethniques marquées entre la

Tribu des Montagnes et la Tribu des Mers. Contrairement aux montagnes où vivent de nombreux intellectuels et universitaires, le bord de mer abrite une foule de surfeurs et d'amoureux de la culture marine, comme ceux représentés par le groupe de rock Southern All Stars.

Transcendant sans effort cette ségrégation territoriale, Mitsurô est passé avec succès de la Tribu des Montagnes à la Tribu des Mers. Tout a commencé un jour où un habitué du café l'a invité à aller nager avec lui. Après cette expérience, en moins de temps qu'il n'en faut pour le dire, il est devenu surfeur.

Au début, il se contentait de se balancer sur les flots, couché sur sa planche. Après avoir observé les surfeurs autour de lui, il a réussi à se mettre debout. Puis, selon ses dires, il est parvenu à surfer correctement sur les vagues.

Le fait que Mitsurô se soit trouvé un passe-temps et que son visage rayonne de vitalité a mon approbation la plus totale. J'aime le voir ainsi à mes côtés. Il est plus bronzé qu'avant, déborde de vie et de santé et a développé une belle musculature.

Seulement, Mitsurô est aussi le père de trois enfants. Bien sûr, il participe un peu aux tâches ménagères, et pour la gestion de son café, à sa manière, il travaille assez dur. Mais on ne peut nier certains aspects de sa personnalité, comme le fait qu'il n'a pas les pieds sur terre, qu'il est un brin insouciant et qu'il est doué pour se trouver des excuses.

Les côtés négatifs de Mitsurô sont devenus plus apparents au fil de notre vie conjugale. J'essaie la plupart du temps de fermer les yeux, mais lorsque la goutte d'eau fait déborder le vase, je laisse parfois éclater mon mécontentement.

Qu'il connaisse ou non le fond de ma pensée, Mitsurô arborait un visage radieux.

— Comment c'était ?

— Eh bien, pas mal, je dirais.

S'il se montrait laconique, c'est sans doute parce qu'il sait que je n'aime pas beaucoup le sujet du surf. Mais son expression parlait d'elle-même. Il avait les yeux d'un poisson frais. Il était vraiment dans son élément, comme un Mitsurô dans l'eau, en somme.

— Tiens, voilà la liste des courses pour aujourd'hui.

Je lui ai remis une note écrite à la main.

— Ouais...

La réponse de Mitsurô manquait autant de peps que l'eau gazeuse éventée que je venais de boire.

C'est lui qui s'occupe des courses. Etant donné que nous sommes un couple marié dont les deux membres travaillent, notre règle d'or est de répartir les tâches ménagères à parts égales. Après de nombreux essais et déboires, nous avons finalement mis au point le système actuel.

J'ai entendu la voiture de Mitsurô démarrer et sortir du garage. Je me suis sentie soulagée que nous ne nous soyons pas disputés pour quelque chose d'aussi insignifiant.

Une maison est la forme la plus petite de société humaine. Des personnes d'origines et d'éducations différentes vivent côte à côte sous le même toit.

Naturellement, des conflits surviennent en raison de divergences dans les habitudes de vie et les valeurs.

Dans ces cas-là, présenter une argumentation solide ne résoudra pas le problème. Mieux vaut exprimer sa gratitude à l'autre pour ses efforts, faire des compromis, féliciter l'autre quitte à mentir un peu, essayer diverses manières de l'amadouer, augmenter le nombre de ses alliés par des manœuvres en coulisses, bref, une certaine dose de ruse s'avère nécessaire, ou pour le dire gentiment, un peu d'ingéniosité.

S'il s'agissait d'une bataille de courte durée, il suffirait de quelques escarmouches pour en décider l'issue, mais vivre en famille est une guerre interminable. Les longues batailles exigent patience et endurance.

Au début, je visais tellement la perfection que j'avais fini par épuiser non seulement les autres, mais aussi moi-même. Bien qu'il m'arrive encore de me disputer avec Mitsurô pour des motifs vraiment stupides, à présent que nous avons appris tous les deux combien ces conflits sont stériles, il me semble qu'ils se produisent moins souvent qu'avant. Il est vrai que lorsqu'on a trois enfants, on n'a même plus le temps de se disputer.

— Poppo le pigeon, tu es là ?

Pendant que j'étais occupée, une personne requérant une attention particulière de ma part a débarqué.

Avant même de voir son visage, je savais à sa voix que c'était le Baron. Car il avait miraculeusement survécu. Durant un temps, je ne comprenais rien à ce qui se passait.

Mais après tout, la gravité de sa maladie n'était peut-être qu'une erreur due à la conclusion hâtive d'un Baron au tempérament inquiet. A cette époque-là, il s'était présenté à la papeterie Tsubaki, l'air abattu, pour me demander d'écrire en son nom une lettre à sa femme Panty et à son fils parce qu'on lui avait diagnostiqué un cancer, mais j'avais pris la bonne décision en refusant.

Même si j'avais déployé tous mes efforts pour rédiger cet ultime message, ç'aurait été en pure perte. Aujourd'hui, le fait même qu'on lui ait trouvé un cancer me paraissait sujet à caution.

Dans mon quartier, il y a un chien très craintif qui aboie tout le temps, et j'imagine que c'est pareil avec les humains : plus on est timide, plus on fait de l'esbroufe pour se donner l'air fort. Tel était le cas de l'homme en face de moi. C'est ce que l'étude attentive des paroles et des actes successifs du Baron me donnait à penser. En réalité, il avait le courage d'une puce. On peut trouver cela attendrissant – ou carrément détestable.

— Alors, qu'est-ce qui vous amène aujourd'hui ? ai-je demandé d'un ton volontairement négligent.

Pour être honnête, j'étais curieuse de savoir ce que devenaient Panty et son fils, mais je n'osais pas aborder le sujet.

— Je n'ai pas le droit de me pointer à ta boutique sans raison ? a répliqué le Baron d'un air fâché.

Certes, il était plus mince qu'avant, mais il me semblait que la cause en était plutôt le vieillissement que les conséquences d'une maladie. Son teint était aussi frais que celui d'une jeune fille.

— Il est où, ton gigomar ?

— Il est en train de faire les courses, ai-je répondu, agacée.

Le Baron appelle Mitsurô le « gigomar », abréviation

pour « gigolo de mari ». Mitsurô travaille vraiment, ce n'est pas un homme entretenu, mais c'est ce que semble penser le Baron, qui tient parfois ce genre de propos sur un ton sarcastique.

— Et vous, Baron, n'êtes-vous pas un peu dans la même situation ? ai-je rétorqué, l'air de rien.

Panty, devenue l'épouse du Baron, a quitté son poste de maîtresse d'école pour se reconvertir en YouTubeuse, après que sa chaîne sur la fabrication du pain, lancée d'abord comme un passe-temps, est devenue populaire. Sa beauté et son style, ainsi que son caractère agréable et sa gaieté, font d'elle la YouTubeuse idéale. Et comme elle était institutrice, elle sait partager son savoir. Aujourd'hui, c'est une petite célébrité, dont les livres de recettes s'alignent dans les librairies.

— Moi, j'ai pris ma retraite.

Apparemment, le Baron ne tenait pas à être mis dans le même sac que Mitsurô. Il a fait la moue.

— Ce doit être formidable de vivre dans l'aisance et le luxe.

Deux ans plus tôt, il s'était fait construire une nouvelle maison dans la station balnéaire de Hayama, grâce aux revenus de Panty. J'ai néanmoins jugé préférable de faire preuve de prudence et de ne pas continuer sur cette voie.

Le Baron a reniflé avec mépris. L'évocation d'un sujet aussi déplaisant l'avait clairement mis de mauvaise humeur. Le fait qu'il croisait les bras, glissant alternativement la main gauche et la main droite dans les manches de son kimono, était un signe de son déplaisir.

— Je vais faire du thé.

Afin de souffler un peu, je me suis levée de mon siège. Me souvenant qu'il me restait du thé aux algues *kombu* que le Baron m'avait rapporté d'un voyage à Kyôto, j'en ai préparé. J'ai déposé doucement les fines lamelles de *kombu*, soigneusement découpées par la main d'un artisan, au fond de la théière. Comme le Baron m'a souvent répété que ce thé n'est pas bon si on lésine sur la quantité, ce qui est vrai, j'ai eu la main lourde avec les algues, pour un *kombucha* digne d'un nouveau riche.

J'ai versé par-dessus de l'eau légèrement tiédie.

Quand je suis revenue avec la théière de thé aux algues sur un plateau, le Baron était plongé dans la contemplation de son smartphone.

— A force de le fixer aussi longtemps, vous allez vous bousiller la vue.

J'avais dit cela par égard pour lui, mais comme je m'y attendais, il m'a ignorée. J'ai l'habitude, avec QP.

Puisque ce genre de *kombucha* haut de gamme est destiné à être savouré à petites gorgées plutôt qu'avalé à grandes goulées, j'avais pris des bols plus petits qu'à l'ordinaire, des coupes à saké.

En faisant bien attention à ne pas en renverser une seule goutte, j'ai incliné la théière. Grâce à la visite du Baron, je pouvais profiter moi aussi du luxe extravagant du *kombucha*.

— C'est vraiment délicieux, ai-je dit, avant de réaliser que j'avais bu avant le Baron.

La saveur du thé aux algues s'infiltrait dans chaque fibre de mon être. Depuis quelques jours, l'hiver était de retour et un temps frais persistait.

— Alors, qu'est-ce qui s'est passé ?

Comme le Baron restait muré dans le silence, les lèvres pincées, j'ai fini par le bousculer un peu.

— Je ne comprends rien aux femmes, a-t-il murmuré.

— N'êtes-vous pas un vétéran de ce côté-là ?

Mais en dépit de ma plaisanterie :

— Qu'est-ce qu'elle a en tête ? J'y comprends rien à rien, a-t-il répété en fixant le plafond.

Le Baron ne s'attendait sûrement pas à ce que sa femme devienne une YouTubeuse, s'envole encore plus haut dans les hautes sphères et se transforme en petite célébrité.

Tout allait bien jusqu'à ce qu'ils construisent cette maison à Hayama. Depuis, Panty s'était apparemment dégoté un amant plus jeune.

Etant donné que la nouvelle provenait d'un hebdomadaire, j'ignorais si c'était la vérité. Cet homme n'était peut-être qu'un ami.

En tout cas, sur la photo prise au petit matin, cette femme vue de dos à la silhouette parfaite, évoluant harmonieusement aux côtés d'un homme aux cheveux longs, sur la promenade devant le musée départemental d'art moderne à Hayama, quel que soit l'angle sous lequel on la regardait, avait tout l'air d'être Panty.

C'était bien malgré moi que mes yeux étaient tombés sur un article aussi futile. Il était écrit que l'homme sur la photo était l'ancien bassiste d'un groupe de rock jadis assez populaire.

— Vous ne savez pas si c'est un mensonge ou la vérité, ai-je dit, interprétant l'aveu du Baron comme un signe que je pouvais aborder le sujet, ou plutôt qu'il *voulait* que je l'aborde.

Je souhaitais en avoir terminé avec cette histoire avant que mes deux élèves de CP tout beaux tout neufs et Mitsurô rentrent à la maison.

— Ton gigomar, il a le manche ? a demandé le Baron d'un air impassible.

Le manche ? Euh…

Manche à balai, manche de pioche, manche de raquette, manche à air, manche de guitare, manche à gigot...

Dans le monde, il existe différents types de manches. Seulement, vu le contexte, ce manche-là ne pouvait évoquer qu'une érection. Je ne m'attendais pas à parler de sexe avec le Baron, mais je suppose qu'il me fallait accepter mon destin. Il sautait aux yeux que même si j'essayais de jouer les saintes-nitouches, la résistance serait vaine.

— Bien sûr, il est jeune, donc il a le manche, a répondu le Baron avant que j'aie eu le temps de le faire. Je peux le dire parce que c'est toi : Panty se montre très empressée ces derniers temps. Elle s'embobine à moi tous les soirs !

L'expression « s'embobiner » était si drôle que j'ai failli éclater de rire.

— N'est-ce pas un heureux tourment que de se faire embobiner par Panty ? ai-je répliqué, tout en pensant que Panty avait bien de la chance d'être capable d'autant de fougue.

Jamais encore je ne m'étais jetée au cou de Mitsurô. J'en avais plusieurs fois eu envie mais je n'étais jamais passée à l'acte.

— J'en serais heureux… si je pouvais répondre à ses avances !

Songeant à part moi que ceci était définitivement une conversation d'adultes, j'ai hoché doucement la tête.

— Ça doit être dur, je vous plains.

Ces paroles ne résoudraient en rien les ennuis du Baron, mais il m'était impossible de trouver des mots plus appropriés.

Après cela, j'ai parlé un peu de tout et de rien avec lui, puis il a quitté la papeterie Tsubaki. Au moment de s'en aller, il m'a acheté à l'improviste un feutre magique. Sans doute une façon bien à lui de se montrer attentionné.

— Merci pour le thé, c'était délicieux, a-t-il lancé.

J'ai répondu : « Ce n'est rien, c'est vous qui m'en avez fait cadeau », mais il a eu l'air abasourdi. Se pouvait-il que le Baron ait oublié m'avoir offert ce thé aux algues ?

— Il y a quelque temps, vous me l'avez rapporté en souvenir de Kyôto, ai-je expliqué.

— Ah oui, c'est vrai, a-t-il répondu pensivement.

Quand Panty et lui étaient allés à Kyôto, je crois que cela faisait longtemps qu'ils n'étaient pas partis rien que tous les deux. Peut-être était-ce cela dont le souvenir lui revenait.

— Un gars qui est comme mon jeune frère emménage bientôt dans ce quartier, alors je compte sur toi pour veiller au grain, a ajouté le Baron, comme si cela venait juste de lui revenir.

Son air, sa manière de parler n'avaient pas changé. Il semblait égal à lui-même, ce qui m'a un peu soulagée.

A un moment donné, peut-être parce qu'il avait épousé une jeune femme dont il avait même eu un enfant, il s'était mis à porter des chemises hawaïennes pour paraître plus jeune, mais en fin de compte, c'était le kimono qui allait le mieux au Baron.

Il venait juste de partir quand Mitsurô est revenu. Le coffre de la voiture était rempli à craquer de nourriture et de produits de première nécessité.

Quand il m'avait dit qu'il voulait acheter une voiture pour pouvoir transporter ses planches de surf, j'avais été à deux doigts de divorcer tellement j'étais contrariée qu'il donne la priorité au surf plutôt qu'à sa famille, alors que nous avions si peu d'économies. Mais je dois reconnaître que par certains côtés, c'est bien pratique d'avoir une voiture. Elle est un peu trop petite pour une famille de cinq personnes, mais bon, on n'y peut rien.

Avec la dextérité d'un livreur professionnel, Mitsurô a sorti le papier toilette et diverses denrées du coffre.

Tout de même, pourquoi le printemps est-il aussi pressé de s'en aller ?

Cette année encore, les belles journées ensoleillées de mai peuvent se compter sur les doigts de la main. Ces derniers temps, il ne fait que pleuvoir. Et comme la température est élevée, on se croirait dans une étuve. Kamakura est très humide tout au long de l'année, mais surtout en cette période, où la ville peut s'enorgueillir d'un indice d'inconfort de classe mondiale. Impossible de sécher le linge et cela m'énerve. C'est actuellement ma principale source de problèmes.

En parlant de source de problèmes, ce matin aussi, QP a quitté la maison sans prendre de petit-déjeuner. Elle est en troisième, je peux comprendre qu'elle arrive à un âge difficile. Malgré tout, le changement brutal qui s'est opéré chez elle n'en finit pas de me stupéfier.

Moi qui lui avais préparé spécialement le *chirashi* à l'omelette roulée dont elle raffole, en même temps que les bentos pour les petits... Il y a peu de temps encore, elle en mangeait avec une telle joie... Moi qui avais mis du sel avec les œufs au lieu de sucre, donnant la priorité à ses goûts...

Qu'est-ce qui ne va pas ? Si j'ai fait quelque chose qui l'a blessée, j'aimerais bien qu'elle me le dise.

J'ai beau l'implorer de me parler, elle fait la sourde oreille. Nous ne sommes jamais sur la même longueur d'onde. Vu qu'elle discute, joue et sort normalement avec Mitsurô et son frère et sa sœur, il semble que moi seule sois à l'origine de son mécontentement.

Il paraît que de nos jours, certains collégiens ne font pas de crise d'adolescence, ce qu'on appelle « la deuxième phase de rébellion ». Mais n'est-ce pas l'attitude de QP la plus normale ?

C'est ce que certaines de mes amies prétendent avec désinvolture, mais j'ignore si je dois les croire...

Pour commencer, je ne sais rien sur la première période de rébellion de QP, également appelée « crise des deux ans » ou « phase du non ». Dans le journal de Miyuki, la mère biologique de QP, le sujet n'est pas abordé, il est donc possible que Miyuki ait perdu la vie avant que cette crise survienne chez sa fille. Quand j'ai interrogé Mitsurô, je n'ai obtenu que cette réponse vague : « Hum, la première période de rébellion, tu dis ? Voyons voir, comment c'était, déjà... » Une réponse loin d'être pertinente.

QP ne se montre pas violente envers moi, elle ne me lance pas des injures. Mais parfois elle claque la langue avec désapprobation, me fixe d'un œil noir ou m'ignore royalement pendant de longues périodes. Et c'est assez éprouvant mentalement.

— Et pour toi, comment cela s'est passé ?

C'est ce que m'a demandé Madame Calpis, alors que je me plaignais auprès d'elle de la crise d'adolescence de QP. Madame Calpis et moi sommes devenues de bonnes copines. Lorsqu'elle vient dans le quartier, elle ne manque jamais de faire un saut à la papeterie Tsubaki, et toujours au moment idéal. Et son amour pour les pois n'a pas changé d'un poil.

Maintenant que j'y songe, c'est en acceptant de rédiger une lettre de condoléances pour elle que j'ai fait mes premiers pas comme écrivain public. Après avoir appris le décès du singe Gonnosuke, elle avait souhaité que j'écrive une lettre à ses propriétaires pour les consoler de leur chagrin. Je ne me souviens malheureusement plus du nom de ces derniers…

— Je déchargeais sans arrêt ma colère sur ma grand-mère.

Quand je repense à cette époque, j'ai envie de me cacher dans un trou de souris.

— Tu vois ? C'est ainsi que ça se passe ! dit triomphalement Madame Calpis, les narines dilatées.

— Cette crise d'adolescence m'a prise d'un coup, quand j'étais lycéenne.

Aujourd'hui encore, je me souviens de la sensation brute et intense que j'ai éprouvée au moment où la colère est montée du centre de mon être, comme du vomi. Avant de m'en rendre compte, j'accablais d'injures l'Aînée.

— Ta grand-mère a dû en voir des vertes et des pas mûres !

— Oui, je pense qu'elle en a souffert.

C'était écrit noir sur blanc dans les lettres que l'Aînée envoyait à Shizuko.

— Dis-moi, Poppo, tu connais le mot *tokigusuri* ? a demandé Madame Calpis.

— *Tokigusuri* ?

— Oui, *toki* de « temps » et *kusuri* de « remède ».

— C'est la première fois que j'entends ce mot, ai-je avoué.

— Cela signifie que le temps vient à bout de tous les problèmes. Tu sais, il m'est arrivé beaucoup de choses au cours des dizaines d'années que j'ai vécues. Je me suis demandé parfois s'il valait mieux vivre ou mourir...

— Vraiment ?

Surprise, j'ai dévisagé Madame Calpis.

Je pensais que si quelqu'un avait mené une vie facile et insouciante, c'était bien elle.

— Mais avec le recul, je me rends compte que tous les événements que j'ai vécus, y compris les plus désagréables, ont été une source de nourriture pour mon existence. Quand un problème survient, il faut d'abord l'accepter sans résister, puis laisser les choses se tasser doucement. Et recommencer à chaque nouvelle épreuve. Juste attendre que le temps passe. On n'a pas forcément besoin d'agir.

J'avais la sensation que ce que Madame Calpis était en train de me dire était très important, alors je me suis contentée d'attendre en silence ses prochaines paroles, comme un simple réceptacle.

— Avec le temps, le paysage que nous voyons change peu à peu, a-t-elle poursuivi. Comme ce changement est infime et progressif, il nous échappe, et puis un jour – Tiens ? Le paysage devant moi a drôlement changé ! – on en prend conscience tout à coup. C'est cela, le remède du temps.

Les êtres humains sont dotés par nature d'un pouvoir d'auto-guérison : leurs blessures finissent par cicatriser d'elles-mêmes pour peu qu'on les laisse tranquilles. Opposer une résistance inutile ne fait qu'aggraver la situation, on finit par boire la tasse et se noyer.

Dans des moments pareils, détends-toi au maximum et laisse-toi porter par le courant. Si tu fais cela, tout s'achèvera dans les rires, a conclu Madame Calpis, une expression paisible sur le visage.

Pour l'instant, j'étais incapable d'imaginer que ma mésentente avec QP pourrait devenir un jour une source de plaisanterie.

C'était la première fois que j'avais une conversation aussi profonde avec Madame Calpis. Elle aussi s'était démenée en secret, avait connu la souffrance et les tourments. En y réfléchissant, cela n'avait rien d'étonnant.

— Je crois que je me sens mieux, au moins un petit peu, ai-je avoué.

Pour que Madame Calpis me tienne ce discours, je devais avoir l'air sacrément désespérée.

— Ah, et n'oublie pas de sourire, a ajouté Madame Calpis, le visage éclairé d'un sourire vraiment joyeux. C'est quand les temps sont durs qu'il faut essayer de sourire. En faisant cela, tu peux donner de l'espoir à des personnes qui traversent des moments encore plus difficiles que toi, pas vrai ?

— Je crois bien que je fronce les sourcils en permanence, ces derniers temps, ai-je murmuré en réfléchissant à ma conduite des jours passés.

Je ne peux nier que parfois, quand je me regarde dans le miroir, j'ai l'impression d'y voir le reflet d'une démone et que cela me donne la chair de poule.

— La vie n'est pas un long fleuve tranquille !

A la façon réjouie dont Madame Calpis le disait, on ne l'aurait guère cru.

— La vie n'est pas un long fleuve tranquille ! ai-je lancé gaiement à mon tour.

Et je me suis sentie un peu soulagée.

— Est-ce que QP ne serait pas en train de te tester ? Je veux dire, en cherchant à savoir jusqu'à quel point tu l'aimes vraiment.

C'est comme si sa petite sœur et son petit frère t'avaient volé à elle, alors il est possible qu'elle se sente un peu jalouse.

Tu n'as pas d'autre choix que d'attendre patiemment que le paysage de QP change de lui-même, en te disant que c'est là la rançon de l'amour.

Ça va aller, Poppo, parce que tu es une bonne mère.

Aux derniers mots de Madame Calpis, les larmes que j'avais retenues à grand-peine ont commencé lentement à couler. J'avais fait l'éloge de nombreuses personnes, au cours de ces dernières années, mais on m'avait rarement félicitée. Et moi, je ne me pardonnais rien.

— Sois plus indulgente avec toi-même et tout ira bien.

Madame Calpis m'a frotté le dos tandis que je me mettais à sangloter pour de bon. Réflexion faite, il me semblait qu'il y avait aussi terriblement longtemps que je n'avais pas pleuré comme ça.

Même s'il arrivait souvent que j'aie envie de pleurer, ce n'était pas un luxe que je pouvais me permettre. Je me disais que si j'avais du temps libre pour pleurer, il serait employé plus utilement à plier le linge, remettant à plus tard la confrontation avec mes émotions.

La chaleur de cette main douce, traversant mon dos, a atteint lentement la surface de mon cœur. Moi qui faisais de mon mieux pour devenir une maman digne de ce nom, on me trouvait admirable.

— Bien !

Madame Calpis s'est levée.

— On dirait qu'il va encore pleuvoir.

Le ciel était couvert de lourds nuages annonciateurs de pluie.

— Je me sens mieux, maintenant. Merci.

Je n'avais pas dit cela par politesse. Après avoir parlé avec Madame Calpis, mon cœur était réellement devenu léger comme un soufflé.

— Et n'oublie pas le remède du temps.

Madame Calpis me regardait avec insistance, comme pour appuyer ses propos.

— Oui, le remède du temps, ai-je répété avec conviction.

La moitié du mois de juin s'est écoulée et, cette année encore, les magnifiques décorations de la fête de Tanabata sont apparues à l'entrée de chez Toshimaya.

J'ai beau les voir tous les ans, à chaque fois, je ne peux m'empêcher de m'arrêter sous le coup de la surprise, comme si je les découvrais pour la première fois.

Il faut dire que c'était drôlement joli.

Les bandes de papier bleues, jaunes, rouges, roses et vertes ainsi que les origamis aux formes familières de pigeons se balançaient sur un jeune bambou à la taille élancée.

屋嶋豊

Qui avait écrit *Yashimato* sur le rideau blanc de la devanture ? Si cela piquait ma curiosité, c'était sans doute parce que j'avais repris ma carrière d'écrivain public. Comme les caractères avaient été tracés dans le sens inverse de celui où on les lit d'habitude, pendant un instant, on avait l'impression qu'il s'agissait du nom d'une personne, et je dois reconnaître que l'effet était charmant.

Une fois entrée dans le magasin, j'ai rapidement effectué mes achats.

Au deuxième torii, il y avait quatre banderoles, une verte, une jaune, une rouge et une violette, qui ondulaient doucement au gré du vent. Peu m'importaient les nuages de pluie au-dessus de ma tête. J'étais captivée par la magnificence de cet élan qui forçait l'été à venir.

Ainsi que je l'avais prévu, les fleurs des cerisiers de l'allée Dankazura s'étaient transformées en de belles feuilles. Ce feuillage poussait avec vigueur, épais et frémissant.

Mais bon, se promener à Kamakura quand il pleut, abritée sous un parapluie, n'est pas désagréable non plus.

Les jours de pluie, les habitants qui se baladent à Kamakura se divisent en deux groupes : ceux qui préfèrent les bottes en caoutchouc et ceux qui préfèrent les tongs. Moi, avant, j'appartenais au clan des bottes. Le haut du corps enveloppé dans un trench-coat, je marchais, totalement imperméabilisée.

Cependant, après avoir donné naissance à mes enfants, j'ai déserté ma faction pour passer au clan des tongs. Avec des tongs, on se moque pas mal d'avoir les pieds trempés, et même de marcher dans une flaque d'eau. On sort avec un short et un tee-shirt qu'on n'a pas peur de mouiller et on se change en rentrant chez soi. C'est moins ennuyeux que d'avoir à enfiler des bottes de pluie à chaque fois. Les gens qui se promènent avec leurs chaussures habituelles, escarpins ou mocassins, plutôt qu'avec des bottes de pluie ou des sandales, sont des touristes venus d'ailleurs.

Si je pouvais marcher avec insouciance en dépit des copieuses averses qui tombaient par intermittence depuis la veille, c'était sûrement parce que l'allée, qui était autrefois en terre battue, avait été recouverte de béton suite aux travaux de rénovation. Avant cela, la pluie rendait le chemin boueux, si bien qu'il était impossible de marcher sans bottes. Je ne peux nier qu'il est à présent beaucoup plus facile d'évoluer sur l'allée Dankazura.

Mai, arrivée avant moi, se tenait sous le premier

torii, abritée sous un parapluie rouge. Ce jour-là, j'avais rendez-vous avec elle.

La lettre que j'avais écrite à sa belle-mère avait été un succès. Au plus profond de mon cœur, je m'inquiétais de la façon dont j'allais assumer mes responsabilités si leur relation se terminait là. Mais loin d'être en colère, sa belle-mère s'était au contraire montrée reconnaissante.

Nous nous sommes saluées de la main, tout en jetant des coups d'œil de chaque côté du passage piéton, dont le feu ne se décidait pas à passer au vert. Complètement immunisée contre la pluie avec des bottes en caoutchouc et un imperméable qui lui descendait jusqu'aux genoux, Mai ressemblait à une de ces petites poupées *teruterubôzu* pour appeler le beau temps.

— Tu sais, Maman Yukko m'a dit que maintenant, elle avait l'impression que nous étions vraiment devenues mère et fille.

Quand nous avions parlé au téléphone l'autre jour, Mai m'avait annoncé cela d'une voix joyeuse. Comme elle souhaitait me rétribuer pour mon travail, elle m'avait demandé si nous pouvions nous voir un petit moment, alors nous avions décidé d'en profiter pour aller admirer les fleurs au sanctuaire Hachiman.

Hachiman est pratiquement à mi-chemin de la maison de Mai et de la papeterie Tsubaki. Après avoir demandé à mon employée de s'occuper de la boutique, j'ai rapidement quitté la maison.

Le feu étant finalement passé au vert, j'ai avancé vers Mai. N'était-ce qu'une impression ? Son visage me paraissait plus serein que lors de notre dernière rencontre.

Tout d'abord, nous sommes allées voir les lotus à l'étang Genji.

A droite du pont rouge du Tambour se trouve l'étang Genji, et à gauche, l'étang Heike. Autrefois, des lotus blancs fleurissaient dans l'un et des rouges dans l'autre, en l'honneur du drapeau blanc du clan Genji et du drapeau rouge du clan Heike.

Mais à présent, les lotus des deux points d'eau fleurissent dans un mélange de rouge et de blanc. Un résultat logique, puisque les étangs Genji et Heike se rejoignent sous le pont.

四	三	死	産
quatre	*trois*	*mort*	*naissance*

L'étang Genji compte trois îles dédiées à la prospérité de la famille Genji, tandis que l'étang Heike en compte quatre. Trois (*san*) est homophone de « naissance » et quatre (*shi*) de « mort ». Il semblerait que l'étang Genji possédait aussi quatre îles à l'origine, mais selon la rumeur, Dame Masako, du clan Genji, aurait fait détruire l'une d'elles pour réduire leur nombre à trois.

— Au fait, le caractère *ren* du prénom de ton fils Rentarô, il provient des lotus du sanctuaire Hachiman ? m'a demandé Mai alors que nous marchions vers le jardin d'enfants tout en observant les fleurs de lotus de près.

蓮

— Oui, parce qu'il est arrivé dans mon ventre pendant la saison des lotus, ai-je répondu. En plus, c'est ma fleur préférée. Les lotus, j'aime autant les admirer que les manger. Mais je n'ai pas dégusté de racines de lotus depuis un moment. Elles sont trop chères...

— Contempler les fleurs de lotus m'apaise, a dit Mai.

J'étais on ne peut plus d'accord avec elle. Bien sûr, j'aime les camélias, mais le lotus évoque une indulgence qui le rend unique.

— Et Koume, alors ? D'où vient son prénom ?

— Koume est née pendant la saison où les prunes grossissent. Petite Prune, c'est adorable ! C'est QP qui a eu l'idée de ce prénom, et de celui de Rentarô.

— Ah bon, c'est vrai ? J'étais persuadée que c'était toi qui les avais appelés comme ça.

— Oui, bon, disons que nous y avons réfléchi ensemble lors d'une discussion mère-fille. Comme le vrai prénom de QP, Haruna, contient le caractère *na* de *nappa* (légumes verts), je trouvais que ce serait bien si les prénoms de mes autres enfants avaient eux aussi un lien avec les végétaux. Mais c'est QP qui a fait le choix final. Alors chez nous, on dit que c'est elle qui a donné leurs noms à son frère et à sa sœur.

Tout en papotant, nous nous étions éloignées de l'étang Genji pour aller voir les lotus de l'étang Heike.

— Aucune différence, a déclaré Mai avec un petit rire.

— C'est vrai, ce sont les mêmes lotus dans l'un comme dans l'autre.

Les couleurs avaient beau avoir été artificiellement séparées, au fil du temps, la nature reprenait ses droits tandis que le rouge et le blanc se mélangeaient. C'était peut-être cela, le remède du temps dont Madame Calpis m'avait parlé l'autre jour. Peu importe combien nous luttons, crions et pleurons, avec le temps, les choses finissent par devenir naturellement ce qu'elles doivent être.

— Alors, si nous allions nous purifier ? a proposé Mai sur un ton légèrement facétieux.

— Oui, allons-y.

Ensemble, nous nous sommes dirigées vers le pavillon de danse.

Les hortensias flottant au-dessus du bassin ressemblaient à des balles à jongler en tissu. Leurs têtes rondes de multiples couleurs, rose, bleu clair, violet, lilas, blanc, bleu, ondoyaient à la surface de l'eau comme des planètes.

Les hortensias immergés étaient si pleins de vie que l'on pouvait presque les entendre chanter de joie. Une brise fraîche soufflait sur mon dos moite.

— Tous les ans, quand je vois cette scène, je me dis que l'été sera bientôt là, a dit Mai d'une voix émerveillée.

Au moindre souffle de vent, les sphères en papier *kusudama* et les banderoles qui ornaient le pavillon de danse s'envolaient comme une jupe. J'ai définitivement l'impression qu'à Kamakura, l'année commence avec l'été.

— Ça fait longtemps que je ne suis pas montée tout en haut du sanctuaire pour prier, a dit Mai. Si j'y allais ?

— Dans ce cas je t'accompagne, ai-je répondu aussitôt, et nous avons grimpé les escaliers côte à côte.

Cela fait environ dix ans que le grand ginkgo, qui était l'arbre sacré du lieu, a été déraciné.

A cette époque, je n'étais pas encore de retour à Kamakura. Mais grâce à la lettre que l'Aînée a envoyée en Italie à Shizuko le soir du drame, je devine sans peine combien cet événement a marqué les habitants.

樹齢千年にもなる大銀杏が、根ごと、倒れてしまいました。
老衰でしょうか？

Un ginkgo géant vieux de mille ans est tombé, racines comprises.

Est-ce dû à la vieillesse ?

La lettre, qui commençait par ces mots, débordait du désarroi de l'Aînée.

Ce jour-là, elle avait appris l'accident aux informations. Après avoir hésité entre aller voir le ginkgo abattu ou conserver de lui l'image d'un arbre en bonne santé, elle avait finalement décidé de se rendre sur place. Elle avait fermé la papeterie Tsubaki, enfourché son vélo et roulé à toute vitesse jusqu'au sanctuaire. Là, elle avait joint les mains et prié pour le repos de l'âme de l'arbre tutélaire.

La nouvelle pousse, que l'on dit issue des racines du ginkgo géant, s'est bien développée au cours de ces dix dernières années.

Bien qu'il soit encore loin d'égaler son prédécesseur en vigueur et en dignité, le jeune ginkgo a beaucoup grandi et atteint une belle envergure. Quand deux ou trois enfants s'accrochent à ses branches ou le secouent, il ne bronche pas. « Tiens bon ! » l'ai-je encouragé dans mon cœur.

Après avoir prié au sanctuaire principal, me retournant, j'ai goûté la vision du paysage en contrebas pour la première fois depuis longtemps.

— Comme c'est beau...

— Oui, d'ici la vue est incroyable.

L'allée Dankazura se déroulait en ligne droite, pour finir par rejoindre la mer.

Quelle ville magnifique !

Pour le retour, vu qu'il était plus court pour Mai d'aller vers le sanctuaire Maruyama Inari, et pour moi, de passer par le sanctuaire Shirahata pour déboucher du côté du terrain de sport de l'école primaire de l'Université nationale de Yokohama, nous avons décidé de nous séparer.

Farfouillant dans son sac, Mai en a tiré une pochette cadeau.

— Tiens. C'est pour la lettre que je t'ai demandé d'écrire l'autre jour. Merci beaucoup, Poppo.

Elle s'est inclinée cérémonieusement et j'ai tendu les deux mains pour recevoir la pochette, me sentant toute confuse.

Ensuite, je lui ai donné un petit cadeau de chez Toshiyama, comme si nous faisions du troc. Mon paquet à moi contenait des *kobato mameraku*. C'est une friandise que j'appelle familièrement « mini-pigeon » parce qu'elle a la forme d'un pigeon.

Quand je ressens le besoin d'avoir quelque chose dans la bouche, je m'en remplis les joues pour éprouver aussitôt chaleur et réconfort. Si les enfants les trouvaient, ils les dévoreraient en un clin d'œil, alors je les cache dans un endroit secret et je les mange en douce.

Comme justement je n'en avais plus, j'en ai aussi acheté pour moi, tout à l'heure. Même si l'idée que je me livre au cannibalisme en croquant ces petits pigeons me rend un peu triste.

— A la prochaine !

— Passons toutes les deux un bel été ! ai-je lancé, tout en me disant que je serais sans doute trop accaparée par les enfants pendant les vacances pour pouvoir m'offrir des moments de détente avec Mai comme aujourd'hui.

J'étais arrivée près d'une maison recouverte de lierre. C'est alors que, tournant brusquement les talons, je suis revenue vers le sanctuaire Hachiman. Je ne parvenais pas à me défaire de l'impression d'avoir oublié quelque chose. Mais qu'avais-je oublié exactement ? Je n'arrivais pas à m'en souvenir et cela me mettait mal à l'aise. Et finalement, j'ai compris.

Se rendre au bureau des amulettes, prendre une bande de papier en couleur ornée du dessin d'une feuille de mûrier de Chine et y noter un souhait au crayon-feutre. Lors du premier été que nous avions passé en famille, Mitsurô, QP et moi avions écrit nos vœux sur du papier de couleur découpé en forme de feuille de mûrier.

Mitsurô avait écrit : *Succès dans le commerce !*

QP, c'était, je ne risque pas de l'oublier : *Je veux un petit frère ou une petite sœur.*

Et moi, qu'avais-je mis, déjà ? Je me rappelais le souhait des autres, mais je n'arrivais pas à me souvenir du mien.

Tenant toujours mon feutre, j'ai réfléchi à quoi écrire cette année.

Des souhaits, j'en avais plein. Mais n'en retenir qu'un seul, voilà qui se révélait assez difficile.

Après avoir enfin traduit mes pensées en mots, j'ai attaché le papier à une ficelle de cinq couleurs et je l'ai consacré au sanctuaire.

Me sentant plus légère, je suis rentrée chez moi en admirant les hortensias qui fleurissaient un peu partout. Parfois, je faisais tourner mon parapluie.

A Kamakura, différentes variétés de fleurs s'épanouissent à chaque saison, mais celle qui s'harmonise le mieux avec la ville, c'est l'hortensia. Les hortensias fleurissent comme des bulles de savon multicolores.

De retour à la maison, j'ai ouvert mon coffre aux trésors, persuadée de l'avoir rangée là.

Je l'appelle « coffre aux trésors », mais il s'agit en réalité d'une boîte en osier dont l'Aînée se servait pour ranger ses vêtements. J'y conserve les souvenirs de famille que je n'arrive pas à jeter.

En fait, il serait plus exact de dire qu'ils y sont fourrés pêle-mêle. Contempler tranquillement ces objets et me plonger dans les souvenirs sera l'un des agréments de mes vieux jours.

Les trois feuilles de mûrier de Chine sur lesquelles étaient écrits nos vœux ont émergé des profondeurs de la boîte. J'ai revu avec nostalgie l'écriture enfantine de QP. J'ai également retrouvé la carte qu'elle m'avait faite pour la fête des mères. Et le rectangle de papier blanc où elle avait écrit le 6 juin de l'année de ses six ans, lorsqu'elle avait commencé la calligraphie.

Avant que je m'en rende compte, mes yeux débordaient de larmes. Pourquoi est-ce que je pleurais tant ? Je n'en savais rien. Mes larmes coulaient comme la pluie.

Là, tout de suite, j'avais envie de serrer QP très fort dans mes bras. Qu'elle me repousse, me donne des coups de pieds ou me morde, aucune importance, je voulais sentir sa chaleur contre ma poitrine. Cette vie que m'a confiée sa mère Miyuki, je la chéris du fond du cœur.

Moi aussi, j'aime QP.

Ce qui m'a fait rire, c'est que le vœu que j'avais écrit aujourd'hui n'avait pratiquement pas changé comparé à celui d'alors : que notre famille soit toujours en bonne santé, paisible et gaie, c'est tout ce que je désire. L'écriture de QP a beaucoup évolué ces dernières années, mais la mienne est restée pratiquement la même.

Je croyais que j'avais plein de souhaits, mais quand j'en fais la synthèse, voilà ce que j'obtiens. Si je peux défendre le bonheur de ma famille jusqu'à la mort, tout ira bien. Mon moi d'autrefois et mon moi actuel ont travaillé en étroite collaboration pour m'apprendre cela.

Le souhait de QP a été exaucé.

Je me suis demandé quel genre de vœu elle écrirait aujourd'hui sur la feuille de mûrier.

Au déjeuner, tout en grignotant le *chirashi* à l'omelette roulée que QP n'avait pas touché, j'ai réalisé que peut-être, sans le savoir, nous étions devenus une vraie famille.

Apparemment, j'avais mis un peu trop de sel dans la fine omelette. Un goût salé s'est répandu dans ma bouche.

OSMANTHE PARFUMÉ

A l'instant où la dernière boule de feu du cierge magique a échoué par terre, l'été s'est achevé. Pendant un moment, la boule a tremblé sur le sol comme un petit animal, puis sa lueur s'est éteinte et ses frémissements ont cessé. Comme si elle avait été aspirée dans les ténèbres.

— Et voilà, c'est fini, ai-je dit, cachant délibérément le mot « été » que j'avais en tête.

— Oui, il s'est éteint, a murmuré Mitsurô de la même manière.

L'odeur du cierge magique flottait encore autour de nous comme une brume de chaleur. Quand j'y pense, c'est peut-être la première fois que nous allumons des feux d'artifice, rien que lui et moi. D'habitude, QP se trouve toujours avec nous.

Après avoir ramassé avec soin les vestiges des cierges magiques éparpillés sur le sol, Mitsurô les a plongés dans un seau d'eau.

Quand je suis rentrée dans la maison en faisant bien attention à ne pas renverser d'eau, j'ai trouvé QP en train de pianoter sur son smartphone tout en regardant la télévision.

« Me revoilà ! » ai-je lancé joyeusement, mais comme je m'y attendais, je n'ai obtenu aucune réponse.

Comme les deux plus jeunes étaient allés à une soirée pyjama, c'était l'occasion idéale pour parler en tête-à-tête avec QP. Les feux d'artifice avaient été préparés dans ce but.

Où était donc passée la QP si enthousiaste de l'été dernier qui voulait allumer des feux d'artifice presque tous les soirs ?

— Tu veux de la pastèque ? lui ai-je demandé, comme si de rien n'était, en ouvrant le réfrigérateur.

— Non.

Je devais sans doute m'estimer heureuse d'avoir reçu une réponse. J'ai poussé un nouveau soupir. Je me répétais « le remède du temps », « le remède du temps », comme si je prononçais une formule magique.

Dans l'ensemble, mieux valait faire l'impasse sur les événements de ces vacances d'été.

Les enfants avaient entamé leur deuxième trimestre depuis quelques jours quand un courrier était arrivé dans la boîte aux lettres. Fait rare de nos jours, l'adresse avait été calligraphiée à la main. Sur l'enveloppe était écrit *Papeterie Tsubaki*, et lorsque je l'ai retournée, j'ai découvert au dos le nom d'une personne qui m'était inconnue. J'étais persuadée que l'écriture était celle d'une femme, mais non, il s'agissait d'un homme. L'adresse de l'expéditeur indiquait la ville d'Ôshima, à Tôkyô, et à en juger par son écriture, il ne devait pas être très âgé.

De retour à la boutique, j'ai ouvert l'enveloppe à l'aide d'un coupe-papier. J'en ai tiré des feuilles d'un papier à lettres ordinaire, aux lignes horizontales. Pendant ma lecture, je n'arrêtais pas de murmurer à moi-même : « C'est impossible. »

Non. J'y crois pas ! L'Aînée aurait... ?

Ridicule, impensable.

Après avoir lu la lettre jusqu'au bout, je n'arrivais toujours pas à y croire, alors je l'ai relue depuis le début. Mais même après deux lectures, le contenu restait identique.

Impossible...

Jamais je n'aurais imaginé que l'Aînée avait eu un homme dans sa vie...

Un homme marié et père de famille, de surcroît...

Non, décidément, je n'arrivais absolument pas à y croire.

J'ai plié les feuilles, les ai remises dans l'enveloppe, que j'ai soigneusement rangée au fond du seul tiroir du bureau qui ferme à clé. Personne d'autre que moi ne devait poser les yeux sur cette lettre.

Celui qui me l'avait envoyée était un parent de l'homme que l'Aînée avait aimé. Il allait venir très bientôt à Tôkyô. Il me demandait si nous pouvions nous rencontrer.

Manifestement, il avait fait des recherches sur la papeterie Tsubaki sur Internet, et c'est ainsi qu'il avait découvert mon existence. Apparemment il y avait quelque chose qu'il voulait à tout prix me donner.

A la fin de la lettre, il écrivait qu'il me ferait signe quand le jour de sa visite à Tôkyô serait proche.

C'est à peu près au moment où les kakis mûrissent que j'ai reçu un appel d'une femme qui était une amie d'une de mes amies mamans. Elle voulait me consulter pour un travail d'écrivain public et me demandait de venir à un endroit qu'elle me désignait. Elle ne se portait pas très bien et se trouvait dans l'incapacité de se rendre à la papeterie Tsubaki.

J'avais la vague impression qu'il fallait faire vite, alors peu de temps après, un samedi soir où j'avais du temps libre, j'ai pris la ligne Enoden pour la première fois depuis longtemps.

J'avais tout préparé pour le dîner qu'il n'y aurait plus qu'à réchauffer, QP allait s'occuper des petits, donc je n'avais pas à m'inquiéter. Hors de ma vue, QP était aussi gentille qu'avant, non, encore plus.

Nous devions nous retrouver sur le quai de la station Kamakura-Kôkômae de la ligne Enoden.

Arrivée un peu avant l'heure prévue, j'ai aperçu une femme assise sur un banc, toute seule, qui contemplait la mer.

— Bonjour. Vous êtes bien Madame Akane ? ai-je demandé en m'approchant d'elle.

Souriante, Akane a essayé lentement de se lever. Ce simple mouvement suffisait-il à faire protester son corps ? Son visage s'est crispé douloureusement et de profondes rides se sont creusées entre ses sourcils.

Nous nous sommes assises côte à côte sur le banc, face à l'océan.

— Quel endroit merveilleux ! ai-je dit.

Enoshima s'étendait à ma droite, à ma gauche, les

rues de Zushi se déployaient comme des bras ouverts.

— J'adore la vue qu'on a d'ici. Tous les jours, je prends le train pour venir à cet endroit, qui n'est qu'à quatre arrêts de chez moi. Je regarde la mer, puis je rentre, a dit Akane d'un ton paisible.

— Je suis passé plusieurs fois par cette station, mais je crois bien que c'est la première fois que j'y descends.

Et tout en prononçant ces mots, je comprenais tellement les sentiments d'Akane que j'en avais mal. C'est vrai, vu d'ici, le paysage marin était peut-être le plus beau de tout Kamakura.

— J'ai fait construire une maison sur la côte du Shônan, mais c'est à peine si je peux voir la mer depuis chez moi. Il a fallu que je tombe malade pour réaliser combien la mer est belle. Venir ici pour l'admirer est mon rituel quotidien. Je n'appelle pas ça une promenade mais un voyage.

Après avoir autant parlé, Akane a inspiré une fois profondément. Peut-être avait-elle du mal à respirer. Puis elle a ajouté d'une voix hachée :

— Une fois par jour, quand je pars en voyage et que je regarde la mer d'ici, comment dire, cela apaise mon cœur agité. La force purificatrice de la mer est incroyable, n'est-ce pas ? Même si je ne peux rien faire de la journée, j'ai l'impression d'être pardonnée.

— Je comprends, ai-je dit, tout en sachant que ce n'étaient pas des mots à prononcer à la légère.

Par une amie commune, j'avais appris dans une certaine mesure dans quelle situation se trouvait Akane. Cependant, je n'avais pas encore entendu le plus important.

Silencieuse, j'ai attendu ses prochains mots. Au bout d'un moment, elle a repris :

— Jamais je n'aurais pensé avoir un cancer. Je crois que tous les gens atteints d'un cancer pensent la même chose. Ça n'arrive qu'aux autres, n'est-ce pas ? J'ai vécu ma vie en croyant que ça ne me concernait pas.

Splaash, splaash, j'entendais le bruit des vagues.

L'un après l'autre, des surfeurs portant de longues planches convergeaient vers la mer. Au large des côtes, les têtes de ceux qui attendaient la vague se profilaient ici et là, évoquant un troupeau de phoques.

Avec l'impression de guetter moi aussi une vague au milieu des phoques, j'attendais avec ferveur les paroles d'Akane. Il était beaucoup plus facile d'écouter son histoire ainsi, en regardant toutes les deux la mer, que si nous étions assises face à face dans un endroit couvert. Je suis sûre qu'Akane trouvait également plus facile de me parler de cette façon.

Après un long moment, elle a poursuivi son récit. Mais peut-être que c'était simplement moi qui l'avais trouvé long, ce silence et qu'en réalité, il avait peu duré.

— Il ne me reste plus beaucoup de temps à vivre.

Je ne pouvais en être sûre parce que je ne voyais pas le visage d'Akane, mais d'après sa voix, elle pleurait.

— J'ai honte de m'apitoyer ainsi sur mon sort. Mais quand je pense à diverses choses, je me mets aussitôt à pleurer. Pardonnez-moi.

Akane a fouillé dans son sac. Elle n'arrivait pas à mettre la main sur son mouchoir.

— Quelle idiote je suis ! Je crois bien que j'ai oublié mon mouchoir, et il a fallu que ce soit aujourd'hui.

Excusez-moi, auriez-vous un mouchoir en papier ou quelque chose de ce genre ?

J'ai sorti le mouchoir que j'avais.

— Tenez, prenez ceci si vous voulez. Il est propre, je ne m'en suis pas servie. Ne vous en faites pas. C'est un vieux mouchoir qui était à mes enfants, j'en ai encore tout un tas.

J'ai désespérément maintenu mon rempart émotionnel à deux mains, essayant de ne pas fondre en larmes.

— Puisque vous me le proposez si gentiment...

Après s'être inclinée, Akane a pris le mouchoir.

Encore ce mouchoir. Celui de notre premier rendez-vous, à QP, Mitsurô et moi.

Moi non plus, je n'avais pas de mouchoir à ce moment-là. Le goût sucré de la crème renversée que QP avait partagée avec moi a ressuscité sur ma langue.

A bien y réfléchir, QP m'avait fait beaucoup de cadeaux. La façon dont elle me traitait maintenant n'avait peut-être aucune importance.

Cette idée nouvelle m'a soudain traversé l'esprit, comme une brise.

Serrant très fort le mouchoir, Akane a repris la parole.

— Voyez-vous, ma fille va bientôt se marier. Ma fille unique. Elle avait prévu d'organiser la cérémonie à Hawaï, mais quand elle a appris que j'étais malade, elle a changé pour Yokohama. Elle a également avancé la date de la cérémonie.

Mais je ne suis pas sûre d'arriver à tenir jusque-là. J'ai l'impression de gâcher le plus beau jour de sa vie et cela me désole.

Ma fille s'inquiète pour moi et me traite très gentiment, mais je ne sais pas pourquoi, je me sens vide et je ne parviens pas à exprimer mes sentiments comme je le voudrais.

Je suis vraiment une mère stupide. Alors qu'il me reste si peu de temps, je passe mes nerfs sur ma fille...

Un cercle lumineux éclairait une partie de la mer.

Cette lumière s'est déplacée lentement, comme s'il s'agissait d'un être vivant doté de volonté, puis, subitement, elle s'est évanouie.

— Je n'ai jamais écrit à ma fille. C'est pourquoi je voudrais lui laisser au moins une lettre.

Seulement, j'ai mal à l'épaule à cause des séquelles d'une opération et je ne peux plus lever la main droite, ce qui fait que je n'arrive pas à écrire.

Si j'avais su ce qui allait arriver, je lui aurais écrit une foule de choses tant que j'étais encore en bonne santé. Je ne suis vraiment qu'une idiote.

Le mouchoir de QP a absorbé tendrement les larmes d'Akane.

J'ai fermé les yeux, puis les ai rouverts lentement.

La mer brillait magnifiquement sous le soleil couchant. Une lumière qui bénissait inconditionnellement la vie.

— Vous n'avez pas froid ? ai-je demandé à Akane, m'inquiétant soudain.

Même s'il fait chaud pendant la journée, le vent fraîchit brusquement le matin et le soir.

— Ça va. Mais je crois qu'il est temps pour moi de rentrer. Quand le prochain train pour Enoshima arrivera, je le prendrai. Poppo, si le train pour Kamakura arrive en premier, montez-y, s'il vous plaît. Pardonnez-moi de vous avoir dérangée.

— Je vous en prie, ai-je répondu.

Dans le ciel passaient des nuages aux couleurs vives, qu'on aurait dit saupoudrés de flocons roses de *sakura denbu*.

— D'habitude, je ne vois que des montagnes. Il y a bien longtemps que je n'avais pas contemplé la mer comme ça. Cela m'a rappelé combien la mer est belle, elle aussi. Si ça ne vous ennuie pas, est-ce que je pourrais revenir la regarder avec vous ?

— Bien sûr, m'a répondu Akane en souriant.

Le train à destination de Fujisawa qu'elle devait prendre est arrivé en premier. Debout sur le quai, je l'ai suivie des yeux tandis qu'elle s'en allait.

Akane était grande, mince, extrêmement belle. Elle n'était pas seulement magnifique à l'extérieur, comment dire, elle ressemblait à une déesse, qui possédait à la fois force et beauté.

Après avoir regardé Akane partir, déchirée par toutes sortes d'émotions confuses, je suis restée tétanisée devant la mer. Je voulais l'admirer encore un peu, alors je n'ai pas pris le prochain train à destination de Kamakura, mais le suivant.

A mesure que nous approchions de Shichirigahama, Inamuragasaki, Hase et Kamakura, le ciel devenait de plus en plus sombre. Au moment où je suis descendue sur le quai de la gare de Kamakura, il faisait complètement noir. On était samedi, mais il n'y avait pratiquement personne sur le quai, où régnait un silence si profond qu'il en était lugubre.

Alors que je m'approchais de la maison, j'ai entendu les rires joyeux des enfants. QP riait aux éclats avec son petit frère et sa petite sœur. L'inquiétude m'a prise : la grincheuse voisine allait encore se plaindre du bruit !

Eh bien, Mitsurô ou moi irions nous excuser auprès d'elle en lui apportant une boîte de gâteaux, et le problème serait réglé. Le plus important en cet instant était que mes trois enfants puissent rire du fond du cœur.

Pendant un moment, je suis restée là à les écouter rire tous les trois.

Dans le ciel flottait une splendide demi-lune, évoquant un radis daikon coupé en deux. A mes pieds, les insectes jouaient tranquillement un refrain d'automne.

La semaine suivante, je me suis débrouillée pour trouver le temps de voir Akane aussi souvent que possible.

Nous nous retrouvions sur le quai de la station Kamakura-Kôkômae et regardions ensemble l'océan. Rien de plus, rien de moins, mais la simple pensée que ce jour-là encore je verrais Akane teignait légèrement mon cœur en garance, la couleur de son prénom.

Tout en contemplant la mer, Akane m'a raconté son histoire.

Tandis que je l'écoutais évoquer le jour de sa naissance, des souvenirs de son enfance et divers autres épisodes de sa vie, parfois, je riais et pleurais avec elle.

Elle m'a montré des photos de sa famille, et je suis devenue à peu près capable d'imiter son écriture.

Bien sûr, ce serait formidable si Akane guérissait et retrouvait la santé. Je continuais de m'accrocher à ce désir. Toutefois, d'un point de vue pratique, il était également vrai que nous devions nous dépêcher.

Le vendredi après-midi, j'ai rencontré Akane pour la dernière fois sur le quai de Kôkômae. Un typhon approchait, des embruns salés venaient nous éclabousser pendant que nous étions assises sur le banc.

Durs comme des cailloux, les embruns frappaient sans pitié notre front et nos joues. Akane a tiré la capuche de son imperméable sur ses yeux et a fixé la mer déchaînée d'un regard sévère, comme si elle faisait face à son destin.

Toutes les deux, alors même que le vent menaçait de nous emporter, nous nous remplissions la bouche des *futomaki-zushi* de Madame Hana que j'avais apportés.

Si les montagnes ne bougent pas facilement, la mer, elle, est fluctuante, toujours en mouvement, on dirait le ventre d'un monstre. Tout comme le feu, je ne me lasse pas de la regarder.

Ce jour-là, nous avons à peine parlé, nous contentant d'admirer l'océan.

Une fois rentrée, j'ai préparé mes ustensiles d'écriture et du papier à lettres. Une image s'était déjà formée en moi dans le train du retour. Sans atténuer, abîmer ou ternir les sentiments d'Akane pour sa fille qu'elle m'avait confiés, il me fallait les ramener à la maison et les traduire sous la forme d'une lettre. Telle était la mission qui m'avait été assignée. C'était pour cela que je vivais à présent.

Car au bout du compte, seul le papier survit.

Les mots prononcés par Akane à notre deuxième ou troisième rencontre avaient vraiment touché mon cœur.

Avec les progrès de la technologie numérique, il est

devenu possible de sauvegarder des photos et des vidéos de manière semi-permanente sous forme de données. Seulement, ce qui est digital peut disparaître en un clin d'œil. Sans l'interface et la configuration nécessaires pour restaurer ces données, celles-ci risquent d'être perdues à tout jamais.

Il est vrai que le papier peut paraître fragile à première vue, mais pour peu qu'il soit conservé avec soin, qu'il s'agisse d'un dessin, d'une photographie ou d'une lettre, on peut le garder très longtemps, et il en subsiste encore de nos jours datant de temps très anciens. A moins qu'il ne soit brûlé ou mouillé, le papier perdure. Les lettres échangées par l'Aînée avec Shizuko en sont le parfait exemple.

Valait-il mieux m'atteler à ma rédaction le matin ou le soir ? Après mûre réflexion, j'ai décidé d'écrire le soir.

L'Aînée me disait souvent d'éviter, dans la mesure du possible, d'écrire des lettres durant la nuit, car le diable s'y cache. Mais pour le travail qu'Akane m'avait confié, il me semblait que c'était justement le soir qui convenait. Car il y a aussi des lettres qui ne peuvent être écrites que la nuit.

J'ai expliqué la situation à Mitsurô, en lui demandant de s'abstenir autant que possible de faire du bruit ou de me parler. Les petits se trouvaient depuis belle lurette au pays des rêves et QP s'était retirée dans sa chambre.

Des écouteurs fourrés dans les oreilles, Mitsurô regardait les informations sportives à la télévision. Apparemment, son joueur de base-ball préféré de ligue majeure avait réussi un coup de circuit, et il s'en réjouissait en levant doucement un poing triomphant, sans émettre un son.

Joignant les mains devant l'autel bouddhique de l'Aînée et de Tante Sushiko, j'ai prié pour que me soit accordé d'achever ma tâche sans encombre.

Ma chère petite Kae,

C'est la première fois que je t'écris une lettre, n'est-ce pas ?

Tout d'abord, félicitations pour ton mariage !

Maman est vraiment heureuse pour toi.

Je mentirais si je disais que je ne suis pas triste que tu me quittes pour te marier, mais ma joie surpasse cent fois, mille fois cette tristesse.

Je crois qu'il n'y a pas de plus grand bonheur dans la vie que de rencontrer le partenaire idéal. En plus, c'est ton premier amour, ce qui est d'autant plus merveilleux.

Je te souhaite de fonder une famille heureuse avec Dai.

Même si je ne sais dire que des banalités, je te soutiens du fond du cœur.

Je veillerai toujours sur toi, alors avance sans crainte, tournée vers l'avenir.

Ces derniers temps, je repense souvent au jour de ta naissance.

Bien que tu ne sois pas née prématurée, tu étais un tout petit bébé.

Je me souviens que lorsque je t'ai vue pour la première fois, j'avais peur de te tenir dans mes bras tellement tu étais minuscule.

Mais ce petit corps essayait de toutes ses forces de survivre. Quand tu as trouvé mon sein et commencé à téter, j'étais tellement ravie, tellement heureuse que j'ai pensé :

« J'ai vraiment de la chance d'être la mère de ce bébé. » Et je continue d'éprouver ce sentiment aujourd'hui.

Quand tu étais petite, on te prenait souvent pour un garçon. Tes cheveux poussaient lentement, et comme ton père et moi aimons le bleu, nous t'habillions souvent de cette couleur. D'ailleurs, le bleu t'allait à ravir. Lorsque je me promenais avec toi, on me complimentait souvent pour le beau petit garçon que j'avais là. Quand je répondais que non, tu étais une petite fille, tout le monde faisait les yeux ronds.

Ton prénom, Kaede, c'est ton père qui en a eu l'idée, je l'ai adopté à mon tour, et c'est comme ça qu'il a été choisi. Ce prénom reflète notre souhait que tu vives à la fois en gardant les pieds sur terre comme un arbre et libre comme le vent. Bien que ce ne soit pas chose facile, nous sommes persuadés, ton père et moi, que tu pourras y arriver.

Finalement, tu es restée enfant unique.

Ces dix-neuf années que tu as vécues auprès de nous ont vraiment passé en un clin d'œil.

La fois où tu avais une forte fièvre et où j'ai posé sur ton front une tranche de bœuf que ton père a plus tard mangée en prétendant que ç'aurait été du gaspillage de la jeter... Quand tu étais une petite écolière et que nous allions camper chaque été... Il m'est impossible de choisir parmi tous ces souvenirs, j'ai l'impression qu'ils sont autant de trésors du quotidien.

Toi et moi avons toujours été proches, mais depuis que je suis tombée malade, nous avons eu quelques disputes sérieuses. Je suis désolée de m'être montrée aussi têtue. Pardonne-moi d'avoir été une mère immature, incapable de comprendre tes sentiments.

かえちゃんへ
初めて手紙を書きますね。
かえちゃん、まずは結婚、おめでとう。
お母さん、本当にうれしいです。
かえちゃんがお嫁に行ってしまうのが寂しくないっていったら嘘になるけど、でもその寂しさの何倍も、何十倍も、うれしいです。
人生の良きパートナーに巡り会えるというのは、最高に幸せなことだと思います。しかもかえちゃんの場合は、それが初恋の人だなんて、素敵なことです。
大ちゃんと、これからいい家庭を築いてください。
月並みなことしか言えないけれど、お母さん、心から応援

Kae, quoi qu'il advienne, je t'en prie, marie-toi comme prévu. Que je sois là ou non, cela ne change absolument rien au fait que je désire ton bonheur.

Nous passerons peut-être moins de temps ensemble que la plupart des mères et filles, mais tu sais, la vie n'est pas qu'une question de durée, ce n'est que tout récemment que je l'ai compris. Et je ne dis pas cela pour avoir l'air bonne perdante. Je crois sincèrement que la vie est une question d'intensité.

Merci, Kae.

Je te remercie du fond du cœur d'être venue dans mon ventre.

Douce comme tu l'es, quand je ne serai plus là, tu vas sans doute te tourmenter, regretter de ne pas en avoir fait davantage pour moi, ou de m'avoir dit certaines choses.

Mais il est parfaitement inutile que tu t'inquiètes ainsi.

Tu m'as accordé suffisamment de bienfaits en naissant comme notre enfant, à ton père et moi.

T'avoir rencontrée a transformé ma vie.

Ma manière de penser et de me comporter a changé. Dans le bon sens, bien sûr.

Kae, s'il te plaît, continue à vivre ta vie à fond.

Profite de ton existence avec le sourire. Car tu sais, la vie passe bien plus vite qu'on ne le pense. Fais tout ce que tu as envie de faire et jouis-en pleinement.

Je t'offre ces mots en guise de cadeau d'adieu.

Permets-moi de le répéter encore une fois.

Félicitations pour ton mariage.

Sois heureuse.

Maman

しています。

かえちゃんのこと、いつもちゃんと見守っているから。安心して、前を向いて歩いてね。

最近よく、かえちゃんが生まれた日のことを思い出します。

かえちゃんは、未熟児ではなかったけれど、とても小さな体で生まれた赤ちゃんでした。

予想はしていたけれど、初めてかえちゃんを見た時、お母さん、あんまり小さすぎて抱っこするのも怖くなったのを覚えています。

それでも、かえちゃんは小さな体で、必死に生きようとしてました。お母さんのおっぱいを探し当てて、ちゅっと吸い付いてくれた時、お母さんね、本当に本当にうれしくて、幸せで、この子の母親になれて本当によかった、って思いました。今も、その気持ちは全く変わっていません。

小さい頃のかえちゃんは、よく男の子に間違えられました。髪の毛がなかなか伸びなくて、しかもお父さんもお母さんもブルーが好きだから、よく青い服を着せていたの。かえちゃんも、青い色がとっても似合ってたし。かえちゃんを連れて歩いてると、よく、男前ですねえ、なんて褒められて。いえ、この子は女の子なんです、って伝えると、みなさん、目を丸くしてましたっけ。

「楓」っていう名前は、最初にお父さんが考えて、お母さんもそれに一票を投じた形で決まりました。木のように地に足をつけて、風のように軽やかに生きてほしい、そんな願いを込めた名前です。

難しいことだけれど、かえちゃんならきっとそれができる、ってお父さんもお母さんも信じてます。

結果的に、かえちゃんは一人っ子になったね。

かえちゃんと共に過ごした十九年間は、本当にあっという間でした。かえちゃんが高熱を出して、おでこに牛肉を貼りつけたこととか、お父さんがそのお肉をもったいないからって後日ステーキにして食べたこととか、かえちゃんが小学生の頃は毎夏、キャンプに行ったこととか、どれかひとつなんて選ぶのは無理で、すべての毎日に宝物が埋まっていた、そんな気がするのです。

これまでかえちゃんとはずっと仲良し親子だったけど、お母さんが病気になってから、何回か本気で喧嘩しましたね。あの時、意固地になっちゃってごめんね。かえちゃんの気持ちをわかってあげられなくて、未熟なお母さんだったこと、許してください。
かえちゃん、どんなことがあっても、お願いだから、予定通り、式を挙げてね。かえちゃんの幸せを願うお母さんの気持ちは、お母さんがそこにいようがいまいが、全く変わりません。
平均的な親子より、一緒にいる時間は短いかもしれないけれど、でもね、人生は生きた時間の長さじゃないって、お母さん、最近になってそのことに気づきました。負け惜しみを言ってるんじゃないよ。本当に、人生は濃さだと思うから。
かえちゃん、ありがとう。

お母さんのおなかに来てくれたこと、お母さん、かえちゃんに心から感謝しています。

きっとかえちゃんは優しいから、お母さんがいなくなったら、もっとお母さんにああしてあげればよかったとか、あんなこと言わなきゃよかったとかって、くよくよしちゃうかもしれない。

でも、そんなふうに思う必要は、全くないよ。

かえちゃんがお母さんとお父さんの子供として生まれてきてくれたこと、それだけでもう、かえちゃんは十分、お母さんに恩恵をもたらしてくれているのです。

かえちゃんに会って、お母さんの人生は変わりました。

考え方や行動も変化しました。もちろん、いい方に、です。

かえちゃん、これから先も、思う存分、自分の人生を生きてください。
笑顔で、わが人生を楽しんでください。人生ってね、自分が思っている
よりもあっという間だから。やりたいこと、全部やって謳歌してください。
これを、お母さんからのはなむけの言葉として贈ります。
もう一度、繰り返します。
結婚、おめでとう。
幸せになってください。

母より

Tous ces mots étaient d'Akane.

C'étaient les paroles qu'elle m'avait dites en regardant la mer, et que j'allais transmettre à sa fille Kaede en son nom. Etre écrivain public, cela se borne parfois à déplacer ce qui est à droite vers la gauche.

Mitsurô avait dû aller dormir sans que je m'en aperçoive. Il n'y avait plus personne dans le salon.

Le lendemain matin, j'ai relu la lettre. Le contenu m'a semblé convenir. Pourtant, quelque chose me chiffonnait. Je restais confusément insatisfaite. Je l'ai relue plusieurs fois, en en cherchant la raison.

Je m'étais peut-être trompée dans l'écriture.

Cette pensée m'est venue alors qu'après avoir passé l'aspirateur dans la pièce, je joignais les mains devant la stèle épistolaire dont je venais de changer l'eau.

J'avais vaguement l'impression d'avoir tracé les caractères d'une manière trop fluide.

Certes, l'écriture était la copie conforme de celle d'Akane, de ce point de vue, c'était une réussite. Mais ce n'était peut-être pas le plus important.

Et si j'essayais d'écrire de la main gauche ?

L'étudiante en art qui travaille à temps partiel à la boutique lisait la postface de *La Lettre d'excuses de mon père,* de la romancière Mukôda Kuniko, quand elle a poussé une exclamation.

— Qu'est-ce qui t'arrive ? lui ai-je demandé, occupée à faire l'inventaire à côté d'elle.

— Il paraît que cette autrice a rédigé son livre entièrement de la main gauche, parce qu'elle ne pouvait pas utiliser sa main droite à cause des séquelles d'une maladie, a-t-elle répondu en faisant une drôle de tête ébahie. Moi, de la main gauche, j'arrive même pas à taper un texto sur mon téléphone. Elle était vraiment motivée ! Elle voulait à tout prix écrire ce texte ?

Sur ces paroles pleines d'incrédulité, elle a refermé le livre de poche.

C'est alors que m'est venue l'idée d'écrire la lettre d'Akane de la main gauche.

Est-ce qu'Akane ne l'avait pas dit elle-même ? Qu'elle avait essayé plusieurs fois d'écrire cette lettre mais que c'était si douloureux qu'elle n'y était pas parvenue.

En écrivant de la main droite, on peut former les caractères proprement et lisiblement. Si on change pour la main gauche, on ne peut pas écrire aussi bien qu'avec la droite et cela prend plus de temps. Mais les sentiments renfermés dans chaque caractère gagnent en densité.

La densité des sentiments d'Akane pour sa fille. Le fait d'écrire de la main gauche pouvait avoir cette signification-là.

L'après-midi, confiant une nouvelle fois la papeterie à l'étudiante en art, j'ai donc réécrit la lettre de la main gauche. Cela a engendré quelques erreurs, mais sans m'en soucier, j'ai continué.

En m'arrêtant souvent pour faire une pause.

J'avais l'impression de revivre l'époque où Akane et Kaede marchaient ensemble et je reposais parfois mon stylo pour profiter du paysage et goûter l'odeur du vent.

J'ai glissé les deux lettres dans des enveloppes séparées. Comme les caractères étaient plus grands sur celle écrite de la main gauche, elle comptait plus de feuilles.

かえちゃんへ
初めて手紙を書きますね。
かえちゃん、まずは結婚、おめでとう。
お母さん、本当にうれしいです。
かえちゃんがお嫁に行ってしまうのが寂しくないっていったら嘘になるけど、でもその寂しさの何倍も、何十倍も、うれしいです。
人生の良きパートナーに巡り会えるというのは、最高に幸せなことだと思います。しかもかえちゃんの場合は、それが初恋の人だなんて、素敵なことです。
大ちゃんと、これからいい家庭を築いてください。

無茶なことしか言えないけれど、お母さん、心から応援しています。

かえちゃんのこと、いつもちゃんと見守っているから。安心して、前を向いて歩いてね。

最近よく、かえちゃんが生まれた日のことを思い出します。

かえちゃんは、未熟児ではなかったけれど、とても小さな体で生まれた赤ちゃんでした。

予想はしていたけれど、初めてかえちゃんを見た時、お母さん、あんまり小さすぎて抱っこするのも怖くなったのを覚えています。

それでも、かえちゃんは小さな体で、必死に生きようとしてました。お母さんのおっぱいを探し当てて、ちゅっと吸い付いてくれた時、お母さんね、本当に本当にうれしくて、幸せで、この子の母親になれて本当によかった、って思いました。今も、その気持ちは全く変わっていません。

小さい頃のかえちゃんは、よく男の子に間違えられました。髪の毛がなかなか伸びなくて、しかもお父さんもお母さんもブルーが好きだから、よく青い服を着せていたの。かえちゃんも青い色がとっても似合ってたし。かえちゃんを連れて歩いてると、よく、男前ですねえ、なんて褒められて。いえ、この子は女の子なんです、って伝えると、みなさん、目を丸くなってましたっけ。
「楓」っていう名前は、最初にお父さんが考えて、お母さんもそれに一票を投じた形で決まりました。木のように地に足をつけて、風のように軽やかに生きてほしい、そんな願いを込めた名前です。難しいことだけれど、かえちゃんならきっとそれができる、ってお父さんもお母さんも信じてます。
結果的に、かえちゃんは一人っ子になったね。
かえちゃんと共に過ごした十九年間は、本当にあっという間でした。
かえちゃんが高熱を出して、おでこに牛肉を貼りつけたこととか、お父さんがそのお肉をもったいないから、って後日ステーキにして食べたこととか、かえちゃんが小学生の頃は毎夏、キャンプに行ったこととか、どれかひとつなんて選ぶのは無理で、すべての毎日に宝物が埋まっていた、そんな気がするのです。

それまでかえちゃんとはずっと仲良し親子だったけど、お母さんが病気になってから、何回か本気で喧嘩しましたね。あの時、意固地になっちゃってごめんね。かえちゃんの気持ちをわかってあげられなくて、未熟なお母さんだったこと、許してください。

かえちゃん、どんなことがあっても、お願いだから、予定通り、式を挙げてね。かえちゃんの幸せを願うお母さんの気持ちは、お母さんがそこにいようがいまいが、全く変わりません。

平均的な親子より、一緒にいる時間は短いかもしれないけれど、でもね、人生は生きた時間の長さじゃなくって、お母さん、最近になってそのことに気づきました。負け惜しみを言ってるんじゃないよ。本当に、人生は濃さだと思うから。

かえちゃん、ありがとう。

お母さんのおなかに来てくれたこと、お母さん、かえちゃんに心から感謝しております。

きっとかえちゃんは優しいから、お母さんがいなくなったら、もっとお母さんにああしてあげればよかったとか、あんなこと言わなきゃよかったとかって、くよくよしちゃうかもしれない。

でも、そんなふうに思う必要は、全くないよ。

かえちゃんがお母さんとお父さんの子供として生まれてきてくれたこと、それだけでもう、かえちゃんは十分、お母さんに恩恵をもたらしてくれてはるのです。

かえちゃんに会って、お母さんの人生は変わりました。考え方や行動も変化しました。もちろん、いい方に、です。

かえちゃん、これから先も、思う存分、自分の人生を生きてください。

笑顔で、わが人生を楽しんでください。人生ってね、自分が思っているよりもあっという間だから。やりたいこと、全部やって謳歌してください。

これを、お母さんからのはなむけの言葉として贈ります。

もう一度、繰り返します。

結婚、おめでとう。

幸せになってください。

母より

Je pensais les montrer toutes les deux à Akane et lui demander de choisir celle qui lui convenait le mieux.

Quant à l'adresse, après avoir d'abord songé à l'écrire, j'y avais finalement renoncé. Si cela était possible, je préférais qu'Akane le fasse elle-même.

Quelques jours plus tard, j'ai reçu un appel d'Akane me disant qu'elle se sentait un peu mieux. Je me suis rendue chez elle avec les deux lettres ainsi que le stylo avec lequel je les avais rédigées.

Le mari d'Akane, désormais en télétravail, m'a conduite à sa chambre.

Akane était étendue sur un lit à roulettes. Son état semblait avoir empiré depuis la dernière fois que je l'avais vue. Remarquant ma présence, elle m'a souri faiblement. J'avais l'impression qu'elle acceptait tout entier son cruel destin.

— J'ai apporté la lettre pour votre fille, ai-je murmuré à l'oreille d'Akane.

Elle m'a regardée avec une expression de gratitude.

— En fait, j'en ai écrit deux au contenu identique, l'une de la main droite et l'autre de la main gauche. Akane, pourriez-vous, s'il vous plaît, y jeter un œil et choisir celle qui vous convient ?

Akane a acquiescé lentement de la tête.

Après avoir déplié les deux lettres pour elle, je les lui ai remises.

Akane a parcouru le texte des yeux.

Dans le salon de style occidental, qui correspondait parfaitement à son image, des lys blancs étaient disposés dans un grand vase. Les fleurs répandaient un doux parfum.

— Celle-ci, a dit Akane.

C'était la première fois que je l'entendais parler ce jour-là. La lettre qu'elle tenait était celle écrite de la main gauche.

— Si cela ne vous dérange pas, Akane, pourriez-vous écrire l'adresse sur l'enveloppe ? Je vous aiderai, ai-je proposé, tout en me demandant quelle serait sa réponse.

Pendant un moment, Akane a paru réfléchir à la signification qu'aurait ce geste. Puis, d'une voix qui semblait avoir mobilisé toutes ses forces, elle a répondu qu'elle le ferait.

J'ai appelé son mari afin qu'il rehausse la tête de lit, et après avoir glissé une serviette sous sa main droite, j'ai arrangé sa posture de manière à lui occasionner le moins d'inconfort possible. Puis j'ai placé le stylo décapuchonné dans sa main droite.

Mais ses doigts n'avaient plus de force et le stylo lui a aussitôt échappé. Son mari observait la scène en silence.

Au bout de plusieurs tentatives, le stylo a enfin tenu entre le pouce et l'index d'Akane. Approchant l'enveloppe de sa main, je l'ai aidée à écrire l'adresse.

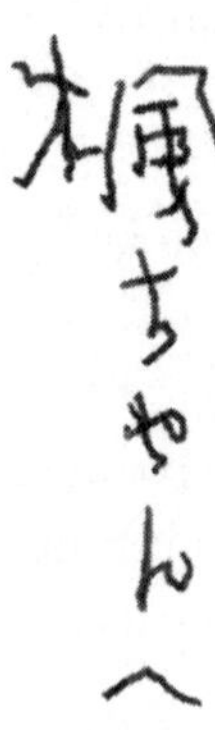

Lentement, doucement, Akane a tracé chaque caractère. On aurait dit qu'ils renfermaient toute sa vie.

Pour Kaede

Quand elle a fini d'écrire, elle a attendu un moment que le papier sèche, puis, retournant l'enveloppe, elle y a noté : *De la part de Maman.*

Cela semblait l'avoir vidée de ses forces, et une fois le lit remis dans sa position initiale, elle a immédiatement fermé les yeux et commencé à s'assoupir, la respiration profonde.

J'ai rangé la lettre écrite de la main droite dans mon sac, avec le stylo.

Sur le banc de la gare de Kôkômae, Akane m'avait raconté que Kaede était fan des Moomins et aurait voulu partir en voyage en Finlande avec sa mère. Alors, pour finir, j'ai scellé l'enveloppe avec un autocollant Moomin que j'avais apporté de chez moi.

J'ai reposé doucement la lettre au chevet d'Akane, côté face.

Quels que soient mes efforts, je n'aurais jamais pu tracer des caractères d'une telle puissance.

Ecrit par Akane dans la situation qui était la sienne, le caractère *Kaede* regorgeait d'une vitalité pure et vibrante.

— A bientôt, Akane. Je suis heureuse de vous avoir rencontrée.

Après avoir murmuré ces mots d'une voix que seule Akane pouvait entendre, je me suis levée.

C'était peut-être la dernière fois que je la voyais. Tout en gardant cela à l'esprit, j'ai espéré qu'un jour viendrait où nous pourrions à nouveau contempler l'océan ensemble, depuis un banc du quai de Kôkômae.

Akane a rendu l'âme quinze jours plus tard. D'après ce que l'on m'a raconté, elle s'en est allée paisiblement, entourée de sa famille.

Quant à la lettre, il paraît que le mari d'Akane l'a lue en son nom lors de la cérémonie de mariage de Kaede. Elle a ensuite été donnée à sa fille.

Sur ces entrefaites, le jour de la venue à Tôkyô de l'homme qui m'avait écrit au sujet de l'Aînée est arrivé. Quand je lui ai avoué que je n'avais pas beaucoup de temps libre, il m'a répondu qu'il ferait le trajet jusqu'à Kamakura. Il m'a demandé où nous pourrions nous retrouver et j'ai aussitôt pensé au salon de thé Bunbun.

C'est un vieil établissement spécialisé dans le thé noir, à sept ou huit minutes à pied de la sortie ouest de la gare de Kamakura. Là-bas, j'aurais moins de chance de tomber sur quelqu'un que je connaissais.

Pour commencer, c'était la première fois que j'avais rendez-vous avec un autre homme que Mitsurô depuis mon mariage. Ensuite, il était un proche parent du père de famille qui avait eu une liaison avec l'Aînée.

Si j'étais découverte, je serais bien en peine de m'expliquer.

C'est pourquoi je préférais le rencontrer en secret dans un endroit où personne ne risquait de me dénicher.

Le salon de thé Bunbun me semblait tout indiqué pour ça.

J'ai franchi les voies de la ligne Yokosuka, je suis passée devant la mairie et j'ai traversé un tunnel. Sasuke, le quartier à l'ouest de la gare de Kamakura, est une zone où je mets rarement les pieds, à moins d'avoir quelque chose de particulier à y faire.

Pensant qu'il pourrait paraître étrange que je sorte affublée d'un maquillage parfait et d'une tenue de ville, je portais des vêtements ordinaires dans lesquels je me sentais élégante. Comme l'affaire concernait la vie privée de l'Aînée, je n'en avais pas touché un mot à Mitsurô.

Par conséquent, le fait que je sois sur le point de rencontrer un inconnu était vraiment secret, top secret.

Son nom de famille était Mimura et son prénom, Tôma. « Cheval d'hiver d'un beau village », un nom qui évoquait toute une carte postale. Cela seul suffisait à m'enchanter.

Comme je ne lui avais pas encore parlé, je ne savais de lui que ce qu'il m'avait écrit, ce qui n'incluait pas son âge, mais à en juger par sa lettre, il avait l'air d'une personne très agréable. Monsieur Mimura avait une écriture aussi délicate que celle d'une femme.

A peine étais-je entrée dans le salon de thé, où j'avais distraitement pris place, qu'il a fait son apparition. J'ai su immédiatement que c'était lui.

Quand je l'ai abordé d'un « Bonjour », lui aussi m'a dit « Bonjour » en me gratifiant d'un sourire éclatant. N'était-ce pas là le plus sympathique des jeunes hommes ? A vue de nez, il devait avoir deux ou trois ans de moins que moi.

Nous avons d'abord échangé brièvement des commentaires sur la saison. Ensuite, j'ai ouvert le menu et invité Tôma à faire son choix.

Comme il me demandait : « Et vous, Hatoko ? », j'ai répondu que j'allais prendre un assortiment thé et pâtisserie, avec comme gâteau un *snowflake cake.* « Alors, ce sera la même chose pour moi » a-t-il dit, puis il a appelé un serveur et passé commande.

En réalité, secrètement, j'avais le cœur qui battait à tout rompre. Parce qu'un homme que je rencontrais pour la première fois m'avait brusquement appelée par mon prénom. Afin de cacher mon trouble, j'ai étudié le menu de manière obsessionnelle, parcourant les noms et les descriptions des différents thés noirs. Les mots traversaient mon cerveau et s'évanouissaient à peine y avais-je posé les yeux. Mais de cette façon, j'ai réussi tant bien que mal à me calmer.

Comme il existe deux arômes de *snowflake cake*, de « gâteau flocon de neige », j'en ai commandé un de chaque : pomme et baie. Dans le salon de thé, qui donne l'impression de se trouver dans un coin perdu de la campagne anglaise, il y avait beaucoup de jeunes femmes, et la plupart mangeaient des gâteaux flocons de neige, aussi beaux qu'appétissants sur les photos.

— Vous avez trouvé facilement ?

— Oui. Vous m'aviez dit de prendre la sortie ouest de la gare et je suis arrivé à bon port sans me perdre. Vous venez souvent ici ?

— Non, en fait c'est la première fois.

Ce n'était pas un rendez-vous pour un mariage arrangé, quand même ! Pourtant je me sentais un peu gênée face à Tôma.

Si ma mémoire était bonne, j'avais appris l'existence de cet établissement par Madame Barbara, grande amatrice de thé noir. « Il y a un salon de thé à Kamakura où l'on peut boire un thé noir extraordinairement délicieux », avait-elle dit.

Après un moment de silence, Tôma est entré dans le vif du sujet.

— Donc...

— Oui.

— Mon oncle et votre grand-mère...

— Oui. Mais je n'arrive pas du tout à y croire.

— Je m'en doute. C'était aussi mon cas, donc je comprends vos sentiments. C'est pour ça que j'ai apporté les vestiges de cette liaison.

Et il a sorti une petite boîte de son sac fourre-tout.

J'avais comme une sensation de déjà-vu. Autrefois, de la même manière, un étudiant étranger qui s'appelait Agno avait débarqué subitement et empilé devant moi une montagne de lettres rédigées par l'Aînée.

En fait, il ne les avait pas empilées, il me les avait juste données avec le sac de supermarché stylé qui les contenait. Ces lettres, l'Aînée les avait écrites à son amie épistolaire Shizuko, la mère d'Agno, qui vivait en Italie.

— Ouvrez-la, je vous en prie.

Quand j'ai soulevé doucement le couvercle de la boîte, l'écriture de l'Aînée m'a littéralement sauté aux yeux. Nul besoin de retourner une enveloppe pour vérifier le nom de l'expéditeur : c'était l'évidence même, ces lettres étaient bien de sa main.

Elles étaient toutes adressées à *Monsieur Mimura Ryûzô.*

— Est-ce que je peux les lire ?

Ce n'était qu'une intuition, mais Mimura Ryûzô n'était sans doute plus de ce monde. Et c'était pour cette raison que les lettres se retrouvaient ainsi devant moi.

Dépliant lentement une feuille, j'allais commencer à la lire, quand Tôma m'a lancé un avertissement.

— Il y a des passages très passionnés.

Tandis que je lisais les lettres, on nous a apporté le thé et les pâtisseries. Réorganisant les objets posés sur la table, nous avons ménagé un espace pour les minithéières et les deux assiettes à gâteaux.

Le *snowflake cake* ressemble à un rocher géant, perché en équilibre précaire sur de la crème. C'était très impressionnant.

Le contenu des lettres se révélait si passionné et si cru que je n'arrivais pas à croire qu'elles avaient été écrites par l'Aînée. J'avais l'impression d'avoir reçu un coup de marteau sur la tête. Pendant un moment, j'en suis restée sans voix. Je n'éprouvais ni colère, ni tristesse. Ce qui ne voulait pas dire que j'étais ravie pour autant.

J'étais brusquement confrontée à une facette de l'Aînée que je n'avais jamais soupçonnée. Sous le choc, je fixais le plafond, hébétée. Encore une fois, l'Aînée m'avait bien eue.

Dans ces lettres, elle vivait en tant que femme.

— J'étais sûr que vous seriez surprise, a murmuré Tôma, le premier à goûter à son thé. Dans les dernières années de sa vie, mon oncle était député régional et il avait la réputation d'être terriblement rigide.

— Comme ma grand-mère, ai-je répondu en m'efforçant de ne pas me souvenir du contenu des lettres d'amour que je venais de parcourir, sous peine de rougir aussitôt.

— Elle qui était tellement intransigeante avec moi !

Et voilà que j'apprenais qu'elle avait vécu une histoire d'amour adultère.

Je me sentais un peu trahie par l'Aînée.

Pour moi, elle incarnait l'intégrité absolue. C'est ce que je croyais et je n'en avais jamais douté.

Même si je ne faisais pas cela pour passer mes nerfs, c'est avec une certaine rancœur que j'ai pulvérisé de ma fourchette le gâteau devant moi. La bonne façon de manger un *snowflake cake* est, paraît-il, de le couper en morceaux et de mélanger ceux-ci avec la crème.

Cet écrabouillage en règle était donc permis. Face à moi, Tôma maniait sa fourchette avec un brin d'hésitation.

Je n'avais pas encore lu toutes les lettres d'amour, j'ignorais à quel point la relation entre l'Aînée et Monsieur Mimura avait été intime, il n'empêche... Les caractères eux-mêmes exsudaient le désir. D'ailleurs, les mots n'avaient-ils pas conservé toute leur sensualité ?

— Sans doute cela veut-il dire qu'elle était une femme, ai-je proféré mélancoliquement, me remémorant le visage de l'Aînée.

J'avais eu beau fouiller mon cœur, c'était tout ce que j'avais trouvé à dire.

Peut-être parce que je l'avais si opiniâtrement mélangé, le *snowflake cake* avait légèrement gagné en saveur. La crème pâtissière, la chantilly, la meringue et la pomme au goût aigre-doux dansaient sauvagement de joie dans ma bouche.

Soudain, à l'image du gâteau écrabouillé dans l'assiette est venue se superposer celle de l'Aînée, nue et lascivement abandonnée dans les bras de Monsieur Mimura.

— Je pense qu'ils étaient amoureux, a murmuré Tôma, un morceau de *snowflake cake* posé au creux de sa fourchette.

Après avoir quitté le salon de thé, Tôma et moi nous sommes promenés pendant un moment à travers un quartier résidentiel désert.

Tôma m'a dit qu'il était céramiste à Izu-Oshima. Il était né et avait grandi à Tôkyô, mais trois ans plus tôt, à la recherche d'un cadre de vie plus agréable, il avait déménagé dans la maison de son oncle, inhabitée et laissée à l'abandon.

— J'étais en train de ranger mes affaires, quand je suis tombé par hasard sur une lettre de Madame Kashiko. Sur l'enveloppe, il était écrit *Strictement confidentiel.* N'y avait-il pas là de quoi attiser la curiosité ? Peut-être des économies cachées, ou quelque chose du même genre ? J'ai immédiatement ouvert l'enveloppe, et quelle n'a pas été ma surprise en découvrant que c'était une lettre d'amour !

— Je me demande ce qui les avait réunis, me suis-je interrogée tout en avançant lentement.

L'Aînée habitait à Kamakura et son amant, Monsieur Mimura, vivait à Izu-Oshima. Ils n'avaient pas dû se voir très souvent.

— Je suppose qu'ils se sont rencontrés, a répondu doucement Tôma.

Même si cela ne répondait pas à ma question, ces quelques mots ont résonné profondément dans mon cœur.

— Si vous continuez tout droit et suivez les panneaux, vous arriverez au sanctuaire Zeniarai Benten.

Tôma m'avait avoué que c'était la première fois qu'il venait à Kamakura et j'aurais bien aimé lui montrer les endroits célèbres, mais j'allais me retrouver dans une situation embarrassante si je ne rentrais pas bientôt à la maison. Malgré tout, je n'avais pas pris le chemin le plus court pour rentrer chez moi. J'avais fait un petit détour pour venir parce que je voulais traverser ce tunnel que je n'avais pas emprunté depuis longtemps.

— Bon, si je les trouve, je vous appellerai, ai-je dit.

Tôma pensait qu'il y avait des lettres écrites par Monsieur Mimura parmi les affaires laissées par l'Aînée. Si c'était le cas, il aurait bien aimé les réunir à celles trouvées chez son oncle, en mémoire des deux amants. C'est pour ça qu'il avait fait le voyage jusqu'à Kamakura.

— A bientôt, ai-je lancé. Il me semblait que dire « Bye bye » en agitant la main aurait quand même été trop familier.

Tôma s'est éloigné en s'inclinant à plusieurs reprises.

Le sac qui pendait à mon épaule est soudain devenu bien lourd. A l'intérieur se trouvaient de nombreuses lettres d'amour de la main de l'Aînée.

Lentement, j'ai gravi la pente, avec la sensation de marcher à ses côtés. Après la boutique d'artisanat Moyai Kôgei, j'ai commencé à apercevoir le tunnel.

J'aime beaucoup ce tunnel, tu sais.

Je n'avais dû y aller qu'une ou deux fois avec l'Aînée, mais curieusement, je me souvenais clairement de sa voix prononçant ces mots.

Moi aussi, j'aime ce chemin.

Au-delà de la sortie de l'étroit tunnel, on distinguait le vert des arbres. Tout en marchant, j'avais l'impression de regarder dans un kaléidoscope. L'Aînée aussi, tel un kaléidoscope, changeait de forme à chaque rotation, jouant habilement avec moi.

Hatoko.

Soudain, j'ai entendu sa voix.

Je vois que tu es désormais capable de marcher seule.

Quand nous traversions le tunnel, moi qui n'étais alors qu'une enfant, je prenais peur et saisissais fermement sa main. Je venais de me le rappeler.

C'est vrai. Je peux marcher seule, maintenant.

N'empêche que j'aurais encore peur de me balader ici toute seule la nuit.

Dépêche-toi de rentrer et sans faire de détour ! a lancé l'Aînée de son habituel ton tranchant.

Oouui-oouui, ai-je répondu d'une voix traînante en émergeant du tunnel.

Je ne m'en étais pas aperçue mais le soleil se couchait, c'était déjà le crépuscule. La nuit, Kamakura prend soudain un tout autre aspect. « Rentrez vite chez vous, les enfants sages ! » semblait me presser une voix, alors j'ai accéléré le pas. J'ai beau être une grande personne, je me sens anxieuse dehors à la nuit tombée.

J'avais eu envie d'interroger l'Aînée sur sa relation avec Monsieur Mimura, mais je n'avais pas osé. Elle avait sûrement honte que sa petite-fille lise les vieilles lettres d'amour qu'elle avait écrites dans sa jeunesse.

Si la voix de l'Aînée m'avait semblé un peu distante tout à l'heure, j'imagine que c'était pour cacher son embarras. De toute façon, une fois rentrée à la maison, je pourrais les parcourir à loisir en long et en large, et peu m'importait la violence avec laquelle l'Aînée allait me rejeter ou me maudire dans l'au-delà.

Quand j'ai entendu le *ding-ding-ding-ding* du passage à niveau de la ligne Yokosuka, je me suis sentie étrangement apaisée. J'étais de retour dans un lieu qui m'était familier, mon corps et mon esprit ont été submergés par le soulagement.

Bien que Sasuke fasse aussi partie de Kamakura, c'est un endroit que je ne connais pas très bien, donc il est possible que j'aie été tendue sans le savoir. En plus,

Tôma, un inconnu, m'avait confié des lettres d'amour de l'Aînée. Lui et moi étions les deux seules personnes au monde à partager ce secret.

Après avoir franchi la voie ferrée, j'ai traversé au passage piéton devant le deuxième torii puis j'ai récupéré ma bicyclette, que j'avais laissée au parking à vélos. Pour le dîner de ce soir, j'avais prévu un menu viande hachée panée et croquettes. Je les avais achetées chez le boucher et mises au frais. Le chou râpé étant la spécialité de Mitsurô, il devait y en avoir dans le réfrigérateur. Tout ce qu'il me restait à faire, c'était de rentrer chez moi et de faire frire les escalopes de viande hachée et les croquettes.

Mes journées sont devenues encore plus chargées.

Tout en recherchant les lettres d'amour que Mimura Ryûzô avait dû envoyer à l'Aînée, je m'occupais du petit fétichiste des seins de la famille, QP continuait de me battre froid, mais cela ne me dissuadait pas de laver le linge du jour, le mettre à sécher, le plier, le ranger à sa place, j'ajustais les emplois du temps des étudiantes qui venaient travailler à la papeterie Tsubaki, et si je recevais une demande pour un travail d'écrivain public, j'y répondais rapidement.

Tout en jouant à la poupée avec Koume, je reprisais les chaussettes de Mitsurô. Même dix mains ne m'auraient pas suffi.

Cerise sur le gâteau, Mémé est revenu à l'improviste.

Mémé est le chat du quartier, où il rôde selon son bon plaisir. En découvrant les mirifiques pompons qu'il avait entre ses pattes arrière, l'évidence nous est apparue : il s'agissait en réalité d'un matou qui avait été castré. Mais nous continuons à l'appeler affectueusement « Mémé ». C'est Mitsurô qui lui avait donné ce nom.

Par conséquent, ces jours-ci, je devais en plus m'occuper des repas de Mémé. Comme il a tendance à faire du lard, j'ai pour règle de lui donner une nourriture diététique pauvre en calories.

Alors que mon planning était déjà surchargé, un gros travail m'est tombé dessus.

Et quand je dis « gros », j'entends par là que le montant des honoraires qui allaient m'être versés se révélait, de mon point de vue, rudement impressionnant.

Après avoir entendu une voix demander : « Est-ce que Madame est là ? », l'employée qui gardait la boutique est venue me trouver au triple galop. J'étais dehors, en train de laver les chaussures de sport de Koume et Rentarô.

— Ya – ya – ya – ya, y a un monsieur du genre dangereux qui demande si Madame est là, a bégayé la jeune fille, visiblement bouleversée.

— Du genre dangereux ? Et c'est moi qu'il appelle « Madame » ?

— Ou – ou – oui, je crois.

J'ai aussitôt pensé à ma mère, Lady Baba.

Elle avait, semble-t-il, déambulé dans la région de Kamakura pendant quelque temps. Mais s'était-elle dégoté un autre amant avec qui elle était partie vivre on ne sait où ? Récemment, je n'avais pas eu de nouvelles d'elle. Tout en me disant que s'il s'agissait d'un individu en rapport avec Lady Baba, je le mettrais à la porte aussi sec, je me suis dirigée vers la boutique d'un pas de va-t-en-guerre. L'employée me suivait comme une ombre.

— Bonjour !

J'ai salué le visiteur de ma voix habituelle, mais en le voyant, je me suis figée sur place. Selon toute apparence, l'homme qui se tenait là était un yakuza du type intellectuel.

Me regardant à travers ses Ray-Ban toutes noires, ce Yakuza Intello m'a dit :

— M'dame, j'ai un p'tit service à vous d'mander.

Il s'exprimait dans un pur dialecte du Kansai.

C'était la première fois que je me retrouvais face à face avec un vrai yakuza, alors j'étais un peu nerveuse.

— Tenez, cadeau pour vous.

Le Yakuza Intello a sorti un paquet d'un *furoshiki.*

J'en ai aussitôt profité pour vérifier s'il avait bien ses cinq doigts, mais son geste avait été si rapide que je n'ai pu les distinguer clairement.

J'étais sûre que la préfecture de Kanagawa avait promulgué un arrêté d'exclusion du crime organisé. Devais-je appeler immédiatement la police ? Mais le gangster que j'avais devant moi n'avait rien fait de mal, il s'apprêtait juste à me remettre un cadeau. La police ne daignant pas intervenir tant qu'il n'y avait pas eu crime, pour le moment, tout ce que je pouvais faire était d'attendre calmement et de voir comment la situation allait évoluer.

— Asseyez-vous, je vous prie, et attendez un instant, ai-je dit après avoir pris une profonde inspiration.

M'emparant du paquet, je me suis retirée dans l'arrière-boutique.

Si je me souvenais bien, le Yakuza Intello avait déclaré qu'il avait quelque chose à me demander. C'est-à-dire à l'écrivain public que j'étais. Quel que soit le client, c'est une tradition à la papeterie Tsubaki de lui offrir une boisson. Dans la même situation, je suis sûre que l'Aînée lui aurait au moins servi du thé.

Bon, qu'allais-je proposer à un membre de la pègre ?

Le *kyô-bancha* que je m'étais récemment remise à boire était un régal pour moi, mais tout comme on ne trouve pas très savoureux les sushis que l'on mange à l'étranger, le *kyô-bancha* que l'on boit dans la région du Kantô n'était peut-être pas du goût des habitants du Kansai.

Dans ce cas, il serait plus judicieux de servir une boisson typique de la région du Kantô. Seulement, s'il existait des friandises emblématiques de Kamakura, comme les sablés-pigeons et les gâteaux au caramel et aux noix Kurumicco, pour ce qui est du thé à la mode de Kamakura, rien ne me venait à l'esprit. Et plus je m'impatientais en me disant : « Tu dois faire vite, tu dois faire vite ! », plus mon cerveau tournait à vide.

C'est alors que j'ai eu une illumination : et si je lui servais du *kuki-hôjicha*, du thé de tiges de théier torréfiées, après l'avoir fait griller à nouveau ? Tante Sushiko m'avait appris autrefois cette astuce. D'après elle, regriller du vieux *hôjicha* le rendait plus parfumé et lui donnait un meilleur goût.

Quand je suis retournée nonchalamment dans la boutique pour voir ce que devenait le Yakuza Intello, je l'ai trouvé en train de regarder les articles de papeterie d'un air fort intéressé.

— On dirait que ça va prendre un peu de temps, ça ne vous dérange pas ? ai-je demandé timidement.

— Du temps, j'en ai à r'vendre, m'a-t-il répliqué dans un dialecte du Kansai bien fluide.

Après avoir prestement mis le thé dans une poêle en terre cuite *hôroku*, j'ai posé celle-ci sur le feu. Pendant ce temps, j'ai fait bouillir de l'eau, et quand l'arôme parfumé des tiges de thé a commencé à s'élever, j'ai éteint le feu et transféré le *hôjicha* rôti dans une théière à manche *kyûsu*. J'y ai versé de l'eau bouillante, et après avoir placé la théière et des bols à thé sur un plateau, je suis retournée dans la boutique. Depuis tout à l'heure, l'employée rôdait autour de moi, désœuvrée.

En fait, il n'y avait pas lieu de s'inquiéter. En bavardant avec mon visiteur, j'ai découvert que c'était juste un gars sympathique de la région du Kansai. En plus, il m'a dit être un ami du Baron. Je me suis vaguement rappelé que, je ne sais plus quand, le Baron m'avait annoncé qu'un homme qui était pour lui comme un petit frère allait déménager à Kamakura, et qu'il comptait sur moi pour lui faire bon accueil.

Malgré tout, à cause de son costume trop impeccable et de ses Ray-Ban, il ressemblait définitivement à un membre de l'intelligentsia yakuza. Comme si lui-même en était conscient, il m'a lancé avec un sourire :

— J'ai l'air comme ça, mais je mords pas !

J'avais eu raison de ne pas appeler la police.

Le Baron et lui étaient, paraît-il, *hatoko*, c'est-à-dire cousins issus de germains. Quand je lui ai appris que mon prénom était Hatoko, il a fait les yeux ronds pendant une seconde, avant de se mettre à rire comme une baleine.

Je ne voyais pas ce que j'avais dit de drôle. Cela me faisait bizarre d'être appelée « Madame », mais j'ai décidé de me taire, car s'il se mettait à nouveau à rire sans pouvoir s'arrêter, la conversation n'avancerait pas.

Apparemment, le thé vert fraîchement torréfié avait trouvé grâce aux lunettes du Yakuza Intello.

— Ça, il est rudement bon, le thé du Kantô !

La vue d'un mafieux intello sirotant sérieusement du *hôjicha*, le dos bien droit, était en soi un spectacle.

— C'est quoi, comme thé ?

— Du *hôjicha*, du thé vert torréfié.

Pour une raison que j'ignore, il m'avait refilé son accent du Kansai et je m'étais mise à parler d'une drôle de façon.

— Ah ouais, du *hôjicha* ? C'est la première fois qu'j'en bois.

— On ne boit pas souvent de *hôjicha*, dans le Kansai ?

Ça me faisait bizarre de participer à cette conversation où le dialecte du Kantô et celui du Kansai semblaient s'affronter.

— Nan, j'crois pas. En fait, j'en sais trop rien. Quand on vous invite à prendre le thé au Kansai, on vous sert généralement du thé vert *matcha*. Avec des pâtisseries *namagashi*.

— Je suis désolée.

J'avais fouillé mes placards à la recherche de quelque friandise raffinée, malheureusement, je venais juste de finir mes mini-pigeons *kobato mameraku*.

— Pas grave, pas grave. Perso, j'suis un bec sucré, alors...

Sur ces mots, il a sorti un *yôkan* de la taille d'une bouchée de sa sacoche en cuir d'allure luxueuse.

Après l'avoir déballé adroitement, le Yakuza Intello a brisé le *yôkan* en deux et l'a posé sur le papier dans lequel il était enveloppé.

— Tenez, on fait moitié-moitié.

— Merci.

Désorientée par la tournure inattendue que prenaient les événements, je l'ai remercié en faisant une courbette.

J'ai mis le *yôkan* dans ma bouche. Il était sec et croquant à l'extérieur. L'intérieur était généreusement fourré de crème de haricots sucrée avec des morceaux.

— C'est délicieux.

Inconsciemment, je me suis mise à sourire.

— On appelle ça du *yôkan* sec. Ça se marie au poil avec votre *hôjicha*.

Tirant un mouchoir de sa sacoche, le Yakuza Intello s'est essuyé le bout des doigts. Le mouchoir brillant, à la texture lisse et soyeuse, s'ornait de couleurs vives et était soigneusement repassé.

— Le soir, j'le coupe très fin et j' le mange avec du citron, et c'est aussi impec' pour accompagner l'alcool.

Le Yakuza Intello souriait lui aussi.

— Ainsi vous aimez l'alcool ? ai-je demandé.

— Ouais, mais juste un p'tit peu, a-t-il répondu timidement.

Au début, j'étais sur mes gardes, persuadée qu'il s'agissait d'un homme *du genre dangereux.* Maintenant je me sentais toute drôle en réalisant à quel point je m'étais fourvoyée.

J'ai donc pris amicalement le thé avec mon visiteur. Je croyais que notre entrevue allait se terminer ainsi, sur un échange de propos anodins. Mais j'avais bel et bien affaire à un yakuza intello. Les décisions, il les prenait rondement.

— J'ai une faveur à vous d'mander.

Après avoir lâché ces mots en corrigeant sa posture, il a poursuivi :

— Un jeune gars adorable qu'est comme mon p'tit frère a des ennuis. J'ai entendu parler d'vous par le grand frère, alors j'suis venu ici pour vous d'mander si vous pouviez m'apporter votre aide.

Sur ce, il m'a gratifiée d'une explication interminable, que l'on peut résumer comme suit.

Après avoir emprunté de l'argent à ses proches, le jeune ami du Yakuza Intello s'était lancé dans la vente de nourriture haut de gamme pour animaux importée de l'étranger. Les produits étaient de bonne qualité, fabriqués à partir de légumes, de viande et de poisson certifiés biologiques, même des humains auraient pu les consommer.

Le Japon connaissait actuellement un boom des animaux de compagnie et comptait plus de chiens et de chats que d'enfants de moins de quinze ans. On dépensait des fortunes pour eux et de plus en plus de gens les traitaient comme leurs propres enfants. Anticipant une demande d'aliments pour animaux de haute qualité, l'homme avait donc commencé à en importer pour les commercialiser, malheureusement, les affaires ne marchaient pas.

D'après le Yakuza Intello, le problème ne résidait pas dans la composition des produits eux-mêmes, mais dans la manière dont ils étaient vendus. Si son ami investissait davantage dans la publicité, il pourrait augmenter le nombre de ses clients. Mais voilà, il n'avait pas la capacité financière de lancer une campagne à grande échelle. C'est alors que lui était venue l'idée d'envoyer une lettre manuscrite avec la marchandise.

— Et là, M'dame, vous voudriez pas lui filer un coup de main ?

Brusquement, mon visiteur s'est levé et incliné, me causant une vive surprise.

— Pour vos honoraires, c'est tout c'qu'il peut vous offrir.

Le Yakuza Intello, qui avait réintégré son siège, a dégainé une calculatrice qu'il a tenue devant moi.

Un, dix, cent, mille... J'ai compté les zéros l'un après l'autre en partant de la droite, puis, croyant que j'avais fait une erreur quelque part, je les ai soigneusement recomptés en les suivant du doigt, cette fois depuis la gauche.

J'ai bien cru que mon nez allait se mettre à saigner. C'était une somme inconcevable pour un travail d'écrivain public ordinaire. Mon cœur battait la chamade. Même avec un zéro en moins, cela représentait énormément d'argent pour moi.

— Pourriez-vous me laisser un peu de temps pour réfléchir ?

Impossible d'accepter sur-le-champ une mission d'une telle importance.

— Pour sûr, M'dame. Réfléchissez bien. Dans c'cas, je repasserai vous voir dans une semaine environ.

Le Yakuza Intello a sorti un épais agenda doté d'une couverture en cuir, où il a inscrit une note.

— Les lettres, c'est vraiment sympa. Moi aussi j'en écris, parfois, et j' sais pas pourquoi, ça m'fait chaud au cœur. Recevoir une lettre, ça rend plus heureux que n'importe quel cadeau hors de prix, pas vrai ?

Comment pouvait bien être son écriture ? J'ai essayé de l'imaginer, sans y parvenir. En revanche, j'avais une petite idée du genre de matériel qu'il apprécierait. A ses mains délicates, c'est un stylo-plume Pelikan qui convenait.

— Merci beaucoup pour le thé. J'espère que vous nous dégoterez un texte accrocheur. Je compte sur vous !

Après avoir lancé ces mots d'une voix particulièrement joyeuse, le Yakuza Intello a quitté la papeterie Tsubaki.

Vite, j'ai ouvert le paquet qu'il m'avait donné. Le papier d'emballage vert clair plié avec soin contenait des *funoyaki*. Sans nous asseoir, l'employée et moi en avons chacune goûté un : ils étaient tellement délicieux que nous n'avons pas pu arrêter d'en manger !

C'est un biscuit qui ressemble à un craquelin légèrement grillé, à la texture si aérée qu'on peut en manger autant qu'on veut. Une fois vide, la boîte serait très commode pour ranger du matériel d'écriture.

La semaine s'est écoulée en un clin d'œil. Je n'arrivais pas à décider si j'allais ou non me charger de ce travail.

Jusqu'à présent, à quelques exceptions près, j'avais accepté toutes les demandes d'écrivain public. D'abord, je ne suis guère en mesure de dire non, ensuite, depuis l'Aînée, la papeterie Tsubaki met un point d'honneur à tendre une main secourable à ceux qui sont dans l'embarras parce qu'ils ne parviennent pas à écrire une lettre.

Mais cette demande était un peu différente.

Jusqu'ici, je n'avais travaillé que pour des particuliers. Cette fois, la demande émanait d'une entreprise. Ma tâche ne se bornerait pas à écrire à la place de quelqu'un d'autre.

Seul le hasard avait voulu que l'on me propose ce travail. Peut-être y avait-il des personnes plus qualifiées que moi pour le faire. Oui, il devait certainement y en avoir.

Oui, mais la rémunération était princière, très alléchante.

Vivre, c'est manger, c'est-à-dire se remplir la panse. Seulement, la nourriture n'est pas gratuite. L'argent est absolument nécessaire en ce bas monde.

J'avais trois enfants en pleine croissance à la maison. Et nous ne pouvions vivre d'amour et d'eau fraîche.

L'année prochaine, QP allait entrer au lycée. Sans doute dans un établissement public, mais la possibilité qu'elle entre dans un lycée privé n'était pas exclue. Et si nos problèmes de voisinage liés au bruit continuaient de s'aggraver, nous serions peut-être forcés de déménager un jour.

Je sais que c'est mesquin à dire, mais l'argent mène le monde. Même l'avenir du restaurant de Mitsurô n'est pas assuré...

L'Aînée m'a dit ceci autrefois :

Etre écrivain public, c'est comme tenir une pâtisserie. Imagine que tu veux offrir une boîte de gâteaux à quelqu'un. Ceux qui savent cuisiner apportent des gâteaux qu'ils ont confectionnés eux-mêmes. Les autres achètent des gâteaux qu'ils trouvent délicieux.

Il en va de même avec les lettres. Certaines personnes sont capables de traduire leurs sentiments en mots, d'autres non. C'est pour ces personnes-là que les écrivains publics existent.

Mais si j'acceptais ce travail, ce serait comme si je fabriquais en série à la machine des gâteaux que je faisais d'habitude un par un à la main. Superficiellement, ils auraient peut-être l'air pareils. Mais le cœur et l'âme qu'ils renfermeraient ne seraient pas les mêmes. Dès que quelque chose est produit en série, ce qu'on a mis dedans se dilue.

Cela dit, n'avais-je pas utilisé une imprimante pour annoncer la reprise de mon activité d'écrivain public ? D'ailleurs, même les livres sont fabriqués en nombre après conversion en caractères typographiques des feuillets écrits à la main par les auteurs. Même si, de nos jours, je suppose qu'ils tapent plutôt leurs manuscrits sur ordinateur.

— Qu'est-ce que je dois faire... ? ai-je murmuré à Mémé, une phrase que je répétais pour la énième fois.

Depuis tout à l'heure, Mémé mangeait avec autant de voracité que d'enthousiasme de la nourriture humide en conserve. L'autre jour, alors que j'étais absente, le Yakuza Intello avait livré quelques échantillons, pour que je me fasse une idée du produit. Selon ses dires, pour peu qu'on l'assaisonne, le contenu de ces boîtes était un régal même pour des êtres humains.

Et en effet, Mémé dévorait, sans un regard pour les croquettes basses calories que je lui donnais jusqu'à présent. Il allait falloir recommencer son régime depuis le début.

Un texte qui fait vendre... ?

Les mots prononcés par le Yakuza Intello ne cessaient de rebondir dans ma tête comme un boomerang.

Alors que je me demandais quoi faire, j'ai reçu une autre commande. Apparemment, l'automne ne favorisait pas seulement l'appétit et la lecture, c'était aussi la saison des lettres.

La commande émanait d'un homme qui n'arrivait pas à rédiger sa lettre de démission. Il suffit pourtant d'effectuer une recherche sur Internet pour dénicher une foule d'exemples.

Cela m'a rappelé le jeune Murata. Cet éditeur en herbe était venu à la papeterie Tsubaki pour me demander d'écrire à sa place à un critique littéraire à qui il voulait commander un texte.

Je l'avais brutalement envoyé balader.

Emportée par l'impétuosité de ma jeunesse, j'avais refusé d'une manière qu'on aurait difficilement pu qualifier de polie. Je le regrettais, mais pas ma décision elle-même. Plus tard, j'avais reçu une lettre manuscrite de Murata.

Je suis d'avis qu'on doit écrire soi-même sa lettre de démission.

Mais voilà, ce client était venu me voir sur la recommandation du mari de Madame Calpis. Honnêtement, il m'était difficile de refuser.

Les relations sont importantes pour la poursuite d'une activité. Alors parfois, pour sa tranquillité future, mieux vaut accepter une commande que de se donner des sueurs froides en refusant.

Il existe plusieurs types de lettres de démission, qui diffèrent subtilement selon le moment et les circonstances où elles sont envoyées.

C'est un document qu'un employé d'une entreprise ou un fonctionnaire occupant un poste à responsabilité, tel que directeur ou chef de service, envoie lorsqu'il renonce à ses fonctions.

Mon client actuel était un employé de bureau qui prenait sa retraite anticipée. Il quittait l'entreprise pour laquelle il avait travaillé pendant un quart de siècle. Même s'il s'était refusé à utiliser cette expression, il s'agissait en réalité d'un licenciement pour restructuration.

En d'autres termes, ce n'est pas lui qui avait décidé son départ. C'était donc une notification de démission plutôt qu'une lettre d'intention qu'il devait présenter.

Dans ce type de courrier, le point nécessitant une attention particulière est le motif de la démission : celle-ci est généralement provoquée par des circonstances personnelles, mais dans le cas d'un départ à la convenance de l'employeur, il est important de se montrer plus précis et d'indiquer clairement que vous ne démissionnez pas de votre propre volonté. Si vous ne le faites pas, vous courez le risque de ne pas pouvoir bénéficier des allocations d'assurance-chômage ou de la prime de départ à la retraite que vous êtes censé recevoir par la suite.

Tout en prenant soin d'éviter un ton trop administratif ou trop émotif puisqu'il en allait de l'avenir de mon client, j'ai rédigé la lettre de démission de Monsieur Kandagawa avec la sensation que nous tenions le stylo à deux mains.

J'avais choisi le stylo-plume de combat préféré de l'Aînée. Pour l'encre, du noir de jais en lieu et place du bleu-noir.

En calligraphie verticale, si vous continuez à écrire avant que l'encre sèche, vous risquez d'en attraper sur la paume de la main et de tacher le papier. J'ai donc tracé chaque caractère avec une extrême prudence, comme si je posais le pied sur une fine couche de glace.

Pas après pas, j'ai pris mon temps pour atteindre mon objectif.

NOTIFICATION DE DÉMISSION

Kôwa SA
à Monsieur Satô Hiroshi
Président-Directeur Général

Le 1er octobre 2022

En raison d'une réduction des effectifs dans mon département, consécutive à de mauvaises performances, je vous informe que je prendrai ma retraite le 31 décembre 2022.

Kandagawa Takehiko,
Deuxième département commercial.

La rédaction de cette lettre ne présentait aucune difficulté. Un travail d'écrivain public des plus simples ou, pour être plus exacte, un travail de scribe qui se limitait à tenir la plume à la place du client. Je ne peux nier que quelque part en moi, je voulais m'en débarrasser le plus vite possible.

En attendant que l'encre soit complètement sèche, j'ai servi une boisson à Monsieur Kandagawa. Du café moulu en sachets filtres individuels. Assis face à face, nous avons bu notre café noir.

— Merci pour votre aide.

De l'autre côté du nuage de vapeur, Monsieur Kandagawa souriait légèrement.

— Je vous en prie.

J'ai avalé les mots « Il n'y a vraiment pas de quoi » avec mon café noir.

— Voyez-vous, je ne voulais absolument pas écrire ça moi-même.

Nul doute qu'on l'avait poussé à démissionner : il le faisait à contrecœur. Ses paroles étaient imprégnées de regret.

— J'ai travaillé de toutes mes forces sans obtenir beaucoup de reconnaissance de mon entreprise. Mais grâce à la lettre de démission propre et nette que vous m'avez écrite, je me sens enfin libéré.

Comment allait-il vivre, désormais ? Avait-il trouvé un autre emploi ? Il m'était difficile de le lui demander face à face.

Tant de remerciements pour avoir rédigé une lettre de démission toute bête me troublait. Bien que vaguement, il m'a semblé comprendre les sentiments de Monsieur Kandagawa, pourquoi il refusait de l'écrire lui-même.

Une fois l'encre séchée, j'ai plié la lettre de démis-

退職届

私儀

このたび、業績不振に伴う部門縮小のため、令和四年十二月三十一日をもって退職いたします。

令和四年十月一日

第二営業部
神田川武彦

株式会社　光和
代表取締役社長　佐藤博殿

sion en trois, commençant par le tiers inférieur avant de rabattre le tiers supérieur. Je l'ai glissée dans une enveloppe et je la lui ai tendue.

退職届

Notification de démission

Il a contemplé fixement les trois kanji tracés sur le recto de l'enveloppe. Puis, relevant brusquement la tête, il m'a dit en me regardant droit dans les yeux :

— Merci beaucoup.

Il s'est incliné profondément devant moi, qui étais bien plus jeune que lui.

En esprit, j'ai souhaité sincèrement bonne chance à Monsieur Kandagawa.

J'espère que cette lettre de démission sera pour lui le point de départ d'une nouvelle vie.

Cette lettre que je trouvais sans intérêt à rédiger, j'ai compris combien elle était importante pour Monsieur Kandagawa. Voilà donc pourquoi on dit que tant qu'on n'essaie pas, on ne sait pas. Refuser d'emblée n'apporte rien de constructif.

Exactement une semaine plus tard et pratiquement à la même heure que la dernière fois, le Yakuza Intello a réapparu à la papeterie Tsubaki.

— J'accepte humblement votre demande, lui ai-je annoncé.

Formulé ainsi, on aurait dit que j'acceptais une demande en mariage, ce qui m'a fait piquer un fard intérieurement ; mais mon visage, lui, était très sérieux.

— Merci bien fort, M'dame, m'a-t-il répondu d'une voix larmoyante qui semblait renfermer toute sa gratitude.

Qu'il s'agisse du Baron ou du Yakuza Intello, au fond, il n'existe peut-être pas de plus gentilles personnes que celles qui paraissent rébarbatives ou bougonnes à première vue. Soit dit en passant, à l'origine, le verbe *yasagureru* ne fait pas référence à une attitude maussade ou insensible ; il est issu du mot d'argot *yashi* et signifie « s'enfuir de chez soi » ou « errer ».

— Ben alors, faites-nous quelque chose dans ce goût-là, siouplaît.

La scène a de nouveau changé en un clin d'œil tandis que le Yakuza Intello sortait un document de sa sacoche en cuir.

— Même si c'est pas exactement pareil, ça ira. Au contraire, je crois que ça sera encore plus sensass si vous y mettez vos mots et vos idées à vous.

— Entendu. Mais j'aurai besoin de quelques jours, ai-je dit après avoir parcouru le texte.

— OK, pas d'problème, a répondu le Yakuza Intello, le visage radieux. Si on buvait pour sceller notre pacte commercial ? Désolé de vous d'mander ça, mais vous pourriez préparer votre *hôjicha* de l'autre jour ? Aujourd'hui, j'ai apporté des gâteaux à tomber !

La mine réjouie, il a extirpé une boîte d'un *furoshiki.*

— Ce sont des *daifuku* aux fruits, mes préférés. Un magasin vient d'ouvrir sur l'avenue Wakamiya. J'en ai acheté huit, pour que vous puissiez manger le reste en famille. Y en a de toutes sortes, alors choisissez celui que vous aimez.

Lorsque j'ai ouvert le couvercle, j'ai vu des *daifuku* aux fruits aux parfums variés, non seulement à l'incontournable fraise, mais aussi au kaki, à la pêche, au melon, à la figue… Après bien des hésitations, j'en ai choisi un à la mandarine.

— Vous avez l'œil, dites donc ! Vous avez choisi le plus cher.

Tandis que je m'excusais, confuse, il a ajouté :

— Prenez ça comme un compliment.

Il a choisi un *daifuku* à la figue.

— Chez mes parents à Kyôto, y a un grand figuier, m'a-t-il raconté pendant que je préparais du thé vert torréfié dans l'arrière-boutique. Tous les ans à l'automne, ma mère nous faisait des beignets de figues.

Quand j'ai apporté le thé, le Yakuza Intello m'attendait en préparant les *daifuku.*

— C'est comme ça qu'on les coupe en deux : avec un fil.

Il a tiré sur la ficelle dont il tenait une extrémité dans chaque main et le *daifuku* s'est divisé proprement en deux, révélant la figue qu'il contenait.

— Comme c'est joli ! me suis-je exclamée, admirative.

— Pourquoi n'pas essayer, vous aussi ?

Il m'a passé le fil. Après l'avoir enroulé autour de l'enivrant tour de taille du *daifuku* à la mandarine, j'ai tiré bien fort.

— C'est amusant, ai-je reconnu, en songeant à laisser les enfants en faire eux aussi l'expérience.

Puis, me rappelant que je ne l'avais pas encore remercié pour les *funoyaki* qu'il avait apportés la dernière fois, je me suis empressée d'ajouter :

— Ces gâteaux fins que vous m'avez offerts l'autre jour étaient absolument délicieux.

— Mon bonheur est de vous faire plaisir, a répondu le Yakuza Intello comme si c'était une évidence.

Je ne savais pas quelles étaient ses activités et pourquoi il vivait à Kamakura, mais j'étais au moins sûre d'une chose : ce n'était pas une mauvaise personne.

Après avoir disposé les *daifuku* aux fruits sur du papier *kaishi*, la jolie coupe transversale positionnée vers le haut, j'ai bu du *hôjicha* avec mon visiteur.

— Un vrai bonheur, ai-je dit.

J'ai eu honte de moi d'avoir osé penser, ne serait-ce qu'un instant, qu'une mandarine ordinaire pouvait avoir meilleur goût. Le fruit était enrobé d'une fine couche de pâte de haricots blancs sucrée, elle-même enveloppée dans un gâteau de riz moelleux.

Le *daifuku* à la mandarine censé se trouver sous mon nez a disparu dans mon estomac en un éclair, ne laissant qu'un papier *kaishi* esseulé.

— Si le cœur vous en dit, M'dame, que diriez-vous de goûter la moitié de celui à la figue ? Perso, j'pourrai toujours en racheter, alors...

Le Yakuza Intello m'avait admirablement percée à jour, devinant ce qui me trottait par la tête depuis tout à l'heure.

Celle que j'étais avant aurait sûrement décliné l'offre et fièrement résisté. Mais la mère de trois enfants a accepté avec le sourire.

— Merci bien fort.

Pour une raison mystérieuse, l'envie m'a prise d'imiter le Yakuza Intello et d'utiliser moi aussi le dialecte du Kansai.

— Mmm, j'vous donne quatorze sur vingt. Y reste encore des traces de dialecte du Kantô, a-t-il lancé en riant, avant de téléporter la moitié du *daifuku* à la figue dans mon papier *kaishi*.

Une figue étant une figue, celle-ci recelait un plaisir gustatif d'une autre sorte.

Ce jour-là, l'employée avait un gros rhume, c'est donc moi qui m'occupais de la boutique. Quel agréable après-midi passé à déguster du thé et des gâteaux !

— A la revoyure, j'compte sur vous pour c'que vous savez !

Le Yakuza Intello s'est incliné poliment à l'entrée de la papeterie.

Faire preuve de raison crée des conflits. Laisser parler son cœur conduit à la dérive. Imposer sa volonté est source de fatigue. Bref, il n'est pas facile de vivre dans le monde des hommes.

N'est-ce pas Natsume Sôseki qui a écrit ça ? Si je me souviens bien, c'est le début d'*Oreiller d'herbe*.

Cela veut-il dire qu'il vaut mieux passer sa vie à se dérober en évitant les collisions frontales ? Cela fait une dizaine d'années que je suis revenue à Kamakura. Ai-je acquis les compétences nécessaires pour avancer dans le monde ? On ne fait pas d'omelette sans casser des œufs.

Après avoir raccompagné le Yakuza Intello, j'ai eu envie de lire *Oreiller d'herbe*, ce qui ne m'était pas arrivé depuis longtemps. Il devait y avoir un vieux livre de poche dans la bibliothèque de l'Aînée.

Nous tenons à vous remercier sincèrement d'avoir choisi notre produit parmi les nombreux aliments pour animaux disponibles.

Une alimentation saine est tout aussi importante pour rester en bonne santé qu'un traitement médical, le savez-vous ?

Les aliments et les médicaments qui guérissent les maladies ont les mêmes origines. C'est pourquoi adopter au quotidien une alimentation équilibrée permet de prévenir et de soigner les problèmes de santé.

C'est la raison pour laquelle nous mettons tout notre cœur à élaborer nos aliments pour animaux en utilisant les meilleurs ingrédients.

Nous voulons que vos chers toutous et minous coulent des jours heureux, mangent avec plaisir et respirent la joie de vivre. C'est en gardant ce souhait à l'esprit que nous vous livrons ce produit.

Nous espérons que vous passerez de merveilleux moments avec les chats et les chiens qui font partie de votre famille.

Si vous voulez en savoir plus sur nos aliments, n'hésitez pas à nous contacter à tout moment. Nous attendons avec impatience vos commentaires sur notre site Internet !

Après plusieurs tentatives, j'avais finalement réussi à pondre ça. J'avais utilisé un stylo à bille ordinaire. Le texte serait imprimé sur du papier à lettres, pour que chaque feuille ait l'air d'avoir été écrite à la main.

Pour la touche finale, il m'est venu une idée. Koume, ma fille cadette, est douée pour dessiner des animaux. Je lui ai donc demandé de dessiner un chien et un chat, afin de les utiliser comme motifs pour le papier à lettres.

　このたびは、たくさんのペットフードの中から
私どもの商品をお選びくださり、心からの感謝を
申し上げます。
　ところで、医食同源という考え方をご存じですか？
　病気を治す薬と食べ物は、本来の根源は同じもの。
日頃から栄養バランスのとれた食事をすることで、
病気を防ぎ、治療しようという考えです。
　わたくしどものペットフードは、まさにこの
医食同源の考えのもと、最高にいい食材を使い、
まごころを込めて手づくりしております。
　わんちゃんやねこちゃんが、日々、食べる楽しみや
生きる喜びを感じながら、幸せに生きてほしい。
そんな願いを込めて、お届けします。
　ご家族であるわんちゃんねこちゃんと、どうか
素敵な時間をお過ごしになってくださいね。
　もし、フードに関してのご質問やご要望などが
ございましたら、いつでもご連絡ください。
インターネットサイトへのレビュー投稿も、お待ち
申し上げております！

Mais était-il vraiment convenable de toucher un salaire aussi élevé pour un travail aussi simple ? A l'idée que je faisais peut-être quelque chose de mal, impossible de ne pas me sentir vaguement coupable ou de ne pas avoir mauvaise conscience. Non, je me sentais carrément coupable.

Mais quand j'en ai parlé à Mitsurô, il m'a répondu que c'était ainsi que marchait le monde.

A une période de sa vie, il avait travaillé dans une agence de publicité. Il m'a expliqué que le montant des honoraires grimpait en flèche dès que le contenu était destiné à une campagne publicitaire. Cela m'a un peu soulagée.

Quand je l'ai averti que c'était terminé, le Yakuza Intello est immédiatement arrivé. Je me sentais plus tendue que d'habitude.

Le cœur battant à tout rompre, je lui ai donné la feuille.

Sans bouger, droit comme un I, il gardait les yeux fixés sur mon texte. Je me suis demandé combien de fois il allait le relire.

Je suis allée dans l'arrière-boutique faire griller du *hôjicha* dans une poêle en terre cuite *hôroku.* Les gâteaux, il était prévu que c'était lui qui les apportait.

— Ouais, c'est impec.

Ce n'est que lorsque je suis revenue avec le thé sur un plateau et que je lui ai tendu une tasse de *hôjicha* que le Yakuza Intello a relevé la tête. Peut-être n'est-ce que mon imagination, mais il avait les yeux légèrement humides.

— Les caractères, ils sont rieurs.

— Comment ? Vous trouvez que mon écriture rit ?

— Ouaip', mais dans le bon sens, bien sûr.

J'étais soulagée qu'il soit satisfait de mon travail. Même si déclarer que mes caractères souriaient était une manière plutôt affectée de s'exprimer.

J'avais pris la peine de préparer du *hôjicha* grillé, mais le Yakuza Intello avait apparemment une urgence et devait immédiatement se mettre en route vers sa prochaine destination.

Ce jour-là, il avait apporté des choux à la crème. Il m'a dit qu'ils venaient de chez Grandir, une pâtisserie occidentale qui venait d'ouvrir rue Yuigahama.

— Je reviendrai vous voir un de ces quatre, et cette fois j' resterai plus longtemps.

Laissant derrière lui l'écho d'une voix qui disait « Merci bien fort », le Yakuza Intello a filé comme le vent.

Il restait beaucoup de *hôjicha* dans la théière. Tout en le sirotant, j'ai réfléchi à ce que je pourrais faire de l'énorme somme d'argent que je venais de gagner.

J'envisageais de placer la moitié en prévision de l'avenir, et d'utiliser sans compter l'autre moitié pour l'agrément familial.

Cet automne, les commandes pleuvaient. S'étaient-elles accumulées à cause de mon long congé parental ? Les clients défilaient sans interruption.

— Je suis la seule personne vivante inscrite au registre de famille.

A la fin de l'automne, une femme âgée est apparue, habillée comme si elle était venue dans le quartier acheter des légumes, et elle s'est mise à me raconter sa vie.

— J'avais beaucoup d'amis. Mais peu à peu, je n'ai plus été capable de mettre un nom sur les visages, je ne savais plus avec qui je parlais. J'ai fini par avoir peur de rencontrer des gens, de me montrer impolie avec eux...

Dans ce genre de situation, à qui faire vraiment confiance ? Finalement, je crois qu'il n'y a que la famille sur qui on puisse compter. Et comme je n'en ai pas, je ne peux compter que sur moi-même.

La requête était inhabituelle, ma cliente atteinte de démence me demandait de lui écrire une lettre à elle-même. Elle avait une cinquantaine d'années. Elle était célibataire et sans enfants, ses parents étaient décédés et elle n'avait ni frère ni sœur.

C'était la première fois que je rencontrais et que j'écoutais parler une personne atteinte de démence précoce. Pendant que nous discutions, je n'avais pas l'impression que son état était particulièrement grave. Pourtant, elle disait qu'elle avait du mal à écrire les kanji et à assumer les tâches ménagères du quotidien.

A cause d'erreurs successives et de sa mémoire défaillante, elle avait récemment quitté son emploi. En me disant que parfois elle n'arrivait pas à se rappeler son propre nom, elle a ouvert le cahier qu'elle avait toujours avec elle et me l'a montré.

Il était noté : *Je m'appelle Komori Tsutako.*

— Mais un jour, il est possible que je ne sois même plus capable de lire ces mots, comme s'ils étaient écrits dans une langue inconnue. Je veux au moins pouvoir écrire mon nom jusqu'à la fin, je m'entraîne donc à le copier cent fois par jour.

C'était peut-être pour cela que Madame Tsutako avait un durillon au majeur de sa main droite.

— J'étais une carriériste, si je peux dire ça de moi-même. J'étais cadre dans une grande entreprise et je travaillais d'arrache-pied. « Travailler à fond et s'amuser à fond », c'était ma devise. Pendant mon temps libre je voyageais à l'étranger.

Je me suis liée d'amitié avec des personnes de différents pays. J'aime rencontrer des gens et parler avec eux, je consacrais beaucoup d'énergie à apprendre des langues comme l'anglais, le français, l'espagnol ou le russe.

Mais un jour, un subordonné en qui j'avais toute confiance m'a fait remarquer que je posais plusieurs fois les mêmes questions, et comme je me sentais moi-même un peu bizarre, je me suis rendue à l'hôpital. C'est ainsi que j'ai appris que j'étais atteinte de la maladie d'Alzheimer.

C'est grâce à mon subordonné qu'elle a pu être détectée à un stade précoce. Je prends actuellement des médicaments pour empêcher la progression des symptômes, mais j'ignore comment les choses vont évoluer...

Je perds progressivement la mémoire.

Donc, avant qu'il ne soit trop tard, je voudrais mettre en place un système d'envoi régulier d'une lettre m'expliquant qui je suis et quelle a été ma vie. Peu importe si le contenu reste le même.

Komori Tsutako s'était exprimée sur un ton détaché. Au bout d'un moment, elle a levé les yeux et demandé :

— Tiens, qu'est-ce que c'est que cette boisson ? Je suis sûre que j'en ai déjà bu, mais je ne parviens pas à me rappeler son nom.

— C'est du Calpis, ai-je répondu. Il fait froid aujourd'hui, alors j'ai décidé de faire du Calpis chaud.

— Ah oui, du Calpis. Calpis, Calpis. Je vais essayer de m'en souvenir. Quand j'avais, voyons voir, une quarantaine d'années ? – j'ai fréquenté un Letton pendant quelque temps. Il raffolait de cette boisson, alors moi, j'en emportais toujours un pack quand je partais en voyage en Lettonie.

Madame Komori regardait dans sa tasse de Calpis chaud, comme si le fond était relié à la terre de Lettonie.

Quelle était la différence entre elle et moi ? D'année en année, j'ai de plus en plus de mal à me rappeler ce que j'ai mangé la veille au soir, et il m'arrive parfois de confondre Mitsurô avec notre fils et de l'appeler Ren.

C'est dans l'ordre des choses que les souvenirs s'estompent à mesure que l'on vieillit. Mais dans le cas de cette maladie, le processus se déroule de manière anormalement rapide.

— Quand je me dis qu'en me réveillant, j'aurai peut-être oublié ce qui s'est passé la veille et je ne saurai plus qui je suis, ça m'angoisse tellement que je n'arrive pas à dormir.

Pourtant, Madame Komori me semblait une courageuse battante de la vie, qui s'efforçait de prendre des mesures pour surmonter son problème : c'est ce qui l'avait amenée jusqu'à moi.

— Je vous assure que non ! a-t-elle dit en riant quand je lui ai avoué le fond de ma pensée.

N'ai-je pas vécu jusqu'à présent en profitant au maximum de ma vie de célibataire ? C'est pour ça que j'ai de l'énergie à revendre. Comment dire, c'est un peu comme si je me remboursais une dette à moi-même...

Et puis, grâce en soit rendue à mes parents, je suis dotée d'une nature extrêmement positive. Quelles que soient les difficultés qui survenaient au travail, je me disais toujours que je pouvais m'en sortir. C'est peut-être une forme excessive de confiance en soi.

Mais ça marche vraiment. Je suppose que mon esprit et mon corps ont été façonnés comme ça. C'est comme un réflexe.

Naturellement, apprendre que j'étais atteinte d'Alzheimer à mon âge m'a déprimée comme je ne l'avais jamais été dans ma vie. Mais ça ne veut pas dire que je ne peux pas me battre, n'est-ce pas ? Je prends des médicaments et j'ai bien l'intention de faire de mon mieux pour ralentir la progression de la maladie.

Mais il est également vrai que je n'ai d'autre choix que de m'en remettre au destin.

Moi, je choisis de penser que c'est Dieu qui me met à l'épreuve. Dieu teste mes capacités pour voir jusqu'où je peux aller. Si je réussis le test, il en sortira sûrement quelque chose de bien et Dieu me récompensera. C'est ce que je crois.

Même dans une situation aussi cruelle que la sienne, Madame Komori gardait le sourire aux lèvres. Comme elle était forte !

— J'ai compris. Vous désirez que j'écrive à votre place cette lettre à vous-même. A quelle fréquence dois-je vous l'envoyer ?

— Voyons voir...

Madame Komori a penché la tête de côté.

— Une fois par mois, ce n'est pas assez, une fois par

semaine me semble un peu trop, alors que diriez-vous de tous les quinze jours ? Par exemple… à la pleine lune et à la nouvelle lune. Car moi, j'adore contempler la lune.

— Oui, c'est une bonne idée. Cela pourrait même être merveilleux.

Les nuits de pleine lune et de nouvelle lune, j'enverrai à Madame Komori une lettre lui résumant sa vie.

Peut-être que Dame Séléné nous gratifiera d'un petit coup de pouce afin que la mémoire de Madame Komori dure plus longtemps.

J'ai recopié l'adresse écrite dans le carnet de ma cliente.

— Euh, comment s'appelle cette boisson, déjà ? m'a demandé Madame Komori tandis qu'elle finissait sa tasse.

— C'est du Calpis. Comme il fait froid aujourd'hui, je l'ai mélangé avec de l'eau chaude pour faire du Calpis chaud.

J'ai répété la même explication.

— Madame Komori, vous sortiez avec un Letton, n'est-ce pas ? ai-je poursuivi, amenant aussitôt un sourire sur son visage.

— Vous en savez, des choses ! Il adorait cette boisson.

Ses traits se sont détendus encore davantage, son sourire est devenu éblouissant.

Quelques jours plus tard, j'ai soudain eu envie d'admirer les belles couleurs automnales.

Dans la matinée de dimanche, nous avons donc décidé d'aller voir les feuillages mordorés des arbres.

QP avait accepté pour une fois de nous accompagner. Je me suis empressée de préparer un pique-nique de boulettes de riz et radis marinés.

Cela faisait longtemps que nous n'étions pas sortis ainsi tous les cinq, la tribu au grand complet. D'habitude, soit il manque quelqu'un, soit nous allons chacun de notre côté, par groupes de deux ou trois. Depuis quelque temps, Mitsurô et QP sortent souvent ensemble. Cela me donne l'impression d'être laissée pour compte et c'est un peu vexant, mais il est agréable de voir le père et la fille s'entendre aussi bien.

Récemment, les plus jeunes ont commencé à jouer seuls tous les deux, sans qu'il soit nécessaire que je m'en mêle. J'ai coutume de me plaindre que les enfants demandent beaucoup de travail, mais ils ne restent pas des bébés pour toujours. Ils grandissent, et finissent un jour par quitter le nid.

L'air était frais et agréable.

A mi-parcours, nous avons pris un sentier de montagne en admirant les frondaisons teintées par l'automne. A travers les feuilles colorées de rouge et de jaune, les rayons du soleil illuminaient notre famille.

Depuis combien d'années ne m'étais-je pas rendue dans la vallée de Shishimai ?

Si je me souviens bien, avant notre mariage, nous y étions allés tous les trois, Mitsurô, QP et moi. Ou bien était-ce à la fin de l'année de notre mariage ?

Le seul souvenir qui demeurait douloureusement vif dans ma mémoire, c'était le son de la voix de QP criant vers le ciel : « L'homme aux ballons ! » sur le chemin du retour.

Moi non plus, je ne sais pas où j'en serai dans vingt ans. Peut-être souffrirai-je de démence précoce, comme Madame Komori. Peut-être même ne serai-je plus en vie. Personne ne sait ce que lui réserve le futur.

Soudain, j'ai revu dans un flash le profil d'Akane.

A ce moment-là, nous regardions ensemble l'océan, sur le quai de la gare de Kôkômae. Où se trouvait l'âme d'Akane, à présent, et quel genre de paysage contemplait-elle ?

Chère Tsutako,

Comment allez-vous ? Etes-vous en forme ?

Vous vous appelez Komori Tsutako.

Vos parents ne sont plus de ce monde. Vous étiez fille unique et vous ne vous êtes jamais mariée.

Mais tout va bien, inutile de vous inquiéter !

Vos parents vous ont dotée d'une personnalité très forte et très joyeuse.

Vous êtes une guerrière qui se bat toujours avec courage. Vous êtes une personne très positive.

Vous avez de nombreux amis partout dans le monde.

Vous n'êtes jamais seule.

Votre fleur préférée est la lavande.

Votre couleur préférée est le vert.

Votre anniversaire est le 15 septembre.

Votre nourriture préférée, ce sont les biscuits.

Votre mot préféré est « amitié ».

Votre fruit préféré est le raisin Shine Muscat.

Votre animal préféré est l'alpaga.

Votre compositeur préféré est Bach.

Votre instrument de musique préféré est le clavecin.

Quand vous étiez jeune, vous étiez une personne brillante et très compétente.

Vous aimiez travailler autant que vous amuser, vous avez pleinement profité de votre vie.

Vous avez une maladie qui vous donne des trous de mémoire.

N'oubliez pas de bien prendre vos médicaments.

Après avoir surmonté tous les kanji de kana afin d'en indiquer la prononciation, j'ai glissé la lettre dans une enveloppe, que j'ai scellée avec du ruban adhésif repositionnable afin que Madame Komori puisse l'ouvrir facilement. En revenant de Shishimai, j'irai la poster dans une boîte aux lettres rouge.

La pleine lune sera bientôt là. Ceci est une lettre de la Madame Komori du passé à la Madame Komori du futur.

Dans les ruines du temple Yôfukuji, nous avons décidé de déjeuner avec un peu d'avance.

« Par ici ! » ont appelé les enfants. Je les ai donc suivis. Après avoir monté un peu les escaliers d'un sentier de montagne indiqué comme « promenade », nous sommes arrivés dans une clairière, où des bancs étaient disposés négligemment.

J'ignorais l'existence d'un tel endroit.

Nous divisant en deux groupes, celui des adultes et celui des enfants, nous avons pris place sur les bancs. Les enfants n'ont pas tardé à s'éloigner du leur et à courir partout en mangeant leurs boulettes de riz. QP gambadait avec les petits.

小森蔦子さん

お元気ですか？　体調は、どうですか？
あなたの名前は、小森蔦子です。
両親は、もういません。あなたはひとりっ子で、結婚もしませんでした。
けれど、心配しなくても大丈夫ですよー！
あなたの両親は、あなたに、とても強くて明るい心を残してくれました。
あなたは、いつだって勇敢に戦う戦士です。あなたは、とても前向きです。
あなたには、世界中にたくさんの友達がいます。
あなたは、決してひとりぼっちじゃありません。
あなたの好きな花は、ラベンダー。
あなたの好きな色は、緑。

あなたの誕生日は9月15日。
あなたの好きな食べ物は、ビスケット。
あなたの好きな言葉は、友愛。
あなたの好きな果物は、シャインマスカット。
あなたの好きな動物は、アルパカ。
あなたの好きな作曲家は、バッハ。
あなたの好きな楽器は、チェンバロ。
あなたは、若い頃、とても仕事のできる優秀な人でした。
働くことも遊ぶことも大好きで、自分の人生を心から楽しんでいました。
あなたは、忘れん坊の病気です。
忘れずに、きちんとお薬を飲んでくださいね。

Je me demande bien pourquoi la plus ordinaire des boulettes de riz paraît si délicieuse quand on la mange dehors. Tout en buvant à tour de rôle avec Mitsurô le thé d'orge perlé dont j'avais rempli une bouteille thermos, je regardais le ciel d'un air absent.

Un ciel bleu typique de l'hiver. Une année de plus allait bientôt se terminer.

— Dis, ce serait quoi pour toi, la manière idéale de finir ta vie ? ai-je demandé abruptement à Mitsurô.

Akane et Madame Komori m'avaient montré que le vieillissement et la maladie nous concernaient tous. Depuis quelque temps, bon gré mal gré, je pensais à la fin de ma vie.

— Laisse-moi réfléchir...

Mitsurô était troublé, car nous n'avons guère l'habitude d'aborder ce genre de sujet. Mais je crois qu'il est important qu'un couple discute de ces choses-là.

— Je voudrais mourir avant toi, Hato, a déclaré Mitsurô.

J'avais déjà entendu ces mots.

Quand nous étions allés à Kôchi annoncer à ses parents notre mariage, il me les avait dits dans la voiture sur le chemin du retour. A la réflexion, ce voyage avait été notre lune de miel.

Néanmoins, j'ai fait semblant d'avoir oublié ses paroles et j'ai répliqué :

— Ce n'est pas juste que ce soit toi qui meures en premier. La plupart des hommes meurent avant leur femme, alors ils se la coulent douce, persuadés que ce sera elle qui règlera tous les problèmes, pas vrai ? Moi aussi, je veux que tu sois là pour mes derniers moments, ai-je ajouté en faisant la moue.

N'est-ce pas le souhait de tout un chacun de finir sa vie entouré de ceux qu'il aime ?

— Pour moi, l'idéal, ce serait de mourir pendant mon sommeil, en faisant de beaux rêves, a proféré Mitsurô.

— Je suppose que c'est mieux pour celui qui meurt. Mais si un jour tu mourais subitement, tu ne crois pas que les gens de ton entourage seraient pris au dépourvu ? Qu'ils le regretteraient ?

Miyuki, la première épouse de Mitsurô, avait terminé ses jours brutalement. Elle avait été assassinée. Donc, tant pour moi que pour Mitsurô, ce sujet était assez lourd. Je voulais cependant aborder cette question de la mort avec lui.

— En fin de compte, il n'y a qu'avec le cancer qu'on peut dire correctement adieu à ses proches, a-t-il lâché contre toute attente.

— Tu as raison. Quand on a un cancer, on sait de combien de temps on dispose et on peut se préparer dans une certaine mesure.

C'est pourquoi, pour dire la vérité, je me demandais si je ne préférerais pas mourir d'un cancer.

— Sans compter que lorsqu'on meurt subitement, ai-je ajouté, on ne peut pas se débarrasser de certaines choses, comme les lettres embarrassantes et les photos qu'on ne veut pas que les autres voient.

— Tiens ? Tu caches ce genre de choses, Hato ?

C'était rafraîchissant d'entendre Mitsurô m'appeler Hato au lieu de maman.

— Pas toi ?

— Eh bien, je ne pense pas que je veuille mourir en laissant derrière moi un slip sale ou quoi que ce soit dans ce goût-là. Par exemple, si je devais mourir dans un accident et que je portais un caleçon sale à ce moment-là, je trouverais ça gênant.

— Oui, ce serait affreux.

— N'est-ce pas ?

A cet instant, la voix de Rentarô m'est parvenue d'un peu plus loin. « Maman, regarde ! » criait-il. J'avais peur qu'il me montre une fois encore un insecte ou quelque chose du même genre, mais il est arrivé en courant avec une branche de callicarpe du Japon à la main.

— C'est beau, hein ?

La branche s'ornait de nombreuses baies violettes, on aurait dit un bijou façonné avec grand soin. Un peu plus tard, QP et Koume nous ont également rejoints.

— Tiens, maman, cadeau pour toi !

Rentarô m'a donné la branche de callicarpe du Japon.

— Et ça aussi !

A son tour, Koume m'a offert un hortensia séché.

— Merci. Je les mettrai dans la papeterie.

Quand j'ai pris l'hortensia, Koume a souri timidement et levé les yeux vers QP. Quant à Rentarô, il a prestement tendu la main et touché ma poitrine.

— Hé là ! l'a grondé Mitsurô d'une voix forte, comme s'il chassait un chat de gouttière.

Les mains de Rentarô sont extrêmement rapides, je dois constamment être sur mes gardes. Mais je n'arrive pas à le rabrouer comme le fait Mitsurô. Diverses pensées me traversent l'esprit, comme par exemple : si je me mets en colère, cela ne va-t-il pas créer chez lui un traumatisme ?

— Je serais heureuse si je pouvais terminer ma vie en disant merci.

M'en rappelant soudain, j'ai repris notre conversation de tout à l'heure. Les enfants étaient à nouveau partis s'amuser je ne sais où.

— Même si je deviens gâteux et que je finis avec des couches, ça te sera égal, Hato ? Tu prendras soin de moi ? m'a demandé Mitsurô d'un air sérieux.

— C'est pour ça que je t'ai épousé, non ? D'ailleurs, c'est peut-être à moi que ça arrivera. A ce moment-là, Mitsurô, je te prierai de ne pas t'enfuir.

Il se pouvait que ce futur ne soit pas si lointain. Le temps passe si vite ! Peut-être qu'avant même de nous en apercevoir, Mitsurô et moi serons devenus un papy et une mamie tellement gâteux que nous ne nous reconnaîtrons même pas.

— Au fait, je voulais te dire, QP...

Avec le sentiment que c'était le moment ou jamais, j'ai abordé un autre sujet qui me tenait à cœur. En faisant tournoyer du bout des doigts le petit bouquet de fleurs que Rentarô et Koume m'avaient offert un peu plus tôt.

— Je crois qu'elle ne m'aime plus...

A peine ai-je fait cet aveu que mes larmes se sont mises à couler par surprise. Comme si cela devait me porter un coup fatal, à l'intérieur de moi, j'avais évité de traduire ma pensée en mots. Mais cela faisait longtemps que ce sujet me préoccupait et faisait monter en moi une amertume comme celle d'une écolière qui a peur que sa meilleure amie la déteste.

— Ne te tourmente pas.

Mitsurô a passé doucement un bras autour de mes épaules.

Les enfants n'étaient pas là. J'ai posé la tête sur son épaule et regardé le ciel.

La voûte céleste était d'une pureté hivernale parfaite.

Des nuages vaporeux s'étendaient sur la toile d'un bleu vif, comme si un peintre avait mis la dernière main à un tableau abstrait en quelques coups de pinceau. L'espace d'un instant, l'un d'eux m'a évoqué un ange. Je voulais rester ainsi encore un peu. J'ai fermé les yeux et écouté les battements du cœur de Mitsurô.

Boum boum, baboum, baboum.

Boum boum, baboum, baboum.

Ce bruit me prouvait que Mitsurô était bien vivant.

Emue, je l'ai embrassé discrètement.

Le typhon de l'autre jour avait fait refleurir les fleurs d'osmanthe.

D'où provenait-il ? Un parfum suave et frais flottait dans l'air.

CAMÉLIA

Dernièrement, ma consommation d'alcool a sensiblement augmenté. Occupée à faire des enfants puis à les élever, je n'en buvais pratiquement plus une goutte, mais peu avant Noël, boire un verre avant de me coucher est devenu une habitude.

Tout a commencé par un article sur le *glühwein* que j'ai découvert par hasard en feuilletant un magazine de voyage au salon de coiffure : en Allemagne, il paraît qu'il est d'usage de boire du vin chaud à l'époque de Noël. Comme la recette était indiquée, j'ai aussitôt essayé d'en préparer avec ce que j'avais à la maison, et c'était tellement bon que je suis devenue accro.

Depuis lors, Mitsurô m'apporte du vin rouge chaque fois qu'il en reste au restaurant. Je le mets sur le feu dans une petite casserole, j'y ajoute du miel et des épices comme de la cannelle, des clous de girofle, de l'anis étoilé, et je le bois bien chaud. On peut aussi l'agrémenter de lamelles d'orange ou de pomme tranchées finement.

Dans la vieille maison de l'Aînée que nous retapons tant bien que mal, un froid polaire règne en hiver. Mais quand je bois de ce vin aux épices, une chaleur bienfaisante se répand dans mon corps. C'est pour ça que je ne peux plus m'en passer.

Quand je bois de l'alcool, j'ai l'impression que mes talons décollent légèrement du sol, ce qui n'est pas non plus désagréable. J'oublie tous mes soucis, et quelques instants avant de me coucher, je m'abîme dans un monde qui n'appartient qu'à moi seule.

Si le sommeil m'assaille, sans attendre le retour de Mitsurô, je me glisse dans le futon et m'endors comme une bûche. Je me couche et je me lève tôt, et mon cycle de sommeil est devenu plus régulier.

A présent que mes deux plus jeunes enfants sont capables de se débrouiller tout seuls, j'ai à nouveau du temps pour me retrouver en tête à tête avec moi-même. Cela me réjouit plus que tout et me rappelle l'époque où je vivais seule dans cette maison et passais de bons moments avec ma voisine Madame Barbara.

Etant donné que nous avons une candidate aux examens d'entrée au lycée à la maison, nous ne sommes allés nulle part pour les vacances de Noël et du Nouvel An. Je passe donc tranquillement mon temps ici, dans les montagnes de Kamakura, comme si j'hibernais. Apparemment, QP souhaite intégrer un établissement de premier ordre, alors elle reste enfermée dans sa chambre à bûcher d'arrache-pied.

Je dis « apparemment », parce qu'elle ne m'en a pas parlé et que je ne suis au courant de ses choix que grâce à Mitsurô.

Chaque année, la mère de Mitsurô nous envoie de Kôchi une grande quantité de plats traditionnels du

Nouvel An, il ne me reste donc plus qu'à préparer le *zôni* emblématique de la famille Amemiya, à base de boulettes de cresson et de viande de canard hachée de chez Toriichi.

Depuis la naissance de Koume, j'ai presque arrêté d'écrire les adresses sur les cartes de Nouvel An. Par un accord tacite, le nombre de cartes s'est réduit d'année en année, les gens se contentant d'envoyer leurs vœux par courrier électronique.

Chaque année, la papeterie Tsubaki ferme une semaine pendant les vacances de Noël et du Nouvel An. C'est donc la première fois depuis longtemps que je prends un repos digne de ce nom. Ayant pris goût au vin chaud, j'en bois jusqu'à être complètement ivre.

Je l'ai trouvée peu après vingt et une heures, le dernier soir des vacances du Nouvel An.

Inspirée par la lecture d'*Oreiller d'herbe* de Natsume Sôseki, j'avais continué à parcourir la littérature classique. Je feuilletais un livre de poche en me demandant quel prochain trésor de la bibliothèque de l'Aînée j'allais découvrir, quand elle s'est soudain échappée d'entre les pages, comme une fleur séchée.

Ce qui venait de tomber par terre en tourbillonnant, c'était une carte postale.

La photo sur la carte montrait deux fleurs de camélia. L'une rouge et l'autre blanche, elles reposaient côte à côte sur le sol, déployant vers le ciel leurs nombreuses étamines gorgées de pollen. Les couleurs avaient beaucoup pâli, tirant plutôt vers le sépia.

M'accroupissant, j'ai ramassé la carte postale, et à l'instant où je l'ai retournée, j'ai eu le souffle coupé. Cette écriture anguleuse qui ne m'était pas familière traçait audacieusement le nom de quelqu'un que je connaissais bien.

Amemiya Kashiko.

L'expéditeur était Monsieur Mimura Ryûzô, et la carte avait été envoyée d'Izu-Oshima. Cependant, l'adresse complète de l'expéditeur n'était pas précisée, il était seulement noté : *Depuis Oshima.* La carte postale devait représenter des camélias de l'île.

— Bingo !

J'étais tellement abasourdie, c'est le seul mot qui m'est venu. Les lettres que Tôma recherchait, les lettres envoyées par Monsieur Mimura à l'Aînée, se trouvaient bel et bien dans cette maison.

La couverture du livre de poche que j'avais gardé entre mes mains portait le titre *Les Belles Endormies.* L'auteur était Kawabata Yasunari. Un visage familier est venu flotter dans mon esprit tel un ballon.

La Belle Fuji, qui aimait tant Yasunari, se portait-elle bien ? Je devrais lui écrire, ne serait-ce qu'une carte postale.

Tout en me faisant cette réflexion, j'ai parcouru des yeux ce qu'avait écrit Monsieur Mimura.

Ville de Kamakura, préfecture de Kanagawa
Nikaidô 988
Madame Amemiya Kashiko
Oshima

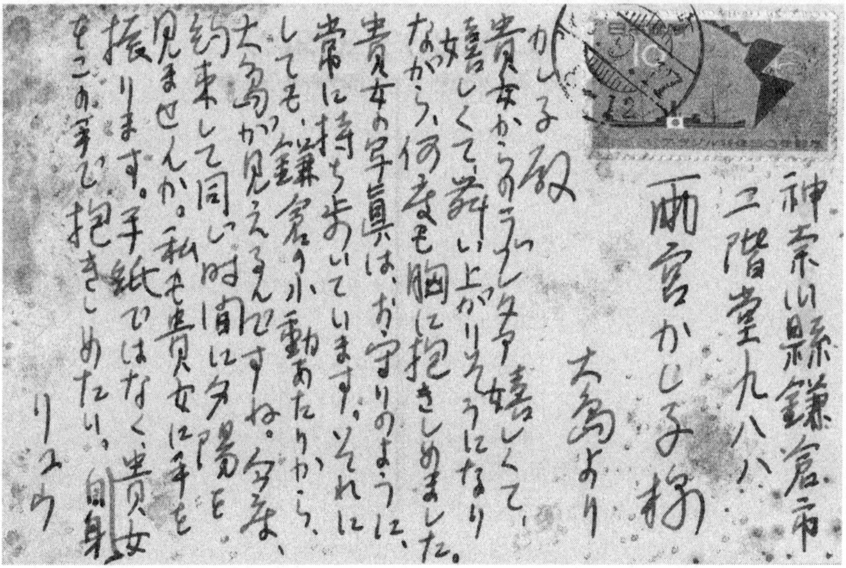
神奈川縣鎌倉市
二階堂九八八
雨宮かし子様
大島より

かし子殿
貴女からのラブレター嬉しくて、嬉しくて、舞い上がりそうになりながら、何度も胸に抱きしめました。
貴女の写真は、お守りのように、常に持ち歩いています。それにしても、鎌倉の小動あたりから、大島が見えるんですね。今度、約束して同じ時間に夕陽を見ませんか。私も貴女に手を振ります。手紙ではなく、貴女自身をこの手で抱きしめたい。
リュウ

Chère Kashiko,

J'étais tellement, tellement heureux de votre lettre d'amour que je l'ai serrée contre mon cœur encore et encore, avec l'impression d'être au septième ciel.

Je porte toujours votre photo sur moi, comme un porte-bonheur.

Depuis les environs de Koyurugi à Kamakura, on aperçoit Oshima, n'est-ce pas ? Pourquoi ne pas nous donner rendez-vous, un de ces jours, et admirer le coucher du soleil à la même heure ? Je vous tiendrai moi aussi la main. Ce n'est pas votre lettre mais vous, en chair et en os, que je désire serrer dans mes bras.

Ryû

小

petit

動

bouger

Il me semblait que cela faisait longtemps que je n'avais pas vu un nom de lieu comme Koyurugi. Il s'écrit avec les caractères « petit » et « bouger », et se lit « ko-you-rou-gui ». Je savais qu'il existait un sanctuaire Koyurugi, bâti sur le cap du même nom qui s'avance dans la mer, juste à côté de la gare de Koshigoe sur la ligne Enoden, mais je n'y étais encore jamais allée. Pour commencer, j'avais bien du mal à établir un lien entre l'Aînée et cet endroit.

Pour récapituler grossièrement les faits, l'Aînée et Monsieur Mimura s'étaient rencontrés il y a environ un demi-siècle. C'était avant que l'Aînée donne naissance à ma mère (Lady Baba), elle devait donc avoir une vingtaine d'années. Monsieur Mimura était sans doute un peu plus âgé qu'elle, mais ils étaient de la même génération. Probablement était-il déjà marié et même père de famille.

Comme il m'était impossible d'affronter sobrement l'histoire d'amour compliquée de ma grand-mère, j'ai versé plus de vin rouge que d'habitude dans la casserole à lait et je l'ai mise sur le feu. J'y ai jeté juste ce qu'il faut d'épices. Il ne me restait plus beaucoup de miel, alors j'ai ajouté de la marmelade à la place et remué avec une cuillère.

Quand elle avait reçu cette carte postale, l'Aînée devait être plus jeune que je ne l'étais actuellement. Bien que parvenant à le comprendre en théorie, dans la pratique, je n'arrivais absolument pas à imaginer une Aînée plus jeune que moi.

Jusqu'à présent, je n'avais jamais pensé à mon grand-père. En vérité, je ne m'étais jamais préoccupée de lui.

Pour moi, l'Aînée était tout, même l'existence de Lady Baba en était éclipsée. J'étais directement reliée à elle. C'est ce que je pensais.

Mais sans homme, une femme ne peut concevoir d'enfant. C'est parce qu'il y avait eu un homme dans la vie de Lady Baba et de l'Aînée que je me trouvais ici aujourd'hui. Pourtant je n'arrivais pas à y croire.

Tenant la carte de Monsieur Mimura dans la main droite et un mug rempli à ras bord de vin chaud dans la main gauche, je me suis dirigée vers le *kotatsu.* Mitsurô m'avait dit qu'il rentrerait tard, car il avait des choses à faire au restaurant.

Les nuits d'hiver sont longues.

J'ai placé la boîte contenant les lettres d'amour écrites par l'Aînée, que Tôma avait pris la peine de m'apporter à Kamakura, sur le plateau du *kotatsu.*

Soulevant doucement le couvercle, j'en ai sorti une liasse de lettres. Il y en avait cinq en tout. Quatre d'entre elles portaient des timbres à vingt yens.

La carte de Monsieur Mimura était affranchie avec un timbre de dix yens commémorant le cinquantième anniversaire de l'immigration japonaise au Brésil. Comme il était sur le point de se détacher, j'ai appuyé dessus pour le recoller bien à plat.

L'écriture de Monsieur Mimura, difficilement qualifiable de belle ou de laide, exhalait une personnalité unique. Mais je n'arrivais pas à imaginer quelle pouvait être son apparence.

Quand je vois une écriture, la plupart du temps, je

me fais une idée de l'allure de la personne qui l'a tracée, si elle est grande ou petite, grosse ou mince. Mais je n'avais aucune image de Monsieur Mimura.

Je me sens toujours mal à l'aise en lisant des lettres qui ne me sont pas destinées. C'était encore plus vrai pour les lettres d'amour rédigées par l'Aînée.

J'aurais aimé finir mes jours sans rien savoir, mais maintenant que j'étais au courant, impossible de revenir en arrière. J'ai sorti une lettre de son enveloppe avec un sentiment de culpabilité, comme si j'avais forcé quelqu'un à se dépouiller de ses vêtements.

Puis, résignée, j'ai entamé ma lecture.

Cher Zô,

Comment vous portez-vous ? Dans votre lettre de l'autre jour, vous m'avez écrit que vous aviez attrapé un rhume et que vous étiez fiévreux. Est-ce que tout va bien, maintenant ? Je pense à vous plusieurs fois par jour. Non, pour être honnête, je pense à vous toute la journée.

La vérité, c'est que je voudrais plonger dans la mer et nager jusqu'à l'île d'Oshima où vous vivez. Je ne peux m'empêcher de haïr la distance qui me sépare d'Oshima.

J'aimerais tant pouvoir allonger le bras très, très, trèèès loin pour toucher votre visage.

L'autre jour, alors que je mangeais une mandarine, j'ai soudain imaginé le contact de vos lèvres, c'était une sensation insoutenable. Comme je serais heureuse si je pouvais poser mes lèvres sur les vôtres matin, midi et soir ! Même si je sais que je ne devrais pas désirer une telle chose, une partie de moi aime l'imaginer.

ゾウさん

お元氣ですか。この間のお手紙に風邪をひいて熱っぽいと書かれてましたけど、もう大丈夫かしら。一日に何度も、ゾウさんのことを考えます。いいえ、正直にいえば、一日中、ゾウさんのことばかり考えています。

本当はね、海にざぶんと勢いよく飛び込んで、ゾウさんのいる大島まで泳いで会いに行きたいのです。大島までの距離が、かし子には憎らしくてたまりません。

手を長く長く長ーく伸ばして、ゾウさんのお顔に触れられたらいいのにネ。

こないだ、おみかんを食べていたら、ふいにゾウさんの唇の感触を想像して、たまらない氣持ちになりました。毎日毎日、朝、昼、晩、

Zô, dans vos rêves, serrez-moi dans vos bras.
C'est dans vos bras que je suis la plus heureuse.
Devant vous, je peux dévoiler même mes laideurs.
C'est vraiment étrange, mais je n'en éprouve aucune honte.
Je veux être toute proche de vous. Je veux être tout contre vous, superposer nos corps suffit à me combler.
Quand je rêve que je suis dans vos bras, je suis heureuse, et ce bonheur ne me quitte pas de toute la journée.
J'aimerais que mon rêve devienne réalité.
J'espère vous revoir cette nuit encore.

Kashiko

L'Aînée que je découvrais dans sa lettre d'amour était si limpide, si éblouissante, que je ne pouvais regarder sa lumière en face.

Monsieur Mimura avait-il été son premier amour ? L'avait-elle aimé par une combinaison de hasards et de fatalités, en un coup de foudre ? Etait-elle tombée raide amoureuse ?

N'avait-elle pas eu d'autre choix que de s'engager sur le chemin de l'amour ?

Prise d'une inspiration soudaine, j'ai placé sur l'autel bouddhique la carte de Monsieur Mimura surgie d'entre les pages d'un livre. J'ai allumé une bougie et fait brûler de l'encens. Le son de la clochette a résonné profondément dans la pièce silencieuse. Joignant les mains, j'ai fermé les yeux.

— Je l'ai trouvée, ai-je dit.

— Ah oui, vraiment ?

Comme une enfant dont la farce vient d'être

ゾウさんと唇を重ねることができたらどんなに幸せでしょう。そんなこと、望んではいけないとわかっていても、想像して欲情する自分がいるみたいです。

ゾウさん、また、夢の中でかし子を抱いてくださいネ。

かし子は、ゾウさんに抱かれている時が、いちばん幸せなのですから。

ゾウさんの前でなら、どんなにか不格好な自分もさらけだすことができます。

本当に不思議なのですが、恥ずかしく感じないのです。

それよりも、ゾウさんに近づきたい。もっとそばに寄りたくて、ただただ体を重ねているだけで満たされます。

ゾウさんに抱かれる夢を見るたび、かし子は嬉しくて、その日一日、幸せになれます。

どうか、夢が現実になりますように。
今夜も、ゾウさんと会えますように。

かし子

découverte, l'Aînée a tiré la langue.

— Ça m'a tout l'air d'avoir été un grand amour, ai-je plaisanté.

— Oui, ça ne me ressemble guère, mais j'ai vécu une grande histoire d'amour. C'était il y a très longtemps, bien avant ta naissance. Mais oui, moi aussi j'ai connu cela dans ma vie.

Ma conversation avec l'Aînée était pleine d'entrain.

— C'est merveilleux d'aimer passionnément et sans réserve, ne serait-ce qu'une fois dans sa vie. Tu dois être heureuse d'avoir rencontré Ryûzô, ai-je dit, comme si je comprenais.

— Aimer peu et longtemps ? Ou profondément mais brièvement ? Finalement, avec l'amour, c'est toujours l'un ou l'autre, pas vrai ? a remarqué l'Aînée.

— On ne peut pas aimer beaucoup et longtemps ?

— Eh bien, pourquoi ne pas essayer toi-même ? Mais occupe-toi plutôt de trouver les autres lettres et de les jeter.

— Pourquoi ?

— Parce qu'elles sont devenues inutiles ! Exhumer ces lettres aujourd'hui, c'est juste embarrassant.

— Dans ta lettre d'amour, tu dis pourtant que tu n'as honte de rien.

— Oui mais c'était devant Ryûzô.

— Je comprends, mais...

— Alors je compte sur toi.

— Minute ! Dis-moi combien il en reste et où tu les as cachées !

— Ça fait si longtemps que moi-même, je ne m'en souviens plus !

J'ai posé une ultime question :

— Ryûzô, est-ce que tu l'aimes encore ?

— Eh bien, oui. C'était un bel homme, alors malgré moi, je suis tombée amoureuse de lui.

Et sur cet aveu lâché nonchalamment, l'Aînée s'est évanouie.

Sans m'en apercevoir, j'avais dû m'endormir. Quand j'ai ouvert les yeux, de la fumée s'élevait encore du bâtonnet d'encens.

Des deux mains, j'ai pris la carte de Monsieur Mimura que j'avais placée sur l'autel bouddhique. Après l'avoir posée délicatement sur la lettre d'amour de l'Aînée, j'ai refermé le couvercle de la boîte. Nul doute que toutes deux devaient être ensemble.

Il n'y a pas que les corps qui fusionnent. Les écritures aussi se touchent, jouent les unes avec les autres et s'entrelacent. Pendant plus de trente ans, j'avais vécu sans savoir qu'un tel monde existait.

J'ai remis la boîte où communiaient les courriers des deux amants au fond du tiroir secret.

Le 6 janvier, le soleil se couchait et j'allais me lever pour fermer la boutique, quand le Baron a soudain fait son apparition.

— Tiens, le truc habituel.

L'air aussi revêche qu'à l'ordinaire, il m'a tendu le sac qu'il tenait à la main.

— Merci pour votre gentillesse.

Tout en le remerciant, j'ai reçu le sac à deux mains.

Je savais déjà ce qu'il contenait. Les sept herbes sauvages du printemps.

— Bonne année ! Je compte sur vous cette année encore !

Songeant à part moi que d'habitude c'était plutôt l'inverse, j'ai présenté mes vœux au Baron.

Il n'avait pas l'air très différent de la dernière fois que je l'avais rencontré, mais je n'en étais pas sûre. J'étais curieuse de savoir comment ça se passait entre lui et Panty, mais comme il ne me disait rien, je n'ai pas posé de question.

Le Baron, qui avait apparemment d'autres endroits à approvisionner en herbes sauvages, a quitté la papeterie Tsubaki d'un pas pressé.

J'ai mis à tremper dans un bol d'eau les sept herbes qui, il y a peu de temps encore, vivaient tranquillement dans la terre, déployant leurs racines sans le moindre souci. Elles avaient déjà été lavées avec soin. Peut-être était-ce Panty qui avait pris la peine de s'en charger.

Le lendemain matin, avant de les mettre dans la soupe de riz, j'ai sacrifié à la tradition du *nanagusatsume* : les ongles aux sept herbes.

J'ai plongé le bout de mes doigts dans le bol où flottaient les herbes sauvages, puis je me suis coupé les ongles.

L'an passé, j'avais l'intention de le faire, mais finalement, je n'avais pas pu. Et l'année précédente avait été si mouvementée que la question ne s'était même pas posée.

Tout en y repensant distraitement, je taillais mes ongles bien court.

Il paraît que cette tradition permet de passer l'année sans s'enrhumer. L'Aînée n'avait jamais dérogé à la règle, mais peut-être le faisait-elle comme moi à présent : en prenant un air solennel, tout en se disant que ce n'était sûrement qu'une superstition.

Appelant mes deux plus jeunes enfants, j'ai fièrement exposé les connaissances que je venais de glaner sur Internet.

— Ça, c'est du céleri d'eau. Et voici de la bourse-à-pasteur. Gnaphale, stellaire, lamier, *suzuna* et *suzushiro.*

Cela me faisait tout drôle de donner ainsi mon petit cours d'un air important, en désignant un à un les végétaux du doigt. Alors que je venais tout juste d'apprendre que *suzuna* est l'ancien nom du navet et *suzushiro*, celui du radis blanc daikon.

— Je vais les hacher et nous allons les manger dans la soupe de riz. Mais avant, vous allez tremper vos ongles dans cette eau pour les ramollir, puis je vais vous les couper. Comme ça, vous serez en bonne santé toute l'année, sans attraper de rhume, ai-je expliqué en choisissant autant que possible des mots compréhensibles pour deux enfants en première année d'école primaire.

Mais à peine avaient-ils entendu cela qu'ils se sont exclamés presque d'une même voix :

— Tu rigoles !

Koume et Rentarô se tordaient de rire en se tenant les côtes.

— Mais dans l'ancien temps, les gens le croyaient, et maman pense que c'est peut-être vrai, ai-je insisté en me demandant ce qu'il y avait de si drôle.

Bon, il n'y avait peut-être pas de lien direct de cause à effet, mais cela pourrait avoir un impact psychologique. J'étais sûre que c'était vrai. Si, par la force de l'esprit, on était convaincu d'être bien protégé grâce à cette tradition, on n'attrapait pas froid.

Pendant que je surveillais la température de la soupe de riz en coupant les ongles des petits, QP est apparue comme un zombie, l'air encore plus maussade que d'habitude, sans doute à cause du manque de sommeil.

— Bonjour ! lui ai-je lancé. En vain, comme je m'y attendais. J'ai néanmoins ajouté : J'ai fait de la soupe de riz aux sept herbes sauvages. Tu en veux ?

Elle a secoué légèrement la tête.

— Par contre, je vais me couper les ongles, a-t-elle annoncé en faisant la moue. J'veux pas attraper froid.

Même si son attitude demeurait belliqueuse, ce qu'elle disait m'a attendrie. Elle voulait rester en forme en prévision des examens d'entrée au lycée. C'est pourquoi elle acceptait de se prêter au rite du *nanagusatsume.*

J'étais tellement heureuse d'avoir obtenu une réaction de sa part, même infime, que j'ai failli lever le poing en signe de victoire. Mais j'ai claqué le couvercle sur mes sentiments et répondu très calmement :

— Vas-y. Je laisse le coupe-ongles ici.

Depuis que j'étais petite, je me coupais les ongles chaque année sans faute, mais je ne m'attendais pas à une récompense comme celle-ci.

La Poppo du passé avait tendu la perche à celle du présent. J'aurais voulu la féliciter de tout mon cœur. Et je devais aussi remercier l'Aînée, une fois de plus. C'est alors que...

— Ça déborde, m'a dit QP d'une voix basse et menaçante en désignant du menton la casserole.

— Oups !

Je me suis dépêchée de baisser le feu. A partir de maintenant, il fallait couvrir la casserole et laisser mijoter la soupe à petit feu.

L'arôme doux et léger du riz remplissait la cuisine. J'ignore pourquoi, mais j'avais le pressentiment que ça allait être une bonne journée.

Lorsque j'ai ajouté les sept herbes sauvages hachées dans la soupe après avoir éteint le feu, c'était comme un avant-goût de printemps.

— Bonjour, je peux entrer ?

Par un après-midi glacial, elle s'est présentée à la boutique.

Le camélia de la papeterie Tsubaki était parsemé de fleurs rouges, mais peut-être à cause du froid, elles avaient l'apparence d'élégantes petites bouches en boutons.

Comme on gelait même à l'intérieur, je tapais sur mon ordinateur avec des mitaines. Mes deux employées étaient retournées chez leurs parents, à l'étranger pour l'une d'entre elles. Par conséquent, jusqu'à la mi-janvier, j'allais devoir m'occuper toute seule de la papeterie. Il semblait qu'une vague de froid intense approchait et les prévisions météorologiques pour les prochains jours montraient des symboles de neige.

La femme semblait très nerveuse. A tous les coups, il s'agissait d'un travail pour l'écrivain public.

— Asseyez-vous ici, je vous prie.

Après l'avoir conduite à l'habituel tabouret, je suis allée dans l'arrière-boutique lui préparer une boisson. Il me restait encore un peu de l'*amazake* de la veille pour le goûter des enfants. Après l'avoir réchauffé, je l'ai versé dans un bol de café au lait et je suis revenue auprès d'elle.

Elle devait avoir une petite cinquantaine. Elle avait tout l'air d'une habitante de Kamakura, de la Tribu des Montagnes.

— D'où venez-vous ? ai-je demandé avec désinvolture en servant l'*amazake*, et ainsi que je m'y attendais, elle a répondu :

— Je viens d'Ogigayatsu.

J'en étais sûre, ai-je songé, faisant claquer ma langue en esprit.

Peu de gens, même parmi les habitants de Kamakura, savent que ce nom de lieu s'écrit Ogigadani mais se prononce « O-o-gui-ga-ya-tsou ». Moi aussi, ce n'est que récemment que je l'avais appris.

J'ai discuté un moment de tout et de rien avec ma cliente. Elle m'a dit que la nouvelle boulangerie qui vendait des bagels près d'ici n'était ouverte que le matin, et je lui ai parlé des boutiques pittoresques du quartier.

Ces communications de bouche à oreille entre locaux sont bien plus rapides et précises que les infos des journaux.

Elle s'appelait Madame Giacometti. C'était peut-être pour ça que j'avais l'impression de l'avoir déjà rencontrée. Sa silhouette longue et filiforme évoquait une œuvre du célèbre sculpteur. Bien sûr, c'était un surnom, mais j'ai décidé de l'appeler ainsi, moi aussi.

Nous avons fini de parler de la pluie et du beau temps et Madame Giacometti est entrée doucement dans le vif du sujet.

— En fait, si je suis venue ici aujourd'hui, c'est pour vous consulter au sujet de mon père.

Son visage souriant est devenu en un instant aussi sombre que le ciel du jour.

— Vous habitez ensemble ? ai-je demandé.

— Oui, dans une maison à Ogigayatsu. Il y a environ un an, ma mère s'est fait une fracture en tombant, et depuis, elle est prise en charge dans une maison de retraite. Mon père va avoir quatre-vingt-quatre ans cette année, a raconté Madame Giacometti d'un air désemparé. Il conduit encore lui-même sa voiture. Ogigayatsu est plutôt mal situé, éloigné à la fois de Kamakura et de Kita-Kamakura. Je comprends que cela puisse être compliqué pour mon père, alors je me répète que tout ira bien, mais il est de plus en plus vieux.

Je dois reconnaître que mon père est un excellent conducteur. C'est ce qu'il pense, ce qui lui donne de l'assurance au volant.

Mais compte tenu de son âge, si quelque chose devait arriver, ce serait une catastrophe. Je suis sa fille et j'aimerais qu'il arrête de conduire.

Mais dès que j'aborde le sujet, il devient enragé. « Tu veux m'arracher les bras et les jambes ? » hurle-t-il, avant de me lancer : « Je préfère encore mourir ! »

L'autre jour, il pleurait comme un enfant en disant : « Tu veux me briser l'âme ! »

Je sais que les voisins sont eux aussi très inquiets que mon père conduise. Si encore il ne représentait un danger que pour lui-même, je pourrais me faire une raison, mais à l'idée qu'il puisse blesser quelqu'un d'autre ou, pire, lui ôter la vie, je n'en dors plus de la nuit, a débité

Madame Giacometti d'une seule traite.

Cela m'a rappelé que récemment, une voiture conduite par une personne âgée avait percuté une file d'élèves de maternelle, entraînant la mort de plusieurs jeunes enfants. Elle avait confondu l'accélérateur avec le frein.

— Il n'y a plus de bus à Ogigayatsu, il me semble, ai-je dit.

Ici à Nikaidô, même si nous sommes éloignés de la gare, nous avons le bus. Mais à Ogigayatsu, où les routes sont étroites et les côtes nombreuses, il n'y a pas d'autre transport en commun que la ligne de chemin de fer Yokosuka.

— J'ai dit à mon père que s'il arrête de conduire, mon mari et moi prendrons en charge le prix du taxi et que nous l'aiderons aussi pour ses courses.

Il y a quelque temps, j'ai même proposé de passer mon permis pour pouvoir conduire à sa place, mais allez savoir pourquoi, ça non plus il ne l'a pas voulu.

Ni mon mari ni moi n'avons de permis, donc nous ne conduisons pas. Nous travaillons tous les deux à domicile, et comme nous sommes pour l'instant en bonne santé, nous nous débrouillons avec nos vélos. Mais la voiture est le moyen de transport préféré de mon père, elle est devenue une partie de lui-même...

Il a une peur bleue qu'on le prive de sa liberté d'action. Une fois, mon mari a caché discrètement les clés de la voiture. Mon père est devenu à moitié fou, j'ai même craint pour ma vie.

En vieillissant, je suppose qu'on a de plus en plus de mal à contrôler ses émotions.

Depuis cette histoire, mon mari ne veut plus s'en

mêler, mais moi qui suis sa fille, je ne peux pas m'empêcher de lui dire ce que je pense. Du coup, même si cela a commencé calmement au début, cela tourne toujours à la violente dispute.

A cause de cela, l'année qui vient de s'écouler m'a totalement épuisée, à la fois physiquement et moralement. Il me faut reconnaître que nous n'arriverons pas à résoudre le problème par nous-mêmes.

Pendant que nous parlions, le froid avait encore gagné en intensité. Des frissons me couraient le long du dos. Je me suis levée pour pousser le poêle à fond. Le ciel hivernal était lourd, la neige pouvait se mettre à tomber à tout moment.

Madame Giacometti a murmuré, les larmes aux yeux :

— Quand mon père avait dans les soixante-dix ans, nous profitions beaucoup de sa voiture : quand nous avions quelque chose d'urgent à faire à Kita-Kamakura, ou le jour où notre chat est tombé malade et qu'il a fallu l'emmener à la clinique vétérinaire au beau milieu de la nuit... Mon père était toujours d'accord pour nous conduire.

Lorsque je repense à tout ça, j'ai l'impression de me montrer très cruelle envers lui, et ça me fait mal.

Quand j'étais petite, il nous emmenait chaque été dans la région natale de ma mère. Moi-même, enfant, j'adorais faire de longs voyages en voiture avec mon père.

Mais ce n'est pas non plus une raison pour le laisser conduire *ad vitam æternam.* C'est vraiment un problème épineux.

— En effet, c'est très délicat, ai-je renchéri.

Quand un parent âgé s'obstine à conduire, impossible de ne pas se sentir concerné, et cela peut devenir une source de conflits dans la famille.

Dès que nous avons affaire à un proche, nous prenons moins de gants, nos paroles se font plus dures.

Madame Giacometti n'en laissait rien paraître, mais j'étais sûre que sa relation avec son père avait connu beaucoup de hauts et de bas jusqu'à ce jour. Comme la mienne avec l'Aînée.

— N'y a-t-il pas quelqu'un, parmi vos proches, que votre père écouterait sans protester ? ai-je demandé, tout en me disant que si une telle personne existait, Madame Giacometti n'aurait certainement pas l'air aussi désespérée.

Celle-ci m'a fait alors une réponse inattendue :

— Si ma mère lui en parlait, je pense que mon père l'écouterait. Il l'aime toujours énormément. Mais elle, je ne devrais pas dire cela, elle a l'air de se désintéresser complètement de lui. Ce n'est peut-être qu'une attitude de façade. Je crois qu'elle souffle le chaud et le froid pour conserver l'attachement de mon père.

Mais voilà, mon père est extrêmement têtu, il a sa propre façon de penser et une grande confiance en lui, donc, même à ma mère, il n'obéirait pas si facilement. Encore un des aspects fâcheux de sa personnalité.

— Excusez-moi de vous demander cela, mais quelle profession exerçait votre père ?

— Il était médecin. Il est aujourd'hui à la retraite, mais c'est assez récent. Une raison de plus pour qu'il reste sourd aux avis des autres...

Madame Giacometti a poussé un grand soupir.

Quant à moi, je commençais à cerner Papa Giacometti. C'était un adversaire coriace qui ne rendrait pas facilement les armes.

— C'est bientôt l'anniversaire de mariage de mes parents. Mon père a l'intention d'offrir un cadeau à ma mère. Il va sans doute lui rendre visite à l'improviste pour lui faire une surprise.

Seulement, la météo prévoit de la neige pour ce jour-là...

Je ne veux surtout pas qu'il prenne le volant. Je veux qu'il renonce à conduire le plus tôt possible. S'il causait un accident en dérapant sur la route enneigée, sa vie serait ruinée, lui qui a travaillé si dur...

— Et votre mère ? Elle aussi s'oppose à ce que votre père conduise ?

— Oui, elle est contre. Elle dit que de nos jours, on peut se rencontrer par écran interposé, que ce n'est pas la peine qu'il vienne en voiture la voir et que, pour les courses, il n'a qu'à se faire livrer à domicile. Elle dit aussi que s'il a besoin de se déplacer, il peut prendre un taxi, inutile de posséder sa propre voiture. Elle voudrait qu'il s'en débarrasse au plus vite en la vendant.

— Votre mère m'a l'air d'être quelqu'un de très moderne.

— Oui, ma mère est une personne très franche et très ouverte, a acquiescé Madame Giacometti tandis que son visage s'illuminait. Elle a même dit que si mon père continuait à être aussi têtu, ça ne la dérangerait pas de divorcer. Que de toute façon, l'heure de la séparation allait bientôt sonner pour eux, alors ça ne faisait pas grande différence qu'ils soient séparés de leur vivant ou après leur mort.

D'ailleurs, si ma mère est partie en maison de retraite, c'est parce que lorsqu'elle vivait avec lui, mon père n'arrêtait pas de la harceler sous prétexte de veiller sur elle.

Mon père se voit comme quelqu'un de très prévenant envers son entourage, mais en réalité, c'est le contraire, ce sont les gens qui l'entourent qui font attention à lui. Simplement il ne s'en rend pas compte.

N'ayant pas eu de figure paternelle dans ma vie, je ne pouvais qu'imaginer, mais le monde compte sûrement de nombreux pères de ce genre.

— Je pense qu'il aime sincèrement ma mère. Mais c'est un amour à sa convenance. Fais ceci, ne fais pas ça, il veut prendre soin d'elle en se mêlant de tout, si bien que ma mère en a eu assez et qu'elle est partie en maison de retraite pour avoir la paix.

Là-bas, elle s'est trouvé un petit ami plus jeune qu'elle et elle prend du bon temps. Mais je n'irais jamais raconter ça à mon père !

— Waouh !

Plus j'en savais sur elle, plus j'avais envie de rencontrer Maman Giacometti.

— Voici la déclaration de divorce que ma mère a remplie il y a quelque temps.

Madame Giacometti a sorti de l'enveloppe qu'elle avait apportée, protégée par une pochette transparente, une mince feuille de papier sur laquelle étaient imprimées des lignes vertes.

— Pourriez-vous, s'il vous plaît, écrire une lettre à la place de ma mère ? Un ultimatum, que je remettrai à mon père avec ceci. A vrai dire, j'aurais aimé que ma mère l'écrive elle-même. Mais quand j'en ai discuté avec elle, elle a refusé. Elle a dit qu'elle était vieille et qu'elle n'y voyait pas bien, et que de toute façon ça l'ennuyait de le faire.

— Et pour ce qui est de persuader votre père d'arrêter de conduire ?

— Elle est totalement pour et m'a donné son accord.

Dans ce cas, peut-être arriverait-on à décider Papa Giacometti à rendre son permis de conduire en échange d'un renoncement au divorce.

Le problème, c'est qu'il serait furieux contre Maman Giacometti. Mais quand je le lui ai signalé, Madame Giacometti a répondu d'un air soulagé :

— J'avoue que cela m'inquiétait un peu moi aussi, mais ma mère connaît bien mon père et semble assez confiante.

Vous comprenez, mon père s'imagine qu'il fait tout ce qu'il veut de ma mère, mais en réalité, c'est elle qui le mène par le bout du nez.

Elle est bien plus habile que lui, elle était comédienne, je crois qu'il ne faut pas trop s'inquiéter à ce sujet. Je prépare le terrain, et pour la suite, je suis sûre qu'elle saura tout régler elle-même.

— Votre mère m'a l'air d'être quelqu'un de formidable.

Madame Giacometti a hoché la tête, avec un sourire aussi clair que le soleil d'un matin d'hiver.

— J'espère qu'elle vivra le plus longtemps possible à nos côtés.

J'ai envié Madame Giacometti de pouvoir ainsi exprimer son amour pour sa mère.

— C'est entendu. Je vais faire de mon mieux pour terminer la lettre au plus vite, ai-je promis, avec le désir sincère d'aider cette famille.

Une lettre qui convaincrait en douceur Papa Giacometti de renoncer à conduire. Serais-je capable de l'écrire ? Mais sinon, à quoi bon se prétendre écrivain public ?

— Euh, si cette lettre d'ultimatum atteint son but… ai-je continué, tout en me disant que je n'avais jamais fait une telle requête auparavant.

Madame Giacometti, qui se préparait à rentrer chez elle, s'est tournée vers moi.

— Me serait-il possible de rencontrer votre mère ? Veuillez excuser une demande aussi effrontée, mais…

Alors, le visage aussi rayonnant que si le soleil y était soudain apparu, Madame Giacometti a répondu d'une voix allègre :

— Mais bien sûr ! Allez la voir, je vous en prie ! Ma mère sera ravie qu'une jeune personne vienne lui rendre visite. Mon mari et moi n'avons pas d'enfants. Quand ma mère voit des jeunes qui ont l'âge d'être ses petits-enfants, elle aime leur parler et se lier d'amitié avec eux.

D'une certaine manière, j'avais un objectif ambitieux. Mon désir de rencontrer Maman Giacometti décuplait mon enthousiasme.

— Je prendrai contact avec vous dès que la lettre sera terminée.

L'heure n'était pas si avancée que ça, mais il faisait si sombre dehors qu'on aurait dit que la journée touchait à sa fin.

— C'est vraiment une vague de froid historique qui arrive sur nous.

Madame Giacometti a rentré la tête dans les épaules en sortant.

— Soyez prudente sur le chemin du retour.

Je n'avais eu qu'un bref contact avec l'air extérieur mais je ne pouvais plus m'arrêter de frissonner de froid.

La porte vitrée de la papeterie Tsubaki à peine refermée, je me suis immédiatement mise au travail. Tel un brouillard diffus, le contenu de la lettre m'était apparu pendant que je parlais avec Madame Giacometti.

Avant que cette brume ne se dissipe, j'ai préparé du papier à lettres à lignes verticales de chez Kyûkyodô et entamé ma rédaction au stylo-pinceau.

A l'image de l'écriture de Maman Giacometti dont j'avais un exemple sur les papiers du divorce, j'ai tracé des caractères d'allure volontaire.

Mon chéri,

Merci pour tout ce que tu as fait pour moi durant toutes ces années. Soixante ans que je chemine à tes côtés. Si j'ai autant de bons souvenirs, c'est grâce à toi.

Tu as été le plus merveilleux des compagnons, le plus merveilleux des pères.

C'est pourquoi je suis d'autant plus attristée de devoir te dire adieu de cette façon.

J'ai vécu avec l'espoir que je passerais le reste de mon existence avec toi.

Hélas, j'ai bien peur que tu n'aimes ta voiture plus que moi.

En tant que médecin, tu as sauvé de nombreuses vies et contribué au bonheur de bien des gens, ce dont je suis vraiment très fière.

あなた、長い間、本当にお世話になりました。あなたと共に歩んだ、六十年。楽しい思い出が圧倒的に多いのは、あなたのおかげです。
あなたは、最高にすばらしい伴侶であり、最高にすばらしい父親でした。
だから尚更、私はこのような形であなたとお別れすることが、悲しくてなりません。あなたとは、生涯を添い遂げるつもりで生きてきました。
けれど、残念ですが、あなたは私より、車を愛していらっしゃるようです。

Cela t'est-il donc égal de blesser quelqu'un en conduisant ?

Si tu es blessé ou, pire, si tu perds la vie en provoquant un accident, tu ne l'auras pas volé et l'histoire s'arrêtera là.

Mais si tu blesses quelqu'un ou lui ôtes la vie, c'est en vain que tu auras consacré ton existence à sauver tant de personnes.

Souhaites-tu vraiment terminer tes jours ainsi ?

En ce qui me concerne, je refuse catégoriquement de finir ma vie en épouse d'un criminel.

Donc, si tu n'arrêtes pas de conduire, je n'ai pas d'autre choix que de rompre avec toi.

C'est ta voiture ou moi. C'est à prendre ou à laisser.

Il t'est impossible d'avoir les deux.

Je suis sérieuse.

Si nous nous séparons, comme il ne me reste plus beaucoup de temps à vivre, ce que je possède sera suffisant pour assurer ma subsistance.

Tu trouveras ci-joint les papiers du divorce.

Si tu veux continuer à conduire, fais-les enregistrer d'abord.

C'est criminel de prendre la vie de quelqu'un pour des raisons de fierté et de confort personnel.

Une fois l'accident survenu, il est trop tard.

Tu es censé savoir plus que quiconque combien la vie humaine est précieuse.

Mais si tu me choisis plutôt que ta voiture, faisons un voyage en train un de ces jours, en prenant tout notre temps.

Je ne suis encore jamais montée dans le Shinkansen de la ligne de Kyûshû. Pourquoi ne pas revivre notre lune de miel, et faire ensemble cet agréable voyage ?

あなたが、医者として、多くの命を助け、人の幸せに貢献してきたことは、本当に、私にとっても大きな誇りです。それなのに、あなたは、自分が運転する車で、誰かを傷つけてしまってもいいのですか？

あなたが事故を起こし、あなたが傷つき、最悪の場合命を落としても、それは自業自得で済まされます。

けれど、誰かを傷つけ、その人の人生を奪ってしまったら、せっかくあなたが大勢の人々の命を救ったことが、台無しになってしまうのです。

本当に、そんな人生の終わり方でいいのですか？

Voyager en train, ce n'est pas mal non plus. Tu pousseras mon fauteuil roulant, n'est-ce pas ?

Je respecterai ta décision.

Mais je te le redemande : comment comptes-tu passer le reste de ta vie ? Avec quelle réputation souhaites-tu finir tes jours ? Réfléchis-y calmement.

Si tu envisages de prendre la voiture pour fêter notre anniversaire de mariage avec moi, sache que d'avance, je m'y oppose. Je refuse que tu prennes de gros risques pour venir me voir.

C'est peut-être la dernière lettre que je t'écris, aussi je le répéterai encore une fois : merci pour tout ce que tu as fait pour moi durant toutes ces années.

J'ai inscrit le vrai nom de Maman Giacometti en me référant au document officiel.

Une fois l'encre sèche, j'ai mis la lettre dans une enveloppe avec les papiers du divorce.

Dans le champ prévu à cet effet, les noms et adresses des témoins étaient déjà inscrits. L'écriture était différente mais le nom de famille et le domicile étaient identiques : il devait s'agir de Madame Giacometti et de son mari.

La famille serrait les rangs pour faire passer le message à Papa Giacometti. Je devais réussir quoi qu'il arrive.

Si la neige se mettait à tomber abondamment, le courrier ne pourrait plus être distribué. Aussi ai-je décidé d'aller remettre la lettre en main propre à Madame Giacometti après avoir fait dîner les enfants.

Normalement, j'aurais laissé l'enveloppe ouverte toute la nuit sur l'autel bouddhique et ne l'aurais fermée que le lendemain matin, après avoir relu la

私は、加害者の妻として人生を終えるのは、断固お断りします。

ですから、あなたが車の運転を止めない以上、私はあなたと別れるしか方法がありません。

私を選ぶのか、それとも車を選ぶのか、どっちになさるのか、今すぐここで結論を出してください。

両方というのは、ありえません。

私は本気です。

あなたと別れても、これから先の人生、もうそれほど長くはないですから、手元にあるものだけで十分生きていけます。

離婚届を同封します。

この先も車を運転なさりたいのであれば、まずはこの離婚届を提出してからにしてください。

目先の便利さとプライドで、人の命を奪うなど、言語道断です。

事故が起こってからでは、遅いのです。

人の命の重さを、あなたは誰よりも知っていらっしゃるはず。

ただ、もしもあなたが、車よりも私を選んでくださるのであれば、今度、ゆっくりと鉄道で巡る旅をしましょう。

私、九州新幹線にもまだ乗ったことがありませんし、もう一度、ハネムーンにでかけるつもりで、楽しい旅をご一緒しませんか？

列車の旅も、いいものです。私の車椅子、押してくれますよね？

私は、あなたのご判断を尊重します。

今一度、これから先の人生をどういう形で歩んでいきたいのか、そしてどういう顔で自らの人生を終えたいのか、冷静になって考えてください。

もし、結婚記念日に車で来てお祝いしようなんてお考

えでしたら、それは私の方から先にお断りします。大きな
危険をおかしてまで、来ていただかなくて結構です。
もしかすると、これが、あなたに書く最後の手紙になる
かもしれませんので、もう一度、同じ言葉を繰り返します。
長い間、本当にお世話になりました。

lettre, mais la situation ne permettait pas de délai. Les actualités annonçaient l'arrivée d'une vague de froid comme il ne s'en produit qu'une fois tous les vingt ou trente ans.

J'ai pris mes précautions contre le froid. Je me suis regardée dans le miroir avant de partir. On aurait dit que je m'apprêtais à faire l'ascension d'une montagne enneigée. C'était peut-être un peu exagéré, mais qui sait ce qui m'attendait ? Tout en priant pour rentrer chez moi saine et sauve, j'ai fourré des mini-pigeons *kobato mameraku* dans mon sac à dos, au cas où, et je me suis mise en route. J'effectuais une partie du trajet en bus, j'ai parcouru le reste à pied.

Il faisait si froid que je me sentais menacée de congélation instantanée. Plus qu'une sensation de froid, c'était de la douleur que j'éprouvais. De minuscules épines de glace me piquaient impitoyablement les paupières et les joues. Il n'était même pas huit heures du soir mais il n'y avait pas un chat dehors, comme si nous étions au beau milieu de la nuit. J'avais l'impression de traverser un village fantôme.

Bien que Madame Giacometti m'ait expliqué en détail où était sa maison, j'ai brusquement réalisé que j'étais perdue. Parvenue devant le temple Jôkômyôji, j'ai capitulé et je l'ai appelée. Elle est aussitôt venue à ma rencontre. J'aurais pu lui remettre la lettre, mais comme je voulais être sûre qu'elle lui convenait, je l'ai accompagnée jusque chez elle.

Madame Giacometti était architecte, et son mari, décorateur. La maison d'Ogigayatsu avait été construite, paraît-il, d'après les plans qu'ils avaient dessinés. C'était une habitation moderne, à la fois belle et fonctionnelle, tout le contraire de la mienne.

Je pensais attendre sur le pas de la porte pendant que Madame Giacometti parcourrait la lettre, mais elle a insisté pour que j'entre à cause du froid.

C'était vraiment un autre monde comparé au mien. De la musique classique s'écoulait doucement de je ne sais où. Le mari de Madame Giacometti se prélassait sur le canapé en buvant un digestif.

Leurs deux chats étaient élégants et amicaux, rien à voir avec Mémé qui n'hésitait pas à me menacer de sa voix rauque. Les meubles et les ustensiles de cuisine étaient tous si raffinés que j'en avais le souffle coupé.

Mais ce qui m'a le plus surprise, c'est le chauffage au sol. Il en émanait une telle chaleur que j'avais envie de m'accroupir sur le plancher. J'enviais sincèrement les chats qui vivaient dans cette maison.

Madame Giacometti a lu la lettre, puis cela a été le tour de son mari. Cette étape me rend toujours nerveuse. Mon cœur bat à tout rompre, je ne sais plus où regarder et mon comportement devient suspect.

— Merci beaucoup.

Le mari a été le premier à prendre la parole. Le couple a échangé un regard en hochant la tête.

— Vous trouvez que ça va ? ai-je demandé, essayant timidement de découvrir ce qu'ils pensaient réellement.

— Je trouve que c'est parfait, a déclaré Madame Giacometti avec un doux sourire. Je veux la montrer à maman le plus tôt possible, a-t-elle ajouté en regardant son mari pour quêter son approbation.

Pendant que j'étais là, il s'était mis à neiger. De gros

flocons, comme des fleurs de cerisiers doubles, tombaient sans répit.

Enfilant à nouveau ma doudoune, je me suis préparée à rentrer. Si je ne me dépêchais pas, je risquais d'être bloquée par la neige en cours de route.

— Tenez. Vous pouvez vous en servir si vous le souhaitez.

Comme j'allais partir, Madame Giacometti m'a donné une chaufferette de poche.

— En fait, j'aurais aimé que vous restiez plus longtemps, mais cette neige m'inquiète. Merci d'avoir pris la peine de nous apporter la lettre. La prochaine fois, j'espère que vous accepterez de rester dîner à la maison.

Et elle m'a gratifiée d'un sourire insouciant.

J'ai mis ma capuche et je suis sortie. Les yeux fixés sur les rails de la ligne Yokosuka, mes garde-fous pour ne pas me perdre, j'ai arpenté les rues enténébrées.

C'est sûr que vivre ici sans disposer de sa propre voiture ne devait pas être une mince affaire. Les habitations remplissaient tout l'espace disponible, grignotant même le pied de la montagne.

Brusquement intriguée, je me suis retournée pour contempler la maison de Madame Giacometti. Une voiture était garée sur le parking. Je n'y connais pas grand-chose, mais c'était une jolie petite auto arrondie.

Papa Giacometti recevrait-il la lettre demain matin ? J'avais fait tout ce que je pouvais. Il ne restait plus qu'à prier pour que les choses s'arrangent.

Je voulais prendre le bus à mi-parcours, mais comme il y avait pas mal de temps à attendre avant l'arrivée du prochain, en fin de compte, je suis rentrée à pied chez nous.

La neige est tombée plus longtemps que prévu et s'est accumulée en une couche épaisse. La boîte aux lettres et la statue de Jizô portaient des chapeaux qui ressemblaient à de la guimauve. Les enfants, surtout les deux petits, s'amusaient comme des fous : ils faisaient des bonshommes de neige, construisaient une mini-Kamakura, glissaient sur des luges, profitant pleinement de cet univers blanc.

Emmitouflés dans plusieurs couches d'épais vêtements chauds qui leur donnaient l'air de gros bonshommes de neige, adultes et enfants étaient chaussés de bottes en caoutchouc et ne cessaient de déraper ici et là. La chute était formellement interdite aux candidats aux examens. Mais moi, j'ai glissé lourdement sur la route enneigée.

Ma façon de déraper avait été tellement caricaturale que, sitôt par terre, j'ai éclaté de rire. La neige avait-elle fait office de coussin ? En dépit de ma chute spectaculaire, je ne m'étais presque pas fait mal.

Moi qui croyais qu'aucun client ne viendrait à cause de la neige, jamais le café-restaurant de Mitsurô n'avait été aussi fréquenté depuis son ouverture. L'ambiance inhabituelle rendait peut-être tout le monde euphorique. Les gens avaient beau répéter : « Mon Dieu, quelle plaie ! », ils avaient plutôt l'air de s'amuser. Et le vin chaud dégusté seule en admirant le paysage enneigé avait une saveur unique.

Je me disais que ce n'était pas si mal, finalement, une ville ensevelie sous un manteau blanc. Mais un jour, le ciel s'est subitement dégagé, comme si on ouvrait un rideau, et la neige a fondu d'un seul coup. L'eau du dégel formait désormais un ruisseau qui coulait à côté de la route.

A ce moment-là, comme si la saison avançait à grands pas, les bourgeons des pruniers ont commencé à gonfler comme des *mochi*.

Ces jours où la neige recouvrait tout me semblaient irréels.

QP en était au dernier sprint de révisions pour l'examen d'entrée au lycée. Suivant l'exemple des Giacometti, ma famille ne faisait-elle pas bloc, elle aussi, pour surmonter les épreuves ?

J'ai levé les yeux vers le ciel bleu. Mon cœur était plein de force et l'espérance palpitait en moi.

Papa Giacometti a rendu son permis de conduire le jour même où il a reçu l'ultimatum de Maman Giacometti accompagné des papiers du divorce.

Le document officiel s'était révélé efficace, comme je m'y attendais. Sans se mettre en rage ni piquer une crise de larmes, il a accompli les formalités calmement, et une fois celles-ci achevées, il s'est séparé de sa voiture.

Maman Giacometti avait remporté la victoire haut la main.

— C'était peut-être une bonne chose que ma mère ne lui ait jamais demandé de rendre son permis de conduire avant, a déclaré Madame Giacometti d'une voix enjouée au téléphone. Elle m'a dit qu'elle savait depuis des années qu'un jour viendrait où notre famille serait confrontée à ce problème. C'est pourquoi elle s'est contentée d'observer la situation tranquillement, sans intervenir, pour, le moment venu, résoudre le problème d'un seul coup.

— Elle est vraiment épatante ! ai-je soufflé.

Et cela voulait dire que j'allais bientôt pouvoir rencontrer Maman Giacometti.

— Si elle s'était jointe à nous pour exiger que mon père arrête de conduire, il se serait cabré et aurait campé définitivement sur ses positions. Je crois que c'est parce qu'elle ne s'était mêlée de rien que sa lettre d'ultimatum a fait mouche.

Tout cela, c'est grâce à vous, Hatoko. Merci beaucoup, sincèrement.

Ma mère vous est également très reconnaissante et elle aimerait vous remercier en personne.

J'avais failli finir congelée, mais ce n'était pas en vain que j'avais marché en silence dans les rues sombres et désertes pour apporter la lettre. Ah, tant mieux ! me suis-je dit, soulagée du fond du cœur.

— Vos parents vont donc partir pour une seconde lune de miel ! ai-je lancé au téléphone.

— Mon père a décidé que c'était lui qui organiserait le voyage. Il est très excité et passe ses journées à consulter des brochures, a répondu Madame Giacometti d'une voix allègre.

— Ils forment un joli couple, pas vrai ?

L'Aînée aurait sûrement voulu partager de tels moments avec Monsieur Mimura. A cette idée, j'ai eu un pincement au cœur.

— Quand ma mère rentrera, je vous appellerai. Je serais heureuse que vous veniez nous rendre visite, m'a dit Madame Giacometti.

J'ai accepté, le sourire aux lèvres.

Ville de Kamakura, préfecture de Kanagawa
Nikaidô 988
Madame Amemiya Kashiko

Bonne année, bonne santé ! Cette année, le festival du Nouvel An aura lieu au sanctuaire Yoshitani. Une fois par an, on danse pour les dieux, car l'éruption du mont Mihara est considérée comme leur œuvre. Ce matin, j'ai contemplé le premier lever de soleil en songeant à quel point je serais heureux si vous étiez à mes côtés. Le soleil qui se levait sur la mer était magnifique.

Kashiko, cette année, ne voudriez-vous pas venir enfin à Izu-Oshima ? Je vous servirai de guide. J'espère passer une année de plus avec vous en bonne santé.

Ryû

Ville de Kamakura, préfecture de Kanagawa
Nikaidô 988
Madame Amemiya Kashiko

Comment allez-vous, Kashiko ? J'ai lu et relu votre dernière lettre. Je comprends la profondeur de vos sentiments. Je les comprends, mais je ne peux les accepter, même si nous nous aimons tant...

Ça me fait mal rien que de penser à une chose aussi triste. La prochaine fois, racontez-moi des histoires plus amusantes, tournées vers l'avenir. Par pitié, je vous en conjure.

Ryû

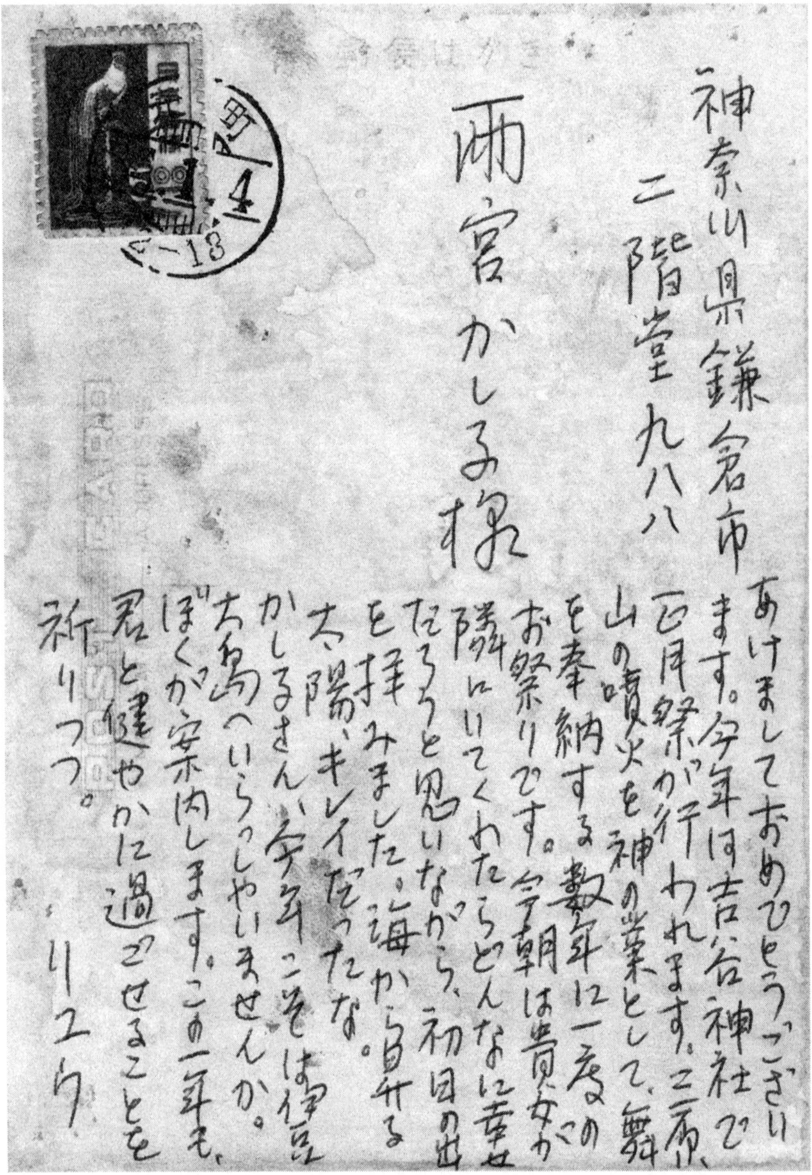

神奈川県鎌倉市
二階堂九八八
雨宮かし子様

あけましておめでとうございます。今年は吉谷神社で正月祭が行われます。三原山の噴火を神の業として、舞を奉納する数年に一度のお祭りです。今朝は貴女が隣にいてくれたらどんなに幸せだろうと思いながら、初日の出を拝みました。海から昇る太陽、キレイだったな。
かし子さん、今年こそは伊豆大島へいらっしゃいませんか。ぼくが案内します。この一年も、君と健やかに過ごせることを祈りつつ。
リュウ

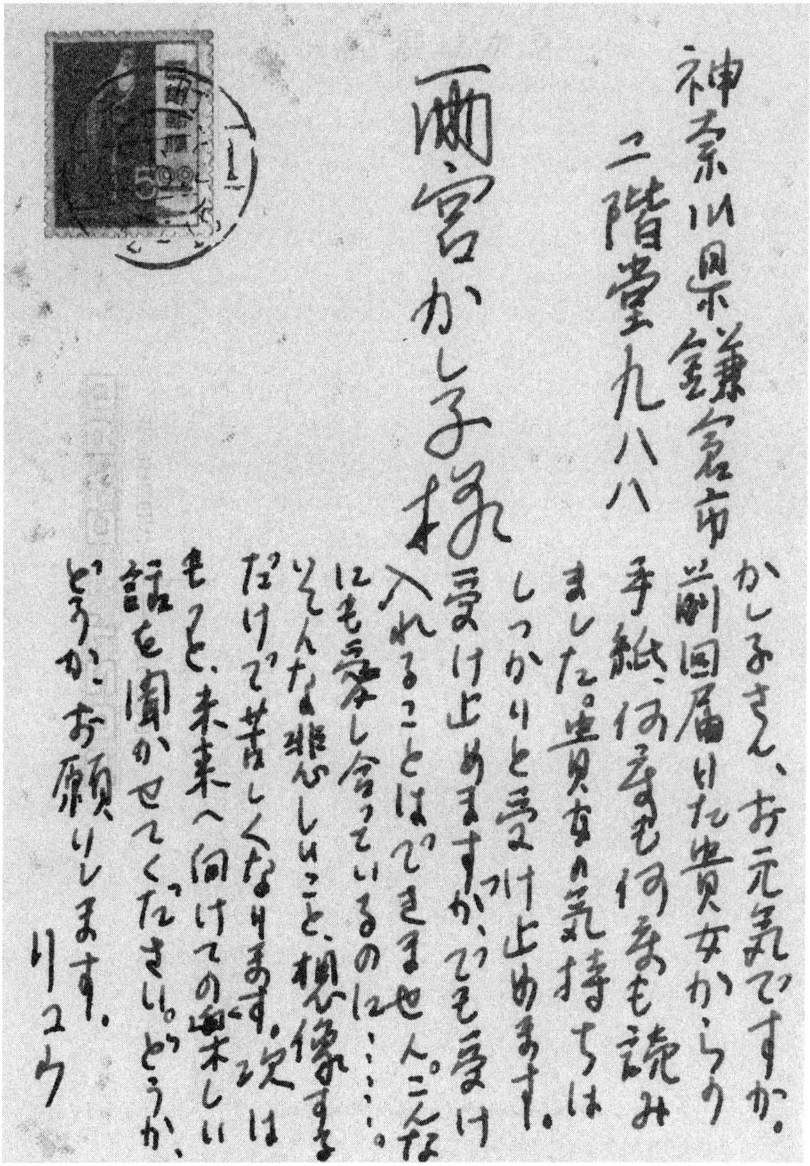

神奈川県鎌倉市
二階堂九八八
雨宮かし子様

かし子さん、お元気ですか。
前回届いた貴女からの
手紙、何度も何度も読み
ました。貴女の気持ちは
しっかりと受け止めます。
受け止めますが、でも受け
入れることはできません。こんな
にも愛し合っているのに……。
そんな悲しいこと、想像する
だけで苦しくなります。次は
もっと、未来へ向けての楽しい
話を聞かせてください。どうか、
どうかお願いします。
リュウ

Une deuxième et une troisième carte de Monsieur Mimura se trouvaient également dans des livres.

L'Aînée s'en servait-elle comme signets ? Y avait-il un message caché dans les pages où elles étaient insérées ?

Mais je ne me souvenais plus entre quelles pages les cartes avaient été glissées. S'il y avait un message important, il était perdu.

Combien de cartes Monsieur Mimura lui avait-il envoyées d'Izu-Oshima ?

Elles ne portaient aucune date et les cachets de la poste étaient illisibles, si bien que je ne pouvais établir de chronologie avec certitude, mais je pouvais faire des recoupements : la relation entre l'Aînée et Monsieur Mimura a commencé vaguement à se dessiner.

Chaque fois que j'avais le temps, je sortais un à un des livres de la bibliothèque de l'Aînée et je les inspectais pour voir s'il n'y avait pas de cartes postales coincées entre les pages.

C'est ainsi qu'entre le *Man'yôshû* et le *Kokin Wakashû*, j'ai découvert une lettre. Elle n'avait pas été glissée entre des feuillets mais entre des livres.

L'enveloppe portait le nom du destinataire, Mimura Ryûzô, son adresse, et elle était même timbrée. Seulement, aucun cachet de la poste n'avait été tamponné sur le timbre de soixante yens montrant une cloche de temple bouddhiste d'un vert impressionnant. Au dos étaient indiqués l'adresse de la papeterie Tsubaki et le nom de l'Aînée.

Si elle avait été fermée, je l'aurais renvoyée aux ténèbres. Mais l'Aînée ne l'avait pas fait.

Peut-être avait-elle eu l'intention de relire sa lettre,

ou d'y joindre quelque chose.

Quoi qu'il en soit, comme l'enveloppe n'était pas cachetée, j'en ai sorti les feuillets et je me suis mise à les lire.

Tout en m'en excusant intérieurement auprès de l'Aînée.

A Monsieur Mimura Ryûzô

Bonjour,

Est-ce que vous allez bien ?

J'ai appris au journal télévisé que le mont Mihara était sur le point d'entrer en éruption. Alors ces derniers jours, j'ai surveillé la situation de près, collée à l'écran de télévision. Et finalement, ce soir, c'est arrivé. Une éruption majeure, paraît-il.

Veuillez me pardonner de vous envoyer soudain une lettre, moi qui vous ai laissé sans nouvelles depuis plusieurs années, non, depuis plus de dix ans. Mais je suis tellement, tellement inquiète pour vous que je n'y tiens plus.

Apparemment un séisme a suivi. Même à Kamakura, j'en ai ressenti légèrement les secousses.

Je ne cesse de trembler en regardant ces images de fumée noire s'élevant dans le ciel, de flammes rouges jaillissant du sol. Je les regarde encore et encore, c'est comme si je priais pour que vous soyez sain et sauf.

Il paraît que l'activité volcanique ne cesse de croître. La lave semble couler vers Motomachi. Si ma mémoire est bonne, Motomachi est le port où vous étiez venu m'accueillir, n'est-ce pas ?

Un de mes amis m'a raconté que l'éruption était visible depuis les hauteurs de la préfecture de Kanagawa. Je suis

前略、ごめんくださいませ。
ご無事ですか？
テレビのニュースで、三原山が噴火しそうだと知り、ここ数日、テレビ画面にかじりついて状況を見守っておりましたが、ついに夕方、大噴火を起こしたようです。
もう何年も、いや十年以上もご無沙汰してしまっているのに、いきなりこんな手紙を送りつける不躾を、どうかお許しください。けれど、私は美村さんのことが心配で心配で、いてもたってもいられません。
地震も続いているとのこと。鎌倉でも少し、揺れを感じました。
黒い煙が舞い上がって、赤々とした炎が大地から吹き出す映像に、震えが止まりません。あの映像を繰り返し見るたび、あなたが無事であるよう、祈るような気持ちでおります。

引き続き、噴火活動が活発化しているそうです。元町に向かって、溶岩が流れている様子です。元町って確か、あなたが私を迎えに来てくれた港ですよね。

知り合いが、神奈川県内の高台からも噴火が見えると話してました。一刻も早く自衛隊への出動要請が出ないものかと、気が気でなりません。

そしてついに、全島避難の指示が出たそうです。

とにかく、溶岩が来る前に逃げてください。お願いします。

真っ暗な中、着の身着のまま東海汽船の船に乗る人々の中にはあなたがいないか、目を皿のようにして探しております。けれど、まだ見つけることができません。

どうか、あなたも、あなたのご家族も、ご無事でありますように。

船に乗れますように。

ただただ、それだけを念じております。

雨宮かし子

美村龍三様

très inquiète, j'espère que les forces d'autodéfense pourront intervenir dans les plus brefs délais.

J'ai entendu dire que l'ordre a été donné d'évacuer toute l'île.

Fuyez avant que la lave n'arrive. Je vous en supplie.

Ouvrant grand les yeux, je vous cherche parmi tous ces gens qui montent à bord des navires de la compagnie Tokai Kisen, dans l'obscurité totale, n'emportant que les vêtements qu'ils ont sur le dos. Mais je ne vous ai pas encore vu.

J'espère que vous et votre famille êtes en sécurité.

J'espère que vous réussirez à monter sur un bateau.

C'est tout ce que je désire.

Amemiya Kashiko

Bonjour,

J'ai entendu dire que la plupart des chiens et des chats avaient été laissés sur l'île. Je m'inquiète pour votre vache.

J'ai appris en regardant la télévision que la température de la mer à Oshima augmente en surface, que l'eau est en train de devenir rouge. Il paraît que la terre continue également de trembler. L'activité souterraine ne montre aucun signe de ralentissement.

Tout à l'heure, alors que j'assistais à un glissement de terrain, je me suis mise à pleurer sans pouvoir m'arrêter. Le tunnel de camélias où nous avons marché main dans la main, votre sanctuaire Hajikama préféré, la plage de sable où nous avons allumé un feu face à la mer, le camélia vieux de huit cents ans que vous m'avez montré…

Tant de souvenirs me reviennent, je ne peux m'empêcher d'avoir le cœur qui saigne. C'est comme si tous les moments

前略。

島に取り残された犬や猫が多数いるとのこと。あなたのお宅で飼われていた牛のことが気がかりです。

大島の海面の温度が上がり、海水が赤くなっている様子が、映像から見てわかりました。地震もまだ続いているようです。地下活動は、収まる様子がありません。

さっき崖崩れの様子を見ていたら、涙が出て止まらなくなってしまいました。あなたと手をつないで歩いた椿のトンネルや、あなたの好きな波治加麻神社、海を前にして焚き火をした砂の浜、あなたが案内してくれた樹齢八百年の椿の大木。

色々なことを思い出し、胸が苦しくて苦しくてなりません。まるでわたしとあなたが過ごした時間までが、溶岩に飲み込まれてしまうようで……。

三原山のことを、あなたは御神火様とおっしゃってましたけど、本当にそうなのだと納得しました。

島民の方々は、避難先の稲取から、東京都が用意した施設に移られたとのことですが、あなたも、ご家族と共にスポーツセンターに移られたのでしょうか。

そこに行けば、あなたにお会いできますか。

一目でいいから、あなたの無事をこの目で確かめたいと思っております。

伺っても、よろしいですか？

どうか、大変な状況とは思いますが、お体もお気持ちも、健やかでありますよう。

かし子

que vous et moi avons passés ensemble allaient, eux aussi, être engloutis par la lave...

Vous m'avez raconté qu'on appelle le mont Mihara Gojinka-sama, le Dieu du Feu. Oui, c'en est bien un.

J'ai entendu dire que les habitants de l'île avaient été transférés de leur site d'évacuation à Inatori vers des établissements aménagés par la préfecture de Tôkyô. Est-ce que vous et votre famille avez également été envoyés dans un centre sportif ? Si je m'y rendais, serait-il possible de vous voir ?

Je veux voir de mes yeux que vous êtes bien sain et sauf, ne fût-ce qu'un instant. Cela vous dérangerait-il que je vienne ?

Je sais combien votre situation est difficile, mais j'espère sincèrement que vous allez bien, physiquement et moralement.

Kashiko

Bonjour,

C'est proprement effroyable, n'est-ce pas ? La seule consolation dans ce malheur est que l'île tout entière ait pu être évacuée à temps. Je regarde, abasourdie, les colonnes de feu s'élever furieusement du sol, en me souvenant des moments passés avec vous.

Que va-t-il advenir d'Izu-Oshima, à présent ?

J'ai entendu dire que les habitants de l'île voulaient rentrer. Quand je pense à la façon dont ils ont été évacués de justesse, avec seulement les vêtements qu'ils portaient sur le dos, je me sens vraiment désolée pour eux.

Comment se passe la vie au centre d'évacuation ? Avez-vous tout ce qu'il vous faut ?

前略、失礼します。

本当に恐ろしいですね。全島避難が無事に済んでいたことだけが不幸中の幸いです。地面から勢いよく立つ火柱を呆然と見つめながら、あなたと過ごした時間を思い出しています。

この先、伊豆大島はどうなってしまうのでしょう。

島民の方々は、また大島に戻りたいとおっしゃっていると聞きました。着の身着のまま、取るものも取りあえず命からがら避難されてこられたことを思うと、本当に気の毒でなりません。

避難所での生活はいかがですか？　何か足りないものや、必要なものはないですか？

少しでも、私が何かのお役に立てればと思うのですが、もしか

J'aimerais tellement vous aider, ne serait-ce qu'un petit peu, mais l'idée qu'en me précipitant auprès de vous, je risquerais au contraire de vous causer des ennuis, me paralyse. Je me trouve vraiment lamentable d'être aussi timide et aussi lâche.

Un simple mot me suffirait, je voudrais tant vous entendre dire que vous êtes indemne.

Kashiko

L'enveloppe contenait en tout sept feuillets. Chaque lettre semblait avoir été rédigée à un moment différent, les outils utilisés pour écrire et le tracé des caractères variaient légèrement.

L'Aînée avait sans doute l'intention de les mettre à la poste, mais au bout du compte, elle s'en était abstenue. Il est vrai que si elle les avait envoyées à l'adresse de Monsieur Mimura, il ne les aurait jamais reçues puisqu'il avait été évacué. D'ailleurs, elles ne seraient même pas arrivées.

Elle aurait aussi pu les envoyer au centre sportif susceptible d'avoir accueilli Monsieur Mimura, mais finalement, elle ne l'avait pas fait.

D'après mes recherches, l'ordre d'évacuation avait été levé environ un mois plus tard et les habitants étaient retournés sur l'île. On pouvait donc penser que Monsieur Mimura était revenu à Izu-Oshima, où lui et sa famille avaient l'habitude de vivre.

Plaçant mes paumes sur les feuillets, j'ai réfléchi à l'état d'esprit de l'Aînée au moment où elle écrivait ces lettres.

Nul doute qu'elle désirait vraiment se rendre sur le

すると、私が駆けつけることで逆にあなたにご迷惑をおかけして
しまうのではないかと、そんなことを想像すると、なかなか身動きが
とれなくなってしまいます。意気地なしで臆病な自分が、本当に
情けない限りです。
たった一言でいいから、あなたからご無事だという声を聞きたい。

かしこ

site d'évacuation pour voir son ancien amant. Mais en réalité, elle n'y était pas allée. Même si elle le voulait, elle ne le pouvait pas. Monsieur Mimura n'était pas un homme libre. L'Aînée avait peut-être eu peur de le voir entouré de sa famille. C'était pour cette raison qu'elle se reprochait d'être « timide et lâche ».

La boîte renfermant les courriers de l'Aînée à Monsieur Mimura que Tôma avait pris la peine de m'apporter à Kamakura contenait une lettre non décachetée. Contrairement à celles écrites lors de l'éruption du mont Mihara, qui n'avaient en fin de compte jamais été envoyées, celle-ci avait été postée et distribuée de l'autre côté de la mer.

Mais elle n'avait jamais été ouverte, jamais été lue par Monsieur Mimura.

D'après le cachet de la poste, elle n'avait pas été expédiée il y a très longtemps. L'Aînée l'avait sans doute écrite vers la fin de sa vie.

Peut-être existait-il d'autres cartes adressées par Monsieur Mimura à l'Aînée, mais en attendant, j'ai averti Tôma que j'en avais trouvé quelques-unes. J'avais examiné tous les livres de la bibliothèque. S'il y en avait encore, c'est qu'elles étaient cachées ailleurs.

J'ai trouvé des lettres que Mimura Ryûzô a écrites à ma grand-mère.

Peu de temps après avoir envoyé mon message, j'ai reçu la réponse de Tôma :

J'étais sûr qu'elles étaient là !

Qu'allons-nous faire de leurs lettres ? ai-je demandé en retour.

Pour ma part, je souhaiterais qu'elles soient incinérées

ensemble et envoyées au Paradis, a suggéré Tôma.

Je songeais moi aussi à un rituel pour la correspondance des deux amants.

J'ai expliqué à Tôma en quoi consistait la cérémonie de l'adieu aux lettres que j'organise chaque année. Sur ce, je n'ai pas tardé à recevoir un nouveau message.

Dans ce cas, que diriez-vous d'organiser un rituel rien que pour votre grand-mère et mon oncle, le troisième jour du deuxième mois du calendrier lunaire ?

J'ai immédiatement consulté le calendrier pour savoir quand tombait le 3 février selon l'ancienne chronologie. C'était juste quelques jours après les examens de QP. Ça ne pouvait pas mieux tomber.

Où ?

Dans mon empressement à répondre, je ne m'étais pas embarrassée de formules de politesse. Au bout d'une minute, la réponse de Tôma m'est parvenue, tout aussi directe.

Si possible à Oshima.

Après quelques instants de réflexion, j'ai écrit :

Alors, faisons comme ça. Je vais venir à Oshima en apportant toutes les lettres que ma grand-mère et votre oncle ont échangées. Là-bas, nous les brûlerons et les réduirons en cendres. J'ai le sentiment que c'est aussi ce que ma grand-mère aurait souhaité.

Oui, j'étais sûre qu'organiser la cérémonie d'adieu aux lettres à un endroit où tous deux avaient partagé de bons moments les rendrait heureux.

Parfait. A cette période de l'année, les fleurs de camélias sont encore belles. Je vous montrerai Izu-Oshima. Reprenons contact un peu avant la date.

C'était un vrai remue-ménage dans ma poitrine. Même s'il n'y avait rien de mal à cela, à l'idée que j'allais me rendre à Izu-Oshima pour y rencontrer un autre homme que mon mari, j'avais curieusement la gorge sèche.

Il était possible de faire l'aller-retour dans la journée, mais je préférais passer la nuit là-bas, afin d'avoir le temps de m'immerger dans le souvenir de l'Aînée et de Monsieur Mimura.

Comment présenter la chose à Mitsurô ?

Si je lui révélais tout, il va de soi qu'il serait d'accord et me laisserait partir avec le sourire. Seulement, je serais forcée de lui parler de l'amour interdit de l'Aînée.

Or, je tenais absolument à cacher cette histoire à Mitsurô. Il me semblait que c'était ce que voulait l'Aînée.

Une semaine s'est écoulée. Mitsurô est rentré tard dans la nuit. Il était copieusement imbibé.

Ivre mort pour tout dire. Bon, c'est vrai qu'il ne tient pas bien l'alcool, tout comme moi. Mais s'il le supporte mal, ce n'est pas pour autant qu'il déteste ça. Comme l'ivresse lève ses inhibitions et l'empêche de travailler, il fait attention à ne pas boire lorsqu'il se trouve à son restaurant, même si les clients insistent pour qu'il les accompagne. Mais...

— Hatoo, Hatoo, Poppoooooo !

J'étais déjà couchée et endormie, quand il s'est brusquement allongé sur moi et a pressé ses lèvres froides contre les miennes. Il empestait l'alcool. Une forte odeur de monde extérieur se dégageait de ses vêtements et de ses cheveux.

Il essayait d'introduire de force sa langue dans ma bouche, mais je l'ai fermement repoussé. Nous avons beau être un couple marié, ce n'est pas une raison pour ne pas tenir compte du lieu et du moment, bien au contraire ! Et moi, je n'en avais pas du tout envie. Même entre mari et femme, il est désagréable d'être maintenue de force.

Mitsurô avait dû dépasser la mesure. Si je tolérais cela, demain, et les jours suivants, il rentrerait chez nous dans le même état.

A l'idée qu'il était peut-être arrivé quelque chose, la crainte m'a saisie. J'étais de mauvaise humeur parce que j'avais été tirée du sommeil, mais je m'inquiétais aussi pour Mitsurô. Aussi, j'ai décidé de me lever et d'écouter ce qu'il avait à dire.

Enfilant le manteau court traditionnel que l'Aînée portait de son vivant, j'ai allumé le *kotatsu*. Après avoir préparé de l'eau chaude pour Mitsurô, je l'ai fait asseoir à la table basse chauffante et je me suis installée en face de lui.

— Qu'est-ce qui ne va pas ? Est-ce qu'il s'est passé quelque chose ?

Je le regardais droit dans les yeux. Il s'est mis à verser de grosses larmes, comme un enfant qui n'arrive pas à supporter la douleur. Tout en songeant amèrement combien il est pénible d'avoir affaire à une personne ivre, j'ai poussé la boîte de mouchoirs en papier devant lui.

— Ce n'est pas en pleurant que tu vas te faire comprendre, ai-je maugréé.

Cela faisait longtemps que je n'avais pas vu Mitsurô pleurer.

Comme il s'obstinait à rester muet comme une carpe, j'ai commencé à avoir sommeil. Mais juste au moment où je pensais retourner me coucher, il a marmonné des paroles inintelligibles.

— Hein ? Quoi ? Je ne t'entends pas, ai-je dit d'un ton quelque peu dédaigneux.

— Hato, Hato, dis-moi...

Mitsurô était à nouveau au bord des larmes, comme un gamin qui souffre mais se contient.

— Quoi, à la fin ? ai-je insisté sèchement. J'en avais plus qu'assez de tenir compagnie à un ivrogne. L'envie me démangeait de lui lancer que j'avais déjà assez de travail à m'occuper des enfants.

— On en reparlera demain matin. Je vais me coucher.

Alors que je commençais à me lever, Mitsurô a enfin ouvert la bouche.

— Hato, est-ce que tu as un amant ?

— Comment ?!!

Ce qu'il venait de dire était si extravagant que je n'ai pas pu m'empêcher de crier. Moi qui me demandais ce qu'il allait me sortir...

— Je ne crois pas avoir de temps pour ça, ai-je rétorqué, soudain de mauvais poil.

— Un habitué du restaurant m'a dit qu'il t'avait vue dans un café en compagnie d'un inconnu, cet automne, et il paraît que vous aviez l'air de bien vous entendre.

A ces mots, j'ai compris. Ah, c'était donc ça ? Les murs ont des oreilles, les portes coulissantes ont des yeux. Voilà qui était tout à fait dans les mœurs de Kamakura.

Alors que j'avais choisi le salon de thé Bunbun en pensant n'y rencontrer personne de ma connaissance, au bout du compte, quelqu'un m'avait quand même vue.

— Je t'assure que cet homme n'est pas du tout mon amant. Comme il avait quelque chose à faire dans le quartier à l'ouest de la gare, il est venu me rendre un manga que je lui avais prêté il y a longtemps, me suis-je dépêchée de mentir en disant ce qui me passait par la tête. On était ensemble à l'école primaire.

— Vraiment ?

Mitsurô m'a regardée, le nez dégoulinant de morve. Même les grandes personnes pleurent ainsi.

— Dans ce cas, pourquoi tu ne me l'as pas dit ? Si tu devais rencontrer quelqu'un, j'aurais aimé que tu me le dises, s'est-il plaint en s'essuyant le visage avec un mouchoir en papier.

— J'y crois pas... Tu sais, je suis une adulte, je ne suis pas obligée de te dire à chaque fois qui je vais rencontrer, ai-je répliqué en faisant la moue.

A ce rythme-là, je ne risquais pas de lui avouer que j'allais passer quelques jours à Izu-Oshima.

— Je dois me lever tôt demain, alors je vais me coucher, maintenant. Bonne nuit.

La voix de Mitsurô me répondant « Bonne nuit » m'a suivie faiblement.

De retour dans mon lit, je n'ai pas réussi à trouver le sommeil.

Quand Mitsurô est entré dans la chambre, j'ai gardé les yeux fermés et fait semblant de dormir. Ses ronflements étaient si forts que j'ai dû le secouer plusieurs fois pour l'obliger à se retourner.

Lorsque je me suis enfin assoupie, l'aube pointait déjà. Comme il fallait s'y attendre, j'ai eu toute la journée envie de dormir et la tête embrumée comme si j'avais la gueule de bois.

Quand Mitsurô et moi nous sommes mariés, il y a une chose que nous nous sommes promis de tenir secrète, quoi qu'il advienne. Il s'agit de ce qui a provoqué la mort de Miyuki, la première épouse de Mitsurô.

Au moment du drame, QP allait sur ses deux ans. Alors que Miyuki faisait ses courses au supermarché avec QP, elle avait été attaquée par un inconnu armé d'un couteau, qui l'avait poignardée à mort.

C'est pour cette raison que, quand elle m'avait accompagnée pour la première fois au supermarché, QP s'était comportée un peu bizarrement. Elle voulait s'en aller au plus vite.

En grandissant, cependant, elle avait fini par surmonter son angoisse. Elle ne semblait pas avoir conservé de souvenirs précis du drame.

Je suis sûre que n'importe quelle mère aurait fait de même : Miyuki avait protégé QP en faisant rempart de son corps. Elle s'était sacrifiée. Mieux valait que QP ne l'apprenne pas. C'est ce que nous pensions, Mitsurô et moi.

Voilà pourquoi nous nous sommes juré de garder le secret. Lorsqu'elle nous demandera comment sa mère est décédée, nous avons décidé de répondre qu'il s'agissait d'un accident de la route. Nous nous sommes promis de ne jamais lui dire la vérité, quoi qu'il arrive. C'est peut-être l'une des raisons qui ont amené Mitsurô à s'éloigner de ses parents de Kôchi.

C'est ce que je pense.

QP sait que je ne suis pas sa mère biologique. Au début de sa crise d'adolescence, elle m'a lancé un jour, comme pour me repousser : « De toute façon, tu n'es pas ma mère, alors mêle-toi de tes affaires. »

Ces mots se sont plantés dans la partie la plus tendre de mon cœur comme une épine.

QP avait cinq ans lorsque j'ai rencontré Mitsurô. Donc, même si elle ne conserve aucun souvenir de sa mère, dont elle a été séparée à l'âge de deux ans, elle sait que je suis venue après elle. D'ailleurs, l'autel bouddhique consacré à Miyuki se trouve à la maison.

Cela ne fait pas dix ans que nous vivons ensemble mais nous n'en sommes pas loin.

QP et moi formons une famille, alors, que je l'aie enfantée ou non, cela n'a pas d'importance, j'ai fini par oublier ce détail.

Je peux déclarer fièrement que ce qui fait une famille, c'est le temps, pas le sang. Mais il est également indéniable que QP et moi ne sommes pas vraiment mère et fille.

QP ne m'a encore posé aucune question sur les circonstances de la mort de Miyuki. Cela nous préoccupait tellement, Mitsurô et moi, au début de notre mariage. Je ne crois pas non plus qu'elle ait jamais interrogé son père.

Les examens de QP approchaient. La phase de rébellion se poursuivait, mais la violence de son comportement s'était atténuée.

Si jusque-là QP était une châtaigne dans sa bogue, serait-elle devenue une rose ? Durant les vacances d'été, elle m'avait complètement ignorée, mais ces derniers temps, quand je lui parlais, elle me répondait à peu près une fois sur trois. C'était un énorme pas en avant.

Ce matin-là, alors que je faisais la vaisselle dans la cuisine, QP est venue à côté de moi.

— Dis, si je suis reçue à mes exams, je pourrai faire du surf, moi aussi ? m'a-t-elle demandé tout à trac. Bon, de toute façon, j'ai décidé que j'en ferai.

Sa manière de s'exprimer était toujours aussi tranchante, mais cela faisait longtemps qu'elle ne m'avait pas adressé une phrase aussi longue. Seulement, question surf, je ne savais pas quoi lui répondre.

— Qu'en dit papa ? Tu lui en as déjà parlé ? ai-je demandé, sans cesser de laver la vaisselle.

— Il a dit qu'il m'apprendrait à surfer, a répondu QP en reprenant son air boudeur.

— Dans ce cas, pourquoi pas ? Je suppose que tu iras à la mer avec lui.

A ces mots, QP a fait les yeux ronds.

— Sérieux ?

— C'est d'accord, ai-je répété.

— Je croyais que tu serais absolument contre, a dit QP en fixant un point indéterminé.

J'ai ravalé les paroles « Mais d'abord, tu dois réussir tes examens ». Je voulais éviter d'envenimer à nouveau nos relations en lâchant un mot de trop.

— Tu ne vas pas être en retard ? ai-je demandé en regardant la pendule.

— Oh, je dois y aller.

Elle s'est dirigée vers l'entrée.

Quand donc était-elle devenue aussi grande ? Sa jupe avait beaucoup raccourci.

— Bonne journée ! Et fais attention à toi ! lui ai-je crié.

— A plus, a marmonné QP sans se retourner, d'une voix basse comme celle d'un garçon.

Même une réponse brève et sèche comme celle-ci était bien plus réconfortante que le silence.

Pour la première fois depuis longtemps, nous avions eu une conversation mère-fille digne de ce nom, et cela me rendait heureuse. En fait, j'avais envie de sautiller sur place.

C'était une matinée comme les autres, mais j'avais l'impression diffuse d'accueillir un matin nouveau, ou plutôt, même si c'est peut-être un peu exagéré, j'avais la sensation grandiose d'entrer dans une nouvelle ère.

Après le départ de QP, j'ai pris un stylo et je lui ai écrit une lettre. Il faut battre le fer tant qu'il est chaud. Avant que ce sentiment ne s'évapore de mon cœur, je voulais le sceller dans une capsule de mots.

Pour remonter le moral de QP, contrairement à mon habitude, j'ai tracé les caractères à l'encre violette. Je ne sais pas pourquoi, mais j'avais l'impression d'être redevenue une collégienne.

Chère QP,

Bravo d'avoir travaillé aussi dur pour préparer tes examens. Chaque soir, tu as étudié très tard et tu as fait de ton mieux.

Malgré le manque de sommeil, tu te levais tous les matins et tu partais toujours à l'heure au collège. Je te regardais avec admiration, je te trouvais épatante.

Pour je ne sais quelle raison, j'ai soudain eu envie de t'écrire une lettre. Si tu es en train de la lire, c'est qu'il est probablement l'heure du déjeuner. Si tu n'as pas encore touché à ton bento, mange, s'il te plaît, avant de la lire. Car il est important de bien se remplir l'estomac.

Combien d'années se sont écoulées depuis que nous avons formé une famille et commencé à vivre ensemble dans cette maison ?

Je me souviens comme si c'était hier de ta première année d'école primaire, quand ton cartable était encore trop grand pour toi.

Tu as poussé comme un champignon, sans avoir jamais eu d'accident grave ni avoir été hospitalisée pour maladie. Selon moi, il n'existe pas de meilleure expression de l'amour filial.

Merci beaucoup d'avoir grandi en bonne santé.

Je suis vraiment, vraiment très heureuse d'avoir pu former une famille avec toi.

J'espère qu'en réussissant cet examen d'entrée, tu vas faire un pas de plus vers la réalisation de tes rêves. Donne-toi à fond aux épreuves de cet après-midi ! Tiens bon, je suis avec toi !

PS : Après les examens, aimerais-tu partir en voyage à Izu-Oshima avec moi ?

J'ai une affaire à régler qui m'oblige à aller là-bas.

Maintenant que j'y pense, nous ne sommes jamais parties rien que toutes les deux. Ce sera pour fêter ton entrée au lycée.

Je t'en dirai davantage plus tard.

Maman

QPちゃんへ

受験勉強、お疲れさまでした。毎晩毎晩、本当に遅くまで勉強して、よくがんばったと思います。

眠いはずなのに、朝もきちんと起きて一日も遅刻せずに登校して、本当にえらいなあ、って、お母さんはいつもそう感心して見てました。

なんだか、あなたに急に手紙を書きたくなったのです。

あなたが今これを読んでいるってことは、多分お弁当の時間ですね。もしまだお弁当に手をつけていなかったら、これを読む前にまずお弁当を食べてください。腹ごしらえは、大事ですから。

QPちゃんと家族になって、この家で一緒に暮らすようになって、もう何年が経つんだろう？

小学一年のQPちゃんにはまだランドセルが大きかったのを、まるで昨日のことのように思い出します。

QPちゃんは、大きな怪我をすることもなく、病気で入院することもなく、すくすくと大きくなってくれました。

それが、何よりの親孝行だとお母さんは思っています。
　健やかに育ってくれて、どうもありがとう。
ＱＰちゃんと家族になれて、お母さん、本当に本当に
幸せです。
　この入学試験を無事に突破して、ＱＰちゃんの人生が
また一歩、夢に近づくことを祈ってます。午後の試験も、
全力を出し切ってくださいね。応援してます！

P.S.
試験が終わったら、お母さんと伊豆大島にふたりで
旅行しませんか？
お母さん、どうしても行かなくちゃいけない用事が
できました。
よく考えたら、ＱＰちゃんとふたりだけで旅をしたこと、
まだないしね。卒業記念旅行です。
詳細は、また後でお知らせします。

母より

J'ai glissé la feuille dans une enveloppe mignonne mais pas trop que je vends à la papeterie Tsubaki, ornée d'un dessin d'un illustrateur en vogue, puis je l'ai fermée avec un autocollant.

Le jour de l'examen, j'ai mis cette lettre que j'avais rédigée quelques jours auparavant dans le bento de QP, avec le déjeuner qu'elle allait manger sur place. Je ne cherchais pas spécialement à lui dire quelque chose.

J'avais simplement eu très envie de lui écrire une lettre.

Au cours de l'année écoulée, nous n'avions quasiment pas eu de conversations ni de rapports mère-fille, mais je ne m'étais pas risquée à aborder ce sujet.

J'ai envoyé un message à Tôma pour l'avertir que j'emmènerais peut-être ma fille collégienne avec moi ; quant à Mitsurô, je lui ai dit que j'aimerais faire un voyage de quelques jours avec QP.

Il se pouvait que QP refuse mon invitation, mais bon, il serait bien assez tôt d'y réfléchir le moment venu.

Le 3 février du calendrier lunaire est arrivé.

En prévision de cette journée, les lettres qui seraient confiées à la stèle épistolaire arrivaient depuis le début de l'année. Certaines avaient même été envoyées de l'étranger. Toutes étaient du genre dont on ne peut se débarrasser soi-même. Je rendrais grâces à ces lettres lors d'une cérémonie et les réduirais en cendres dans le jardin à la place de leur destinataire.

En reprenant la papeterie Tsubaki, j'avais laissé tomber la plus grande partie des événements annuels que l'Aînée organisait fidèlement, mais cette cérémonie d'adieu aux lettres, j'avais tenu à la faire perdurer.

Même si le nombre de lettres envoyées diminuait d'année en année, il n'était pas nul. J'étais déterminée à continuer tant que leur nombre n'atteindrait pas zéro.

Cette année, une commémoration spéciale aurait lieu à Izu-Oshima, mais avant cela, je devais célébrer le rite habituel.

Après avoir rempli d'eau un seau et l'avoir porté dans le jardin, j'ai trié les lettres dans la véranda. J'avais déjà soigneusement récupéré les timbres envoyés pour la participation aux frais.

Ensuite, j'ai confectionné un tas avec les lettres, j'y ai mêlé des feuilles mortes et des branches sèches, et j'ai enflammé le tout. D'année en année, je deviens plus habile pour allumer le feu. Cette fois, il a pris d'un seul coup.

Tandis que je contemplais les flammes, un événement est revenu brusquement à ma mémoire.

Peu de temps après mon retour dans cette maison, alors que je célébrais le rite de l'adieu aux lettres, ma voisine Madame Barbara était arrivée à l'improviste. Comme je faisais un feu de joie, elle m'avait demandé si je pouvais mettre à rôtir un gâteau à la broche qu'elle avait chez elle.

J'avais accepté, et finalement, nous avions fait griller des boulettes de riz, des pommes de terre, des galettes de poisson et du camembert. Nous avions en plus bu du champagne rosé que Madame Barbara avait apporté, si bien que cela avait été une cérémonie d'adieu aux lettres particulièrement joyeuse.

Quand j'y repense, il y a dix ans, je menais une existence vraiment solitaire à Kamakura. Ma relation de bon voisinage avec Madame Barbara était ma seule interaction sociale digne de ce nom.

Et voilà qu'aujourd'hui, je vis entourée de toute une famille.

Lorsque j'ai repris la papeterie Tsubaki, j'habitais seule dans cette vieille maison traditionnelle, mais la famille s'est agrandie d'un membre, puis d'un deuxième, et nous sommes désormais cinq à vivre sous le même toit. En y réfléchissant, cela a été une décennie mouvementée, pleine de hauts et de bas.

Et il y a aussi les clients de la papeterie Tsubaki. Le Baron, Madame Calpis ou Mai, tous étaient des inconnus pour moi et maintenant sont des habitués et des amis.

J'ai vraiment une chance folle !

Tandis que je me faisais cette réflexion, les larmes me sont montées aux yeux, sous l'effet conjugué de l'émotion et de la fumée.

Comme un marchand de brochettes de poulet, j'ai actionné mon éventail avec ardeur.

Les esprits des mots ont été aspirés dans le ciel matinal de mars avec la fumée.

La veille au soir, j'avais donné à QP un papier où j'avais décrit en détail notre lieu de rendez-vous. QP devait aller au collège le matin pour la cérémonie de remise des diplômes, et moi je voulais quitter la maison un peu en avance afin d'acheter un cadeau pour Tôma. Nous avions convenu de nous retrouver au quai d'embarquement de Takeshiba à Tôkyô, d'où part le jet boat à destination d'Izu-Oshima.

QP a quinze ans. Se rendre là-bas ne lui posait pas plus de difficulté que de prendre le train seule.

Pour qu'elle n'ait pas à faire le trajet dans la précipitation après le collège, il valait mieux prendre une navette tardive partant en fin d'après-midi. Il faut une heure et quarante-cinq minutes pour se rendre à Izu-Oshima en jet boat depuis Takeshiba. Il y a des jet boats au départ d'Atami aussi, qui font la traversée en moitié moins de temps, mais les horaires ne correspondaient pas.

Après m'être assurée que toutes les lettres avaient bien été réduites en cendres, j'ai éteint soigneusement le feu en y versant un seau d'eau. Me dirigeant ensuite vers la stèle épistolaire, j'ai annoncé au dieu des lettres que cette année encore, la cérémonie d'adieu s'était déroulée sans encombre.

Le camélia était en pleine floraison, comme pour chanter les louanges du printemps. Ni pourpre, ni vermillon, ni bordeaux, la belle couleur rouge particulière à ce camélia constellait le feuillage.

Au revoir, ai-je murmuré en touchant doucement le tronc de l'arbre.

L'espace d'un instant, j'ai cru voir une Aînée version garçon manqué juchée sur une branche, les jambes pendantes.

De retour dans la maison, j'ai changé de vêtements, et tout en vérifiant que je n'oubliais rien, j'ai fait mes préparatifs de départ.

Mitsurô était déjà parti à son café-restaurant. En fin de compte, je n'avais pu me résoudre à lui parler de l'histoire d'amour interdite de l'Aînée.

J'avais mis dans la même boîte toutes les lettres et les cartes qu'elle et Monsieur Mimura avaient échangées. Elle était rangée tout au fond de mon sac de voyage, enveloppée dans un *furoshiki*. S'il y avait quelque chose que je ne devais surtout pas oublier, c'était ça.

Après avoir vérifié une dernière fois que tout était bien éteint, j'ai verrouillé la maison et je suis partie.

Cela faisait longtemps que je n'avais pas pris la ligne Yokosuka pour me rendre à Tôkyô.

Je suis descendue du train à Shimbashi et j'ai parcouru à pied la courte distance qui me séparait du quai d'embarquement des passagers de Takeshiba. Depuis la gare de Kamakura, il faut un peu plus d'une heure pour arriver jusque-là.

Comme cadeau pour Tôma, j'avais choisi des sablés-pigeons. Etant donné qu'Izu-Oshima fait partie de Tôkyô, je m'étais dit qu'un souvenir de Kamakura lui ferait davantage plaisir que quelque chose provenant de la capitale, alors, en me rendant à la gare, je m'étais arrêtée chez Toshimaya pour en acheter.

Cela manquait peut-être un peu de raffinement et d'originalité, mais il n'existe aucune friandise à Kamakura capable de rivaliser avec les sablés-pigeons. Bien sûr, les fourrés aux noisettes Kurumikko sont de délicieux emblèmes de Kamakura, mais lorsqu'on veut être sûr de ne pas se tromper, mieux vaut opter pour les sablés. J'avais également apporté un stock personnel de mini-pigeons *kobato mameraku*, pour les manger sur le bateau.

Je suis restée sur le quai jusqu'à la dernière minute mais QP ne s'est pas montrée. Elle ne m'avait pas dit clairement si elle viendrait ou pas quand je lui avais proposé de m'accompagner.

L'inquiétude m'a traversée à l'idée qu'elle avait peut-être eu un accident en chemin, mais au fond de moi, je savais que ce n'était pas le cas.

Sans plus attendre, je suis montée à bord. Comme j'avais acheté deux billets, l'un d'eux serait perdu, tant pis. Je me réjouissais de faire ce voyage avec QP, mais de son côté, ce n'était peut-être pas le cas.

Au bout du compte, j'allais faire le voyage en solitaire.

Mais QP allait bien.

C'est ce que je me disais, assise sur un siège du jet boat, alors que je regardais par le hublot le quai s'éloigner lentement.

D'ailleurs, à l'origine, je devais me rendre seule à Izu-Oshima. J'avais essayé de transformer ce voyage en une occasion de fêter l'entrée au lycée de QP, mais je le regrettais à présent, c'était faire preuve d'étroitesse d'esprit.

Le navire a quitté le port en un rien de temps.

Il n'y a pas à dire, le jet boat porte bien son nom de « bateau à propulsion ». Tout en maintenant une vitesse constante de quatre-vingts kilomètres-heure, il avançait en ligne droite comme s'il glissait à la surface de la mer. La douce lumière printanière illuminait tendrement la baie de Tôkyô.

J'ai posé la boîte aux lettres d'amour sur mes genoux et dénoué le *furoshiki*.

Il y avait une lettre que je n'avais pas encore lue, une seule. Une lettre que l'Aînée avait bel et bien postée, mais que Monsieur Mimura n'avait pas ouverte.

Au début, je pensais ne pas la lire. Les bonnes

manières veulent qu'on ne lise pas une lettre qui ne vous est pas adressée.

Cependant, au fil du temps, mes sentiments avaient changé.

Peut-être n'était-ce que mon interprétation personnelle, mais j'avais désormais la sensation que l'Aînée voulait que Tôma et moi connaissions, et peut-être comprenions, sa relation avec Monsieur Mimura.

Ne voulons-nous pas qu'au moins une personne reconnaisse notre amour comme authentique ? C'était peut-être pour cette raison qu'en ce moment, Tôma et moi unissions nos forces.

Doucement, j'ai glissé la lame du coupe-papier que j'avais apporté de chez moi dans le rabat de l'enveloppe et je l'ai ouverte d'un coup sec.

Etait-ce un effet de mon imagination si, à cet instant, j'ai senti la présence de l'Aînée à l'intérieur ?

Non, ce n'était pas mon imagination. J'avais perçu le souffle de l'Aînée qui sommeillait à l'intérieur de l'enveloppe.

Déployant les feuillets qui avaient été soigneusement pliés en trois, j'ai commencé lentement ma lecture.

Le fait que la lettre n'ait pas été ouverte signifiait probablement que Monsieur Mimura n'était plus de ce monde quand l'Aînée la lui avait envoyée.

Elle l'ignorait alors même qu'elle écrivait sa lettre.

A Monsieur Mimura Ryûzô

Cher Zô, de longues années se sont écoulées depuis notre dernière rencontre. C'est un phénomène étrange, mais plus le temps passe, et plus les souvenirs du temps que j'ai passé avec vous deviennent vifs.

Je vous écris, parfaitement consciente de faire preuve d'impolitesse en vous envoyant cette lettre maintenant. Après tout, nous nous sommes connus il y a des décennies, peut-être avez-vous même oublié mon nom et mon visage.

En cet instant, je tiens la plume depuis mon lit d'hôpital. Il ne me reste plus beaucoup de temps à vivre.

Devais-je ou non vous écrire ? J'ai longuement hésité.

Dans la cour de l'hôpital, il y a un camélia à feuilles caduques qui donne des fleurs magnifiques. Chaque fois que je pose les yeux sur lui, je ne peux m'empêcher de penser à vous. Que faites-vous en ce moment ? Où êtes-vous ? Quel genre de paysage regardez-vous ? Je ne cesse de me le demander.

(Est-ce l'effet des analgésiques ? Je commence à avoir un peu sommeil, alors je vais m'arrêter ici pour me reposer. J'écrirai la suite à mon réveil.)

Pardon de vous avoir fait attendre.

Je viens brusquement de me souvenir que jadis, à Oshima, vous aviez absolument voulu me faire goûter du kusaya, ce poisson séché et fermenté. Après l'avoir fait cuire chez vous, vous en aviez fait des rouleaux norimaki que vous m'aviez apportés à l'hôtel, mais j'avais refusé obstinément d'ouvrir la bouche.

Je trouvais que ça sentait trop mauvais, mais la vérité, c'est surtout que je ne voulais pas manger quelque chose qui avait été cuisiné dans la maison où vous viviez avec votre famille. A ce moment-là, une fois n'est pas coutume, nous nous étions un peu disputés. Mais en réalisant tous les deux à quel point c'était une perte de temps, nous nous étions facilement réconciliés.

ゾウさん、あれから、長い月日が流れました。時間が経てば経つほどに、あなたと過ごした記憶が鮮明になっていくというのは、不思議な現象です。

今さらこんな手紙をあなたに送りつける無礼を承知で、私はこの手紙を書いています。だって、もう何十年も前ですもの。あなたはもう、私のことなど、名前も顔も忘れているかもしれませんね。

私は今、病院のベッドでこの手紙を書いています。もう、長くはありません。

あなたに手紙を出そうか出すまいか、随分と逡巡しました。

病院の中庭に、夏椿の木が植えられているのですが、それが見事な花を咲かせています。その姿を見ていると、つい、あなたのことを思い出してしまいます。そして、今、あなたはどうしているのだろう、どこで、どんな景色を見ているのだろう、とそんなことばかり考えてしまうのです。
(痛み止めのお薬が効いてきたのか、ちょっと眠くなってきたので、ここで一回、休憩しますね。目覚めたら、また続きを書くことにします。)
失礼しました。
先ほど、伊豆大島で、あなたがわたしにどうしてもクサヤを食べさせたがったことを、急に思い出しました。あなたは、家でクサヤを焼いて、海苔巻きにして宿まで持ってきてくれましたね。でもわたしは、頑として口を開きませんでした。
臭くて食べたくなかった、というのもありましたけど、でもあなたが家族と暮らす家の台所で作ってきたものなど、私は口にしたくなかったのです。あの時、わたし達は珍しく、ちょっとケンカっぽくなり

ましたっけ。でもふたりとも、そんな時間がいかにもったいないかに気づいて、
簡単に仲直りしましたよね。
あなたもわたしも、共に二十代の若さでした。
あなたのことを、わたしは好きになりすぎてしまったのかもしれません。
あなたとは、何もかも、相性が良かった。良すぎて怖くなるほど、身も
心も、あなたにぴったりとはまりました。
けれど、あなたとの縁を、わたしは自らの手で断ち切りました。
断ち切るために、身ごもり、出産しました。
あれから、あなたとは一度も会っていません。
昭和の終わりに三原山が大噴火した時は、さすがにあなたのこと
が心配でたまらず、手紙を書いた記憶があります。けれど、結局
その手紙は出せませんでした。

あなたにはあなたの人生があり、わたしにもわたしの人生がある。
今さらわたしがのこのこと顔を出したところで、どうなるというのでしょう。過ぎ去った時間を取り戻そうなんて、野暮なことだと思いました。だって、そんなことはできっこありませんから。
わたしたちは、とにかく前に進んでいくしかないんです。前に進み、そしていつか死を迎える。それが、生きるということなのだと思います。
今、こうしてあなたに手紙を書いているわたしは、往生際が悪いとしか言いようがありませんね。わたしは、本当に自分を未熟な人間だと思っています。
最近、病床で、いろは歌を書いています。最初は、ただのテナグサミというか、暇つぶしになんとなく書いていたんです。
でも、ある日、その意味の深さにハッとしました。

なんという深い歌なのでしょうか。

花は、どんなに美しく咲き誇っても、必ず散ってしまうんですね。

このベッドから夏椿の木を見ていると、つくづく諸行無常を身にしみて実感します。

望むことは、もう何もありません。

ただ、ひとえにあなたへの感謝の気持ちを伝えたいだけ。

全体で見たら、あなたと過ごした時間はほんの一瞬の光に過ぎなかったかもしれません。けれどわたしは、その一瞬の光を糧にして、こうしてここまで、人生を生きることができました。

あなたに出会えたことに、心から感謝します。

どうか、最後の最後まで、良き人生を歩んでください。

雨宮かし子

美村龍之様

Nous n'avions qu'une vingtaine d'années.

Peut-être que je vous aimais trop. Nous nous accordions sur tout. Nos corps et nos esprits fusionnaient en une alchimie si parfaite que c'en était effrayant.

Et pourtant, j'ai rompu de mes mains les liens qui nous unissaient.

Pour cela, je suis tombée enceinte et j'ai accouché.

Je ne vous ai jamais revu depuis.

A la fin de l'ère Shôwa, quand le mont Mihara est entré en éruption, j'étais tellement inquiète pour vous que je me souviens de vous avoir écrit plusieurs lettres. Mais je n'ai finalement pas pu me résoudre à les envoyer.

Vous aviez votre vie et j'avais la mienne. Si j'avais montré le bout de mon nez après toutes ces années, qu'en serait-il ressorti ? J'ai pensé qu'il était insensé d'essayer de rattraper le temps perdu. Car c'est impossible.

Il ne nous restait plus qu'à avancer. A aller de l'avant et, un jour, rencontrer la mort. C'est cela, vivre, à mon sens.

Le fait que je vous écrive cette lettre ne signifie qu'une chose, c'est que je suis mauvaise perdante, n'est-ce pas ? Je me vois vraiment comme une personne immature.

Ces derniers temps, dans mon lit, je calligraphie le Chant de l'Iroha. Au début, je faisais cela sans raison particulière, juste pour m'occuper les mains, ou plutôt pour tuer le temps.

Mais un jour, j'ai été frappée par la profondeur de sa signification.

Quelle richesse dans ce poème !

Aussi belle que soit une fleur épanouie, ses pétales finissent toujours par tomber.

Quand je contemple le camélia de la cour depuis ce lit, je perçois pleinement l'impermanence de toutes choses.

Je n'ai plus rien à désirer.

Je veux juste vous exprimer sincèrement ma gratitude.

Par rapport à la totalité de mon existence, le temps que j'ai passé avec vous n'a peut-être représenté qu'un bref instant. Pourtant, c'est en tirant le meilleur parti de cet instant fugace que je suis parvenue à vivre jusqu'à ce jour.

Je suis profondément reconnaissante d'avoir pu vous rencontrer.

Je souhaite que vous viviez une belle vie, jusqu'à la fin.

Amemiya Kashiko

Sur la dernière feuille, le *Chant de l'Iroha* était calligraphié en caractères chinois.

色は匂へど 散りぬるを
我が世誰ぞ 常ならむ
有為の奥山 今日越えて
浅き夢見じ 酔ひもせず

La chère écriture de l'Aînée se déployait. On aurait dit qu'elle se trouvait là, les bras grands ouverts.

L'Aînée vivait dans ces caractères.

J'ai parcouru des yeux ce *Chant de l'Iroha*, encore et encore.

Toute floraison finit par se faner.
Qui donc en ce monde dure éternellement ?
Les lointaines montagnes de l'illusion franchies,
Ne cédons plus aux rêves inutiles et vains
Ni à l'ivresse.

En me disant que c'était l'ultime lettre d'amour laissée par l'Aînée.

Une fois de plus, l'envie m'a prise de saluer sa vie noble et courageuse.

ANGÉLIQUE ASHITABA

Me laissant bercer par le balancement du jet boat, je me suis assoupie pendant une petite heure. Dans ma somnolence, j'ai écouté rêveusement l'annonce disant qu'aujourd'hui, nous accosterions au port d'Okata.

Izu-Oshima dispose de deux ports où les jet boats peuvent accoster, dont le choix dépend, paraît-il, de la hauteur des vagues du jour. Tôma devait venir me chercher à l'un ou l'autre quai en fonction de celui où nous allions aborder. J'avais beau fixer l'horizon derrière moi, l'embarcadère de Takeshiba n'était plus visible.

Nous sommes presque arrivés à Izu-Oshima, ai-je dit à la boîte posée sur mes cuisses. Les lettres communiaient-elles encore à l'intérieur ?

Je pense qu'ils étaient amoureux.

Les mots prononcés par Tôma dans le salon de thé Bunbun me sont revenus en mémoire.

L'Aînée et son oncle Ryûzô s'étaient aimés à leur manière, doucement mais parfois férocement.

L'amour prend diverses formes.

Ralentissant progressivement, le jet boat a accosté au

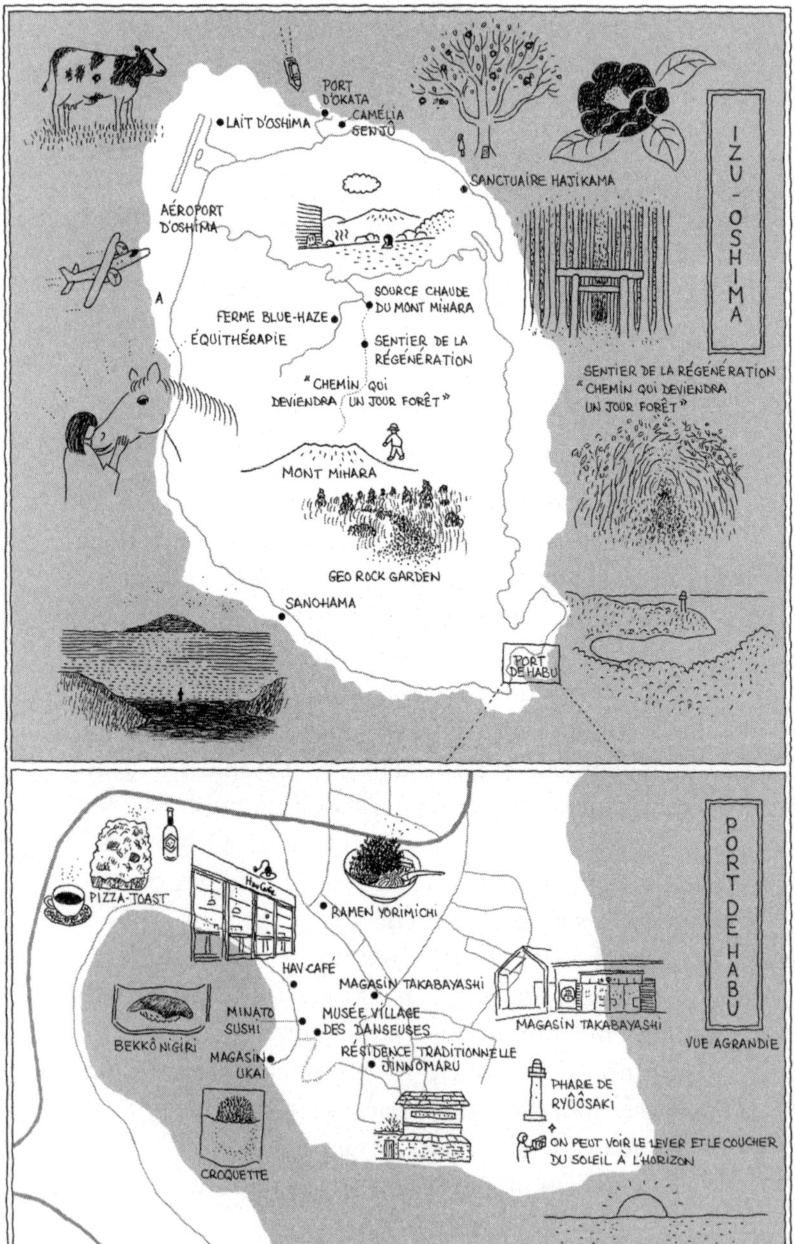
IZU-OSHIMA
PORT D'OKATA
LAIT D'OSHIMA
CAMÉLIA SENJU
SANCTUAIRE HAJIKAMA
AÉROPORT D'OSHIMA
SOURCE CHAUDE DU MONT MIHARA
FERME BLUE-HAZE
ÉQUITHÉRAPIE
SENTIER DE LA RÉGÉNÉRATION
« CHEMIN QUI DEVIENDRA UN JOUR FORÊT »
SENTIER DE LA RÉGÉNÉRATION « CHEMIN QUI DEVIENDRA UN JOUR FORÊT »
MONT MIHARA
GEO ROCK GARDEN
SANOHAMA
PORT DE HABU
PORT DE HABU
VUE AGRANDIE
PIZZA-TOAST
RAMEN YORIMICHI
HAV CAFÉ
MAGASIN TAKABAYASHI
MINATO SUSHI
MUSÉE VILLAGE DES DANSEUSES
MAGASIN TAKABAYASHI
BEKKÔ NIGIRI
MAGASIN UKAI
RÉSIDENCE TRADITIONNELLE JINNOMARU
PHARE DE RYÛÔSAKI
ON PEUT VOIR LE LEVER ET LE COUCHER DU SOLEIL À L'HORIZON
CROQUETTE

port d'Okata. Je pouvais voir la côte escarpée.

Très bientôt, vous ne ferez plus qu'un.

Tout en m'adressant à nouveau aux lettres, j'ai enveloppé soigneusement la boîte dans le *furoshiki* et je l'ai remise à sa place au fond de mon sac. D'épais nuages couvraient le ciel.

Une fois débarquée, alors que j'avançais dans la file des passagers, un homme est descendu d'une camionnette et a levé la main.

Au début, je n'ai pas réalisé qu'il s'agissait de Tôma. L'atmosphère qui émanait de lui n'était pas du tout la même que lors de notre rencontre au salon de thé Bunbun à Kamakura. Ses cheveux étaient ébouriffés et une certaine sauvagerie se dégageait de son corps. Cependant, en regardant attentivement son visage, je n'ai pas tardé à le reconnaître.

— Bonjour, ça fait longtemps qu'on ne s'est pas vus.

— Pas trop secouée dans le bateau ?

— Non, ça a été.

Après ce bref échange de politesses, je me suis assise sur le siège passager du petit camion.

— Et votre fille ? a demandé Tôma après avoir démarré.

— Elle n'est pas venue. Je voyage donc en solo, ai-je expliqué brièvement.

— Comme c'est dommage... a dit Tôma. Moi qui pensais vous emmener dans un endroit où les camélias sont magnifiques.

La camionnette a pris de la vitesse.

— Merci de votre accueil.

— Merci à vous d'être venue.

Tout en écoutant parler Tôma, je me demandais ce que Mitsurô pouvait bien faire en ce moment. A Izu-Oshima, le temps ne s'écoulait pas du tout comme à Kamakura.

Nous nous dirigions vers le sud de l'île.

— Je sais bien que vous venez d'arriver, mais que diriez-vous d'en finir d'abord avec ce qui doit être fait ? a demandé Tôma.

— Oui, ai-je acquiescé, commençons par accomplir la cérémonie d'adieu aux lettres. Après tout, c'est pour ça que je suis là.

Ma première impression d'Izu-Oshima n'avait rien d'exaltant. Pour une raison mystérieuse, tout y semblait flou.

Je me demandais combien l'île comptait d'habitants. D'après ce que je voyais, le nombre de maisons inoccupées paraissait considérable.

— C'est la première fois que vous venez à Izu-Oshima ? a demandé Tôma tout en manœuvrant le volant.

— Oui. J'ignorais que c'était aussi proche de Tôkyô.

La camionnette a traversé une rue commerçante aux couleurs passées. Les rideaux de la plupart des magasins étaient baissés.

— Par avion, on peut être à Tôkyô en vingt-cinq minutes. Enfin, je dis ça, mais ici aussi nous sommes censés être à Tôkyô.

— L'avion, c'est bien, mais cette fois j'ai préféré venir en bateau.

Je voyais des camélias partout.

— Il y a vraiment beaucoup de camélias, ai-je murmuré, envahie d'une sensation de joie et de chaleur.

Le spectacle de ces fleurs suffisait à me rendre heureuse.

— Il paraît qu'il y a trois millions de camélias sur l'île, pour une population de sept mille habitants. Ces arbres sont très résistants. C'est pour ça que les gens d'ici en font pousser autour de leurs maisons et de leurs champs comme brise-vent. Nous sommes sur une île, le vent peut souffler vraiment très fort. Mais les camélias ont des racines puissamment ancrées dans le sol, il en faut plus que ça pour les abattre.

— En effet, et leur feuillage aussi a l'air résistant. Le camélia de ma maison à Kamakura n'a pas bougé, alors que d'autres arbres ont été brisés par les typhons.

— Il n'y a rien à jeter dans le camélia. On peut faire de la confiture avec ses pétales, et même du colorant. Les branches sont brûlées pour fabriquer du charbon de bois et les cendres peuvent être utilisées pour émailler la poterie. Les feuilles ont aussi leur utilité, on s'en sert par exemple pour envelopper les *mochi*.

— Les *tsubaki mochi*, ça doit être délicieux...

J'imaginais un gâteau de riz rose clair entre deux feuilles de camélia brillantes. Tôma a souri.

— Les fruits commencent à mûrir vers la fin de l'été. A ce moment-là, tous les gens de l'île récoltent les fruits de leurs camélias tombés au sol, et après les avoir fait sécher pendant environ une semaine, ils les apportent à un marchand qui en fait de l'huile de camélia. C'est un système où l'on convertit en argent un bien que l'on possède, m'a expliqué Tôma en jouant habilement du volant pour négocier les virages qui se succédaient les uns après les autres.

— En somme, il n'y a que du bon dans les camélias,

ai-je conclu. Ils protègent des vents violents et donnent de belles fleurs qui sont un régal pour les yeux.

— C'est pour ça que sur l'île, il est très rare qu'on en coupe. A Oshima, nous prenons énormément soin de nos camélias, a dit Tôma avec la même tendresse dans le regard que s'il parlait de ses propres enfants.

— Je suis ravie de l'entendre, car ma boutique s'appelle la papeterie Tsubaki, la papeterie « Camélia ».

La mer que je pouvais voir à travers la vitre était vraiment belle. Des faisceaux de lumière traversaient les nuages. On aurait dit des totems.

— D'où vient le nom de votre papeterie ? a demandé Tôma en jetant des coups d'œil vers l'océan.

— C'est ma grand-mère qui l'a baptisée ainsi. Comme il y a un camélia, un arbre symbole, à l'entrée de la boutique, j'ai toujours pensé que c'était pour ça qu'elle avait décidé de l'appeler « papeterie Tsubaki ». Mais c'était avant que je connaisse son histoire d'amour avec votre oncle qui était originaire d'Izu-Oshima, l'île aux camélias. En découvrant tout à l'heure le paysage de l'île, je me suis demandé si ce nom de Tsubaki n'avait pas en réalité un sens beaucoup plus profond. Je croyais que le camélia à l'entrée de la boutique était à l'origine de ce nom, mais l'histoire n'est peut-être pas aussi simple.

— Quel genre de camélia est cet arbre symbole ?

— C'est un camélia du Japon à fleurs simples d'un rouge cramoisi.

— Ah oui ? Mon oncle était un bricoleur qui fabriquait tout lui-même. A un moment donné, il s'est passionné pour l'hybridation des camélias.

— Vraiment ?

— Les camélias sont relativement faciles à croiser, de nouvelles variétés n'arrêtent pas de voir le jour. Peut-être que celui de la papeterie a été créé par mon oncle pour votre grand-mère. Le camélia peut être facilement multiplié par bouturage.

— Ce serait terriblement romantique. Je m'en souviens, ma grand-mère m'a dit un jour que notre camélia était une bouture de celui d'un sanctuaire de Kamakura appelé l'ancien Hachiman. Mais peut-être a-t-elle inventé cette histoire pour cacher l'existence de Monsieur Mimura.

— Comme ils ne sont plus là, il n'y a aucun moyen de le savoir. Mais, entre nous, si nous faisions comme si c'était vrai ?

— Oui. Même si ce n'est pas certain, j'ai l'intuition que c'est bien la vérité, ai-je approuvé doucement.

— Nous sommes arrivés.

Tôma s'est engagé dans un chemin parallèle à la route qui fait le tour de l'île, puis il a garé sa camionnette sur un parking.

— Le vent est fort, couvrez-vous bien.

Suivant son conseil, j'ai enfilé autant de vêtements que possible pour me protéger du froid. Le vent soufflait sans relâche, sifflant comme un fouet.

C'étaient les camélias qui nous protégeaient de ces redoutables bourrasques. A cette pensée, mon respect pour eux a grimpé en flèche.

Du fond de mon sac, j'ai sorti la boîte contenant les lettres d'amour de l'Aînée et de Monsieur Mimura et je l'ai tenue contre ma poitrine. Tôma avait un grand panier à la main.

Je l'ai suivi tandis qu'il descendait vers le rivage, cherchant à atteindre le bord de l'eau.

— Ce sont des chrysanthèmes du Pacifique. Elles sont ravissantes, n'est-ce pas ?

Comme je m'étais arrêtée pour admirer la vue, Tôma m'a appris le nom des fleurs.

Avec son aide, j'ai atteint la plage. Le sable était tout noir, on se serait cru à Hawaï.

— Il est noir parce qu'il provient de l'éruption du mont Mihara. Ce basalte contient aussi du fer, il est magnétique et se colle aux aimants. Les tortues de mer viennent pondre sur cette plage.

— Comment s'appelle-t-elle ?

— Sanohama.

— Est-ce que par hasard ça ne s'écrirait pas Sunanohama, « Plage de Sable » ? ai-je demandé, réprimant mon excitation.

— C'est exact. On l'écrit Sunanohama et on le prononce « Sanohama ».

J'en étais sûre. Dans la lettre que l'Aînée avait écrite au moment de l'éruption, où elle s'inquiétait pour la sécurité de Monsieur Mimura, elle parlait de la plage de sable où ils avaient allumé un feu de joie.

— Je vais aller chercher de grosses pierres. Hatoko, pourriez-vous, s'il vous plaît, aller ramasser quelques branches pour allumer le feu ?

Aux instructions de Tôma, j'ai brièvement répondu « Oui ».

C'était l'heure de la marée montante.

Des galets ronds étaient éparpillés sur le sable noir. En arrière-plan, on apercevait la ligne de crête du mont

Mihara. Il était bien moins élevé que je ne l'avais imaginé.

Combien d'îles étaient visibles de l'autre côté de la mer ? Plusieurs masses aux contours flous se suivaient, la première était une île triangulaire en forme de Kiss Chocolate. Il n'y avait personne sur le rivage à part Tôma et moi.

Tout en marchant lentement le long de la plage, j'ai ramassé des branchettes. Une légère fumée s'élevait déjà de l'endroit où se trouvait Tôma. Le soleil était bien plus bas qu'à mon arrivée sur l'île.

— Je vais en chercher d'autres, ai-je lancé en apportant ma récolte de brindilles à mon compagnon.

— Peut-être que ce sera suffisant. Buvons d'abord un thé.

Tôma a sorti une bouteille thermos de son panier.

— J'ignore s'il sera à votre goût, c'est du thé d'angélique Ashitaba, a-t-il précisé en versant un liquide brun dans un gobelet en papier. L'Ashitaba est une spécialité de l'île, alors j'espère que vous l'aimerez. En plus, il paraît que c'est excellent pour la santé.

Il m'a tendu le gobelet joliment coloré.

Après l'avoir accepté avec un « Merci », j'ai pris une gorgée de thé Ashitaba. La vapeur qui s'en élevait était réconfortante, et plus encore son goût un peu particulier rappelant celui du thé noir.

— C'est délicieux, et ça réchauffe, ai-je dit en exposant mon visage à la vapeur.

— J'ai aussi des beignets, si le cœur vous en dit.

J'ai accepté volontiers l'offre de Tôma et pris aussi un beignet.

A l'instant où j'ai mordu dedans, une saveur emplie de nostalgie s'est répandue dans ma bouche. J'ai revu le décor du salon japonais de la demeure familiale, du temps où j'y vivais avec l'Aînée. Ce beignet était peut-être fait maison.

Mais je me suis contentée de savourer le beignet, sans rien dire. Il avait un léger goût d'épices et se mariait parfaitement avec le thé Ashitaba.

— En fait, je crois bien que ma grand-mère et Monsieur Mimura sont venus sur cette plage de Sanohama.

Tout en buvant mon thé, je regardais la mer. Jugeant que c'était le bon moment, j'ai révélé à Tôma ma grande découverte de tout à l'heure.

— Lors de l'éruption du mont Mihara, ma grand-mère a écrit des lettres à votre oncle. Finalement, elle ne les a pas envoyées, mais dans l'une d'elles, elle disait qu'ils avaient fait un feu sur la plage de Sanohama.

Exactement comme Tôma et moi aujourd'hui.

— Vous voulez voir ces lettres ? ai-je demandé en dénouant le *furoshiki* qui enveloppait la boîte.

— Non, ça ira, a répondu Tôma dans un murmure, au bout d'un moment.

Une fois ôté le *furoshiki*, j'ai posé la boîte contenant les lettres d'amour sur mes genoux.

— Hatoko, quel âge aviez-vous lors de l'éruption qui a frappé Oshima ?

— D'après mes recherches, elle a eu lieu environ un an avant ma naissance.

— Ah oui ? Moi, j'étais encore tout petit mais je m'en souviens un peu, parce que mon oncle et sa famille sont venus se réfugier chez mes parents à Tôkyô. Même si c'était il y a bien longtemps.

Autrement dit, Tôma était plus âgé que moi. Quand je l'avais rencontré au salon de thé Bunbun, j'avais cru que c'était l'inverse, à cause de ses traits juvéniles.

— Je vois. Ainsi, ils ne sont pas restés tout le temps dans le centre sportif où on les avait évacués.

Même si l'Aînée, prenant son courage à deux mains, s'était rendue au centre sportif pour s'assurer que Monsieur Mimura était bien sain et sauf, elle n'aurait pas pu le voir.

— Je crois que la femme de mon oncle n'était pas en très bonne santé, à cette époque, c'est sans doute pour ça qu'ils sont venus habiter chez nous. Mais mes souvenirs ne sont pas très clairs. Il me semble que l'espace attribué dans la salle de sport était seulement d'un tatami par personne, sans compter que vivre dans un centre d'évacuation était stressant pour les enfants, m'a expliqué Tôma, tout en restant un peu évasif.

— Quel genre de personne était votre oncle ?

L'Aînée avait aimé cet homme toute sa vie. Je voulais en apprendre le plus possible sur son compte.

— C'était quelqu'un de très gentil. Quand l'ordre d'évacuer a été donné aux habitants de l'île, chez mon oncle, il y avait une vache. Comme animal de compagnie. Cela lui fendait tellement le cœur de quitter l'île en laissant sa vache derrière lui qu'il a résisté jusqu'au bout. J'ai entendu dire que lorsqu'il se trouvait chez mes parents, il pleurait en pensant à sa vache.

— Oui, ma grand-mère parlait aussi de cette vache dans sa lettre.

— Sur l'île, il y avait non seulement des chiens et des chats, mais aussi beaucoup de vaches et de chevaux.

Aujourd'hui encore, les habitants de l'île chérissent ces êtres vivants comme s'ils étaient leurs enfants. Ils sont pleins d'humanité, ou plutôt, je dirais qu'ils ont le cœur très tendre.

Voilà pourquoi laisser sa vache a dû être très dur pour mon oncle. Même si les pompiers restés sur l'île avaient assuré qu'ils nourriraient les animaux durant leurs patrouilles, il y avait sans doute des limites à ce qu'ils pouvaient faire.

Il paraît que mon oncle prenait grand soin de sa vache. Tous les jours, il lui parlait et l'emmenait se promener.

Lors de la catastrophe, je pense que beaucoup d'animaux ont disparu ou perdu la vie. C'est pour ça qu'il n'y a plus de chevaux pour emmener les touristes au sommet du mont Mihara. Il serait bien trop cruel de continuer d'en garder à proximité du volcan, tout en sachant qu'il peut à nouveau entrer en éruption.

— Oui, ce serait très triste.

Chaque fois que survient une catastrophe majeure, certaines personnes préfèrent rester chez elles plutôt que d'abandonner leurs animaux de compagnie.

— Mais n'est-ce pas effrayant de vivre sur une île dont le volcan peut entrer en éruption à tout moment ? ai-je demandé à Tôma.

— Ceux qui ne sont pas d'ici craignent les éruptions, mais ce n'est pas le cas des habitants de l'île. Comme elles se produisent à intervalles réguliers, une fois tous les trente-cinq ou quarante ans, elles sont prévisibles dans une certaine mesure. Les éruptions font partie de notre vie. Ici, on utilise même un préfixe honorifique pour désigner les cendres volcaniques, on les appelle *O-hai.*

— Les « vénérables cendres » ? Voilà une expression qui en impose.

Tôma a hoché profondément la tête.

— Il est vrai que c'est angoissant de risquer de perdre sa maison dans une coulée de lave, ses possessions les plus précieuses, et même la vie si les choses tournent mal. Mais si nous avions peur des éruptions, nous ne pourrions pas vivre ici. C'est pourquoi, au contraire, je me suis mis à envisager les éruptions de manière positive.

— Positive ?

— Oui, car tous les quarante ans, le monde végétal est renouvelé. Lorsque la lave s'écoule, les plantes qui ont pris racine dans le sol volcanique meurent, n'est-ce pas ?

Mais les végétaux sont doués d'une force vitale incroyable et la nature reprend ses droits sur ce plateau de lave.

Une fois l'ancien monde anéanti, un nouveau monde naît à son tour.

Je trouve ça formidable.

Enfin, bon, si je peux parler comme ça, c'est peut-être parce que je n'ai pas vécu d'éruption volcanique majeure depuis que j'ai emménagé ici.

Mais quand il m'arrive d'aller dans la mer d'arbres pour méditer, c'est toujours ce que je ressens.

N'y a-t-il pas des moments dans la vie où l'on voudrait faire table rase de son passé et repartir sur de nouvelles bases ? Nous les humains avons rarement le courage de le faire. Mais c'est ce que la nature accomplit fièrement sous nos yeux.

C'est pourquoi j'éprouve du respect pour le mont Mihara, a conclu Tôma avec passion.

— Ici aussi, il y a une forêt appelée « mer d'arbres » ?

— Oui, la terre a été recouverte de lave lors d'une éruption à l'époque Edo, mais des végétaux y ont pris racine et maintenant c'est devenu une forêt. C'est mon endroit préféré. Il est près de l'hôtel où vous allez loger ce soir.

— J'irai y faire un tour.

Le fait que Tôma aimait cette forêt me donnait encore plus envie de la voir.

Pendant qu'il parlait, ses mains n'avaient pas cessé de s'activer pour régler la force du feu.

Au début, seules s'élevaient quelques petites flammes poussives, mais à présent, une magnifique colonne de feu se dressait devant moi.

Grâce à cela, il faisait bon. La chaleur est revenue dans mon corps, qui s'était refroidi tout à l'heure.

— La population locale appelle le mont Mihara « Gojinka-sama », Dieu du Feu.

Cette expression figurait également dans l'une des lettres de l'Aînée à Monsieur Mimura.

— Ne serait-il pas temps de commencer ? ai-je demandé en voyant le soleil assez proche de l'horizon.

Ouvrant le couvercle, j'ai posé la boîte renfermant les lettres d'amour entre Tôma et moi. Au sommet de la pile se trouvait la toute dernière missive de l'Aînée, celle que Monsieur Mimura n'avait jamais pu lire.

— Allons-y de haut en bas.

Sur ces mots, j'ai jeté dans le feu l'ultime lettre d'amour de l'Aînée.

Elle a changé de forme, se tordant sous nos yeux. Chacun des mots calligraphiés par l'Aînée était aspiré par le ciel d'Izu-Oshima.

Puis est venu le tour de Tôma. Ses doigts calleux ont soulevé une carte postale de son oncle à ma grand-mère. Le feu n'y a pas pris facilement.

Je me suis souvenue que je n'avais pas assisté aux obsèques de l'Aînée. Tante Sushiko m'avait dit que ce serait une cérémonie privée, rien de grandiose qui pourrait être qualifié de funérailles. Mais je n'y étais pas allée.

Si j'avais rendu visite à l'Aînée à l'hôpital et que j'avais échangé ne fût-ce qu'un ou deux mots sincères avec elle, tout aurait sans doute été différent. Dans sa vie comme dans la mienne.

Mais je n'avais pas pu aller la voir. Je n'en avais pas eu le courage. Et nous avions été séparées à tout jamais.

C'est pourquoi j'ai senti que le temps était venu pour moi de dire adieu à l'Aînée.

Tout à l'heure, Tôma avait parlé de recommencer sa vie à partir de zéro. Ici, à Sanohama, j'étais peut-être en train de commencer une nouvelle relation avec l'Aînée.

— C'est une belle écriture ! s'est exclamé Tôma d'une voix admirative en regardant attentivement l'adresse tracée par l'Aînée sur une enveloppe.

— A mes yeux, c'était vraiment quelqu'un de grand.

Tenant à deux mains le dernier courrier par les coins gauche et droit, nous l'avons jeté dans le feu. C'était l'une des cartes que Monsieur Mimura avait écrites à l'Aînée.

— Je me sens un peu soulagée, ai-je soufflé en contemplant la carte engloutie par les flammes.

— N'est-ce pas ? Une fois que vous et moi ne serons plus de ce monde, l'histoire des amoureux aux camélias restera un secret à tout jamais.

J'ai bu la dernière gorgée de thé Ashitaba qui restait dans le gobelet en papier.

— Quand j'étais enfant, je venais souvent me baigner sur cette plage, a poursuivi mon compagnon. Tous les ans, sitôt l'été venu, je prenais seul le bateau pour Izu-Oshima et j'allais séjourner chez mon oncle. Je crois que c'est grâce à ces étés passés sur Izu-Oshima que j'ai réussi tant bien que mal à conserver mon équilibre.

— Je vois. Donc, Izu-Oshima est en quelque sorte votre pays natal.

Je l'enviais énormément d'avoir pu passer des étés entiers sur cette île à la nature luxuriante.

— Je ne sais pas si c'est parce qu'il s'était réfugié chez nous avec sa famille pendant l'éruption, mais mon oncle m'aimait et il s'inquiétait beaucoup pour moi.

Et moi aussi, je l'adorais.

Je n'aurais jamais imaginé que mon oncle avait une amante cachée jusqu'à ce que je trouve une enveloppe avec les mots *Strictement confidentiel* écrits dessus.

Peut-être voulait-il que quelqu'un le sache.

C'est pourquoi moi aussi, je me sens libéré d'un poids.

Merci d'être venue spécialement sur cette île.

Comme je m'en doutais, Tôma éprouvait la même chose que moi. L'Aînée et Monsieur Mimura voulaient probablement que nous sachions qu'ils s'aimaient. Il ne pouvait en être autrement.

Le soleil était sur le point de sombrer dans la mer. Avec Tôma, j'ai regardé ses derniers rayons disparaître.

Une fois le soleil couché, le vent a brusquement fraîchi. J'ai tendu mes paumes au-dessus des braises encore incandescentes afin de les réchauffer.

— Demain, avant que vous repreniez le bateau pour rentrer chez vous, arrêtons-nous au sanctuaire Hajikama pour annoncer que la cérémonie d'adieu aux lettres s'est déroulée sans encombre. C'est le sanctuaire du quartier où mon oncle est né.

Si je me souvenais bien, le sanctuaire Hajikama était également mentionné dans les lettres de l'Aînée. Mais je n'avais plus aucun moyen de le vérifier.

Le feu qui nous avait servi à accomplir la cérémonie était presque éteint.

Tôma s'est mis debout et, prenant cela comme un signal, je me suis moi aussi levée lentement. Pas après pas, manquant m'enliser dans le sol sablonneux, j'ai traversé la plage d'ébène comme si je ramais et j'ai grimpé la colline.

— Est-ce que les repas sont inclus dans votre séjour ? m'a demandé Tôma.

— Je n'ai pris que l'option « petit-déjeuner », ai-je répondu.

Je pensais aller me promener en ville le soir avec QP et chercher un bon restaurant.

— Dans ce cas, voudriez-vous venir chez moi ? En vérité, je n'aurai que des plats ordinaires à vous offrir. Mais sur l'île, il n'y a pas beaucoup de restaurants ouverts le soir.

— Vous êtes sûr ? Merci beaucoup !

Je me demandais justement comment j'allais faire pour le dîner de ce soir. Comme l'avait signalé Tôma, il ne semblait pas facile de dénicher sur l'île un endroit où manger. Sa proposition tombait à point nommé.

Une alliance brillait à l'annulaire de sa main gauche. Sa femme allait sûrement nous régaler de bons petits plats. Etant donné son âge, ce ne serait pas surprenant qu'il ait des enfants. Nous allions former une joyeuse tablée.

Sitôt le soleil disparu à l'horizon, la nuit n'a pas tardé à tomber. Les nuits à Kamakura sont sombres, mais à Izu-Oshima, allez savoir pourquoi, elles sont encore plus noires.

Sur le chemin du retour, dans la camionnette, Tôma et moi n'avons pas beaucoup parlé. Nous baignions encore tous deux dans la rémanence de la cérémonie d'adieu aux lettres. Ce silence n'avait rien de désagréable. Il était plutôt bienfaisant, comme une prière muette.

Dans le ciel, les étoiles scintillaient déjà.

Me rappelant soudain la formule secrète du bonheur que Madame Barbara m'avait transmise un jour, j'ai fermé les paupières et répété en moi-même : Brille brille, brille brille.

Des myriades d'étoiles sont venues parsemer la voûte céleste de mon cœur. Puis, j'ai lentement ouvert les yeux.

Quittant la route qui fait le tour de l'île, la camionnette s'est engagée sur un chemin étroit menant vers la montagne. Partout, presque indistinctes dans l'obscurité, les maisons étaient séparées par des haies de camélias. Les pétales rouges et roses se fondaient dans le noir, seuls les pétales blancs se découpaient vaguement dans les ténèbres.

— Au fait, où se trouve le fameux camélia vieux de huit cents ans ?

Si c'était près de mon hôtel, j'aurais aimé aller le voir. Une expression légèrement désolée s'est peinte sur le visage de Tôma.

— Il a été abattu par un typhon, a-t-il murmuré avec regret. Il ne reste que quelques vestiges des racines et du tronc. Le plus vieil arbre encore debout sur l'île est le camélia Senjû, qui aurait trois cents ans. Si nous allions le voir demain ?

J'ai hoché la tête avec le sourire.

J'étais triste à l'idée que le camélia vieux de huit cents ans que l'Aînée avait contemplé n'était plus de ce monde. Elle avait eu beaucoup de chance de pouvoir admirer cet arbre magnifique en compagnie de Monsieur Mimura. S'ils n'avaient pas vécu à la même époque, ils n'auraient pas pu se rencontrer.

— C'est ici.

Après avoir arrêté la camionnette devant une maison, Tôma a ouvert sa portière. Bien entendu, un camélia trônait dans le jardin.

— C'est mon oncle qui a planté ce camélia qu'il avait hybridé lui-même, m'a expliqué Tôma en déchargeant le panier qui se trouvait sur le plateau du véhicule, tandis que je regardais, émerveillée, le sublime feuillage.

— Je suis de retour ! a-t-il crié.

— Bienvenue ! a lancé en réponse une voix grave et masculine depuis l'intérieur de la maison.

Etait-ce la voix de son fils ? Dans ce cas, il devait être déjà assez grand. Alors que je me faisais cette réflexion, un homme est apparu qui ressemblait beaucoup à Tôma pour la stature, sauf qu'il s'agissait clairement d'un étranger.

— Je vous présente Tom, mon compagnon. Tom, voici Hatoko, de Kamakura. Elle va dîner avec nous ce soir.

Sans en dire davantage, Tôma a disparu dans les profondeurs de l'habitation en emportant son panier.

Est-ce que par hasard, c'était ce que je pensais ?

Un partenaire n'est pas forcément du sexe opposé. J'ai rougi en me rappelant que j'avais brièvement fantasmé sur une histoire d'amour avec Tôma.

— Entrez, entrez, je vous en prie. Il fait froid dehors. C'est très rare que Tôma ramène un invité à la maison. Aujourd'hui est un jour spécial.

Tom m'a invitée joyeusement à entrer. Même si son accent était un peu étrange, il s'exprimait dans un japonais parfait, et à moins de le voir, on n'avait pas du tout l'impression de parler à un étranger.

La vieille maison qui avait en grande partie été rénovée avait des piliers épais et un haut plafond. On s'y sentait en sécurité.

dix

Tom m'a dit avoir vingt-neuf ans et venir du Portugal. Il s'était intéressé au Japon grâce aux films d'animation de Miyazaki, avait pris des leçons de kendô et appris le japonais en autodidacte. Sur le tee-shirt indigo qu'il portait, un morceau de tissu était cousu au niveau de la poitrine, où l'on voyait les caractères « dix rêves », qui peuvent se lire aussi « Tomu », comme son prénom.

rêves

— Je suis un grand fan de Natsume Sôseki. *Dix nuits de rêves* est vraiment une œuvre merveilleuse, a dit Tom en remarquant que je regardais son tee-shirt. Il a joint les mains devant sa poitrine, ses yeux d'un noir de jais brillaient.

— Il n'y a pas longtemps, j'ai lu *Oreiller d'herbe*, ai-je répondu.

— Oui, *Oreiller d'herbe* aussi est un texte fascinant. Mais *Dix nuits de rêves* est mon préféré. C'est un plaisir d'avoir une invitée avec qui parler de Maître Natsume. Tôma est du genre à ne jamais ouvrir un livre. La librairie de l'île a malheureusement fait faillite. Quand je vais à Tôkyô, je m'arrête toujours dans une librairie pour faire le plein de livres.

Etait-il heureux de parler à quelqu'un d'autre que Tôma ? Tom me mitraillait littéralement de paroles.

Tandis que je discutais avec lui, Tôma est revenu ; il s'était changé et portait à présent un pantalon de jogging et un sweat à capuche.

— De la bière.

Après avoir lancé cet ordre bref à Tom, il s'est laissé tomber dans le canapé. Apparemment, devant son compagnon, il jouait les maris dominateurs et les durs à cuire.

Tom m'a fait un clin d'œil et m'a murmuré à l'oreille :

— Tôma est un garçon autoritaire. Mais c'est parce que je le gâte.

Tôma n'avait pas du tout la même attitude que lorsqu'il était seul avec moi. Peut-être parce que Tom l'entourait de beaucoup d'amour et lui permettait de n'en faire qu'à sa tête. Je me suis assise en face de lui sur un coussin de sol.

L'éclairage indirect rendait l'endroit très apaisant. De jolis objets décoratifs et des photos ornaient la pièce, ce qui donnait à leur nid d'amour l'allure d'un bar chic. Dans un petit gobelet sur la table à thé, reposait un bourgeon de fleur de camélia rose vif.

Tôma et moi avons trinqué avec de la bière. Avec un timing parfait, Tom est arrivé en apportant des petits bols sur un plateau.

— Un sauté d'angéliques Ashitaba et d'algues *nori* de l'île. Mangez vite tant que c'est chaud ! a-t-il dit gaiement en disposant des baguettes et des repose-baguettes pour trois personnes sur la table à thé.

— Est-ce la maison où vivait Monsieur Mimura ? ai-je demandé à Tôma en parcourant l'intérieur des yeux.

— Quand il était jeune, mon oncle habitait ailleurs avec sa famille. Ici, c'est la maison où il a vécu seul pendant ses dernières années.

Tout en prêtant l'oreille au récit de Tôma, j'ai goûté au sauté. Les angéliques Ashitaba avaient un goût légèrement amer, tandis que les algues *nori* diffusaient une saveur douce, fleurant bon l'océan.

— C'est délicieux ! ai-je lancé en élevant la voix pour être entendue de Tom qui s'activait dans la cuisine.

— La femme de mon oncle est morte relativement jeune, a poursuivi Tôma. Elle n'avait pas encore soixante ans. Leurs enfants avaient quitté l'île. Je pense que mon oncle a emménagé dans cette maison parce que celle où il vivait en famille était devenue trop grande.

A ce moment-là, j'étais un adulte et je ne venais plus sur l'île. Je ne suis donc pas très au courant de ce qui s'est passé à l'époque. Ma relation avec mon oncle se limitait à un échange de cartes de vœux au Nouvel An. Je pense pourtant que s'il l'avait voulu, mon oncle aurait pu se remarier avec votre grand-mère.

En entendant cela, je me suis demandé si ce qui avait fait obstacle à ce mariage n'était pas ma propre existence.

— Quand Monsieur Mimura est-il mort ?

Tôma a croisé les bras et fermé les yeux dans une réflexion intense.

— Mmm... Je me demande combien cela fait d'années... Aucun nombre précis ne me vient. Je l'appelle mon oncle, mais nos liens sont un peu plus distendus que ça. C'était un parent éloigné.

— En tout cas, Monsieur Mimura et ma grand-mère n'ont pas choisi de s'unir. Votre oncle vivait à Izu-Oshima, ma grand-mère à Kamakura, où avaient-ils bien pu se rencontrer ? ai-je demandé. Ce mystère n'avait cessé de m'intriguer.

— Quand il était jeune, je crois me souvenir que mon oncle a quitté l'île et vécu à Tôkyô pendant une dizaine d'années. C'est d'ailleurs le cas de la plupart des gens d'ici. Alors, ne serait-il pas naturel de penser qu'il a rencontré Madame Kashiko à ce moment-là ?

Tôma buvait rapidement sa bière. Après avoir versé le fond de la canette dans son verre, il a ordonné à Tom d'une voix tonnante :

— Du *shôchû* !

— Coupé d'eau chaude ou avec des glaçons ? a demandé gentiment Tom, sans se soucier de l'attitude de son compagnon.

— Des glaçons, a répondu Tôma avec un air aussi altier que celui d'un seigneur. Pour je ne sais quelle raison, son visage respirait la vanité.

Je trouvais ça plutôt attendrissant qu'il fasse de son mieux pour paraître arrogant devant Tom. Ce rôle qu'il jouait participait peut-être à un équilibre dans leur relation.

Soudain, Tom m'a posé une question.

— Hatoko, est-ce que manger du *kusaya* vous pose problème ?

— Du *kusaya* ? ai-je répété, prise d'une légère inquiétude.

On m'avait rebattu les oreilles de l'avertissement que ce plat puait. Je savais donc en gros de quoi il s'agissait. Et aussi que c'était très difficile à préparer. Mais je n'en avais presque jamais mangé.

— Je ne suis pas sûre d'y avoir goûté comme il se doit. Les gens de l'île mangent couramment du *kusaya* ? ai-je demandé en retour.

— Ah oui ! Pour accompagner le riz ou en amuse-gueule avec le saké, pour les repas de tous les jours ou pour les fêtes, ici, on n'imagine pas une table sans *kusaya*, a expliqué Tôma avec un brin d'exaltation.

— C'est pour ça que nous allons en manger, a dit Tom. Je n'aimais pas ça au début, mais une fois que j'ai compris que c'était comme du fromage, j'ai commencé à l'apprécier.

— Fais-en griller des deux sortes, à la bancloche et au poisson volant ! a lancé Tôma sur un ton impérieux.

Ecouter leurs échanges commençait à m'amuser.

Après avoir attendu que j'aie fini ma bière, Tom nous a apporté deux bols à *shôchû*.

— Vous aussi, vous le buvez avec des glaçons, Hatoko ? s'est enquis Tôma en débouchant la bouteille de *shôchû*.

J'ai hoché la tête en songeant : « A Rome, fais comme les Romains. »

— Ce *shôchû* se marie parfaitement avec le *kusaya*, a ajouté Tôma, les yeux brillants. Tom apprend la fabrication du charbon de bois auprès d'un vieil homme de l'île, m'a-t-il expliqué après avoir pris sa première gorgée de *shôchû*, un sourire épanoui sur le visage.

— La fabrication du charbon de bois ?

C'était là un métier dont je ne connaissais pas grand-chose.

— Depuis l'ancien temps, la production de charbon de bois est une activité très répandue à Izu-Oshima. A l'époque Edo, des charbonniers de Yamagata sont venus sur l'île, et c'est comme ça que les habitants ont appris la technique. Il y a des camélias partout et leur bois peut être utilisé pour faire du charbon. D'ailleurs, ce bol où vous buvez votre *shôchû*, c'est moi qui l'ai fait en utilisant de la cendre de camélia comme glaçure.

— Oh ? Ce bol-là ?

Dès l'instant où je l'avais saisi, j'avais adoré sa façon d'épouser parfaitement la paume de ma main.

— Il est vraiment très réussi. Le simple fait de le tenir dans sa main a, comment dire, un effet relaxant. Et il a une texture qui donne envie de le toucher sans arrêt.

Je n'aurais jamais imaginé que la personne qui l'avait créé se trouvait juste devant moi.

— J'ai encore beaucoup de progrès à faire, a répondu modestement Tôma.

Il n'empêche qu'il avait déjà son propre univers.

Après cette découverte, j'ai trouvé mon *shôchû* encore meilleur. La bordure du bol qui touchait ma bouche était très douce.

Sur ces entrefaites, une puanteur alarmante m'est parvenue depuis la cuisine. Etait-ce cette fameuse odeur du *kusaya* dont j'avais tant entendu parler ? Pour sûr, ça fouettait !

— Tom et vous, vous vous êtes rencontrés à Izu-Oshima ? ai-je demandé pour détourner mon attention vers autre chose.

A peine avais-je posé cette question que je l'ai regretté, la trouvant stupide, mais c'était trop tard. Heureusement, Tôma n'a pas semblé s'en formaliser.

— Lors de notre venue sur l'île, nous étions assis côte à côte sur le jet boat, a-t-il dit avec désinvolture, provoquant ma surprise.

— Oh, alors c'est comme ça que vous avez fait connaissance ?

— Oui, a-t-il confirmé, comme si de rien n'était.

Mais moi, narines dilatées, je me demandais s'il ne fallait pas voir là l'œuvre du destin.

— Comme nous avions l'air de bien nous entendre, nous avons loué des vélos et fait le tour de l'île. Dans la foulée, nous avons escaladé le mont Mihara. A ce moment-là, je me sentais si désespéré que j'ai failli me jeter dans le cratère.

Tôma me contait ces faits surprenants sur un ton détaché. Peut-être était-il légèrement ivre.

— Mais il paraît qu'on peut rester accroché dans la bouche du volcan, et alors on se retrouve dans une situation terriblement misérable. C'est un endroit où les secours ne peuvent pas intervenir. Alors vous restez là à agoniser... C'est assez difficile de mourir sur le mont

Mihara. Il faut bien batailler rien que pour arriver au cratère.

— Vraiment ?

C'était tout ce que j'avais trouvé à dire. Sur ce, Tom est apparu, tenant une grande assiette à deux mains. « Tadaam ! » s'est-il exclamé avec enjouement.

— J'ai grillé du *kusaya*, la spécialité d'Izu-Oshima, avec le charbon de bois de camélia que j'ai fabriqué, et je l'ai disposé sur un plat cuit par Tôma !

D'un air triomphant, il a posé la grande assiette de poisson fermenté au milieu de la table à thé. A côté du *kusaya* reposait une belle fleur de camélia d'un blanc pur. Un spectacle qu'il me semblait avoir déjà vu quelque part.

— Et voilà !

Un verre de jus d'orange à la main, Tom nous a rejoints autour de la table à thé. Nous avons trinqué tous les trois.

— Tom ne boit pas. C'est lui qui vous conduira à l'hôtel.

En un clin d'œil, j'avais vidé mon bol de *shôchû*. Tôma m'en a versé un deuxième.

Devant moi, les deux *kusaya* grillés montraient une belle couleur ambrée. Si leur vision s'avérait inoffensive, la moindre inspiration menaçait de vous faire tomber dans les pommes.

A mains nues, Tom a rapidement séparé la chair des poissons des arêtes, en faisant des morceaux d'une taille convenable.

M'efforçant de respirer le moins possible afin d'éviter d'inhaler l'odeur du *kusaya*, j'ai craintivement levé mes baguettes. Si je ne mangeais pas, je porterais atteinte à la réputation des femmes. Avec la sensation de représenter la gent féminine, j'ai porté le *kusaya* à ma bouche. Je me suis d'abord attaquée à la bancloche ou comète maquereau, que l'on dit un classique.

Que... ?

Pour m'assurer que mon palais ne me jouait pas des tours, j'ai mis un autre morceau de *kusaya* dans ma bouche et je l'ai mâché avec concentration. La conviction s'est alors emparée de moi.

— Mais c'est délicieux. Et ça se marie si bien avec le *shôchû* !

Entre le *kusaya* et le *shôchû*, l'accord était vraiment parfait.

— Banzaaaaï !

Levant les bras, Tom m'a félicitée pour mon premier *kusaya*.

Ensuite, tous les trois, nous avons dévoré le plat de poisson fermenté dans un silence religieux. Avec un tel entrain que nous l'avons littéralement englouti jusqu'à la dernière miette.

Le *kusaya* de poisson volant possédait lui aussi un goût riche, irrésistible.

— Il paraît que c'est super bon pour la santé, a déclaré Tôma. Au début, je ne voulais pas y toucher, mais un jour, mon oncle m'a préparé de l'*ochazuke* au *kusaya*. J'ai trouvé ça terriblement délicieux et depuis, le *kusaya* est mon plat préféré. J'en mange tous les jours.

— De l'*ochazuke* au *kusaya* ?

— Sur du riz blanc, on met du *kusaya*, les algues *nori* de tout à l'heure et des *bubu arare*, des billes de riz soufflé, puis on arrose le tout de thé vert. Ce gars aussi, c'est parce que je lui ai servi du *kusaya* préparé comme ça qu'il a accepté d'y goûter. Pas vrai ? a dit Tôma en posant sa main sur la tête de son compagnon.

— Vous voulez essayer, Hatoko ? L'*ochazuke* au *kusaya* ?

— Ça a l'air très alléchant, ai-je répondu à la proposition de Tom.

Emportant le grand plat qui avait contenu le poisson fermenté, il est retourné à la cuisine.

— Si je peux faire quelque chose pour vous aider, dites-le-moi ! ai-je lancé d'une voix forte dans le dos de Tom.

J'étais à nouveau seule avec Tôma.

— Pendant l'éruption de 1986, quand l'ordre a été donné d'évacuer l'île, la saumure pour le *kusaya* a failli être détruite. Ce liquide est vivant, il se corrompt si on ne le mélange pas tous les jours. Le *kusaya* est un mets d'une sensibilité délicate. Son humeur se gâte facilement s'il est traité avec rudesse, a dit Tôma en débarrassant les petits bols. Une goutte de saumure de *kusaya* est si précieuse qu'on la compare à une goutte de sang, alors c'est bien malheureux, ce qui est arrivé. Il aurait mieux valu qu'il n'y ait pas d'éruption.

— Comment fait-on du *kusaya* ? ai-je demandé.

Autre question stupide, mais comme Tôma semblait versé sur le sujet...

— Dans le passé, l'eau et le sel avaient énormément de valeur sur cette île. C'est pour ça que la saumure utilisée pour préparer le poisson séché n'était pas jetée mais utilisée encore et encore, en y rajoutant du sel. Il faut beaucoup de temps pour que le liquide fermente et devienne de la saumure de *kusaya.*

Cette saumure n'est pas fabriquée à partir d'entrailles de poisson fermentées, mais seulement à partir d'eau, de sel et du poisson qui vient l'imprégner lors du saumurage.

A une époque où les soins médicaux n'étaient pas encore développés sur l'île, les gens buvaient de la saumure de *kusaya* pour se soigner ou l'appliquaient sur les plaies. Quand je me blessais, je me souviens que mon oncle badigeonnait mes écorchures avec une mixture. Ça devait être de la saumure de *kusaya.* Il paraît qu'elle contient des antibiotiques naturels.

Assise en tailleur sur le coussin de sol, je me sentais complètement détendue.

Avoir partagé avec eux le même *kusaya* avait éveillé en moi une confiance inébranlable envers Tom et Tôma. Nul doute que mes vêtements et mes cheveux étaient imprégnés de l'odeur du poisson fermenté. Mais comme nous en avions mangé tous les trois, inutile de s'inquiéter de la puanteur.

Tout à coup, j'ai pensé à ma famille à Kamakura. Que faisaient donc les miens en ce moment ?

A la réflexion, cela faisait longtemps que je ne m'étais pas sentie autant moi-même.

Quand j'étais à Kamakura, inconsciemment, je jouais le rôle qui m'avait été attribué pour chaque situation, j'étais la femme de Mitsurô, la mère de mes enfants, la propriétaire de la papeterie Tsubaki. Mais assise ici, les jambes croisées, à boire du *shôchû on the rocks*, je n'appartenais à aucune de ces catégories, j'étais juste Amemiya Hatoko.

— Désolé de vous avoir fait attendre !

Arrivant au petit trot de la cuisine, Tom a posé un bol d'*ochazuke* au *kusaya* devant moi.

— Je n'ai mis qu'une petite quantité de riz, alors si vous en voulez plus, n'hésitez pas à réclamer une autre portion.

— Et vous deux, vous n'en mangez pas ? ai-je demandé.

— Tôma ne consomme pas de glucides le soir, mais moi, je vais me mitonner un *tamago kake gohan.* Les œufs des poules Soie de l'île sont fabuleux ! a répondu Tom gaiement.

J'ai plongé la cuillère chinoise dans la soupe de riz au *kusaya* bien chaud.

D'abord, j'ai pris une gorgée de bouillon. Combiné à la saveur suave du poisson fermenté, son goût était exquis.

En silence, je me suis immergée dans la dégustation de l'*ochazuke.* La quantité était parfaite et je l'ai terminé en un rien de temps. C'était vraiment un régal.

— Est-ce que par hasard ce ne serait pas vous qui avez fait les beignets que nous avons mangés sur la plage de Sanohama ? ai-je demandé à Tom.

Soudain le souvenir m'en était revenu alors que je sirotais un thé d'angélique Ashitaba après le dîner.

— Mais oui ! C'est moi ! Ce sont des beignets portugais appelés *sonhos.*

— *Sonhos* ?

— Oui. Au Portugal, on les mange à Noël, mais

comme Tôma en raffole, j'en prépare tous les jours.

— C'est pas vrai, pas tous les jours ! s'est insurgé Tôma aussitôt.

— Bon, d'accord, j'exagère, a concédé Tom. Mais j'en fais au moins une fois par semaine.

A ce train-là, je sentais que j'allais bientôt atteindre les derniers niveaux de la relaxation. J'avais envie de m'allonger par terre de tout mon long. Seulement, je ne m'étais pas encore enregistrée à l'hôtel.

— Il est temps que vous partiez ? m'a demandé Tôma en me voyant consulter ma montre, un peu inquiète.

— Je vais laver la vaisselle. Tom, emmène Hatoko à l'hôtel, a-t-il ajouté à l'adresse de son compagnon en se levant du canapé.

Après m'être préparée en hâte, j'ai quitté la maison du couple.

J'ai repris place sur le siège passager de la camionnette.

— Alors, à demain. Je viendrai vous chercher à l'hôtel vers midi, a déclaré Tôma alors que j'ouvrais la vitre de mon côté. Attendez-moi dans le hall.

Agitant la main, j'ai pris congé du jeune homme et des camélias. Fendant l'obscurité, la camionnette s'est dirigée droit vers la mer.

Tout en conduisant, Tom ne cessait de fredonner une chanson. J'entendais le refrain pour la énième fois quand une certaine scène m'est brusquement revenue à l'esprit.

— Cette chanson, il me semble que je la connais.

Ce que je revoyais, c'était le dos de l'Aînée. Quand elle était de bonne humeur, elle fredonnait souvent cette chanson en étendant ou en pliant le linge. C'était cette image qui venait de remonter à ma mémoire.

— Elle me rappelle de bons souvenirs... ai-je ajouté.

— C'est une chanson de Miyako Harumi. *L'anko camélia est la fleur de l'amour.*

— L'*anko* ? ai-je demandé, songeant que ce mot ne faisait sûrement pas référence à la pâte de haricots sucrée servie avec la gelée aux fruits *anmitsu.*

— Sur l'île, c'est ainsi qu'on appelait une sœur aînée autrefois. Vous, Hatoko, on vous aurait appelé O Hato *anko*, et moi...

— O Tom *anko* ? ai-je proposé. Comment appeler le frère aîné ?

— Mmm...

A ma question, Tom s'est plongé un moment dans ses pensées.

— Pourquoi pas « café » ? a-t-il dit en plaisantant. Le café et la pâte de haricots sucrée vont très bien ensemble.

— Dans ce cas, Tôma et vous formez un couple parfait, comme l'*anko* et le café, ai-je lancé pour le taquiner.

Durant mes années d'errance à l'étranger, j'avais eu plusieurs amis homosexuels, mais Tôma était le premier Japonais gay que je rencontrais. Une atmosphère tellement attachante enveloppait le couple qu'il formait avec Tom que j'avais l'impression que même les fibres de mon cœur se détendaient.

— Vous vous êtes habitué à la vie sur l'île ? ai-je demandé.

— Oui, elle est agréable. Mais rude aussi. Je crois que je suis heureux ici parce qu'il y a Tôma, a-t-il ajouté immédiatement avec fierté et tendresse.

L'Aînée m'avait fait un merveilleux cadeau en me permettant de me lier d'amitié, d'abord avec Tôma, puis avec Tom.

— Bonne nuit !

Tom s'est arrêté devant l'hôtel et nous nous sommes dit au revoir en nous embrassant dans la camionnette.

Une fois enregistrée à la réception, à l'instant où je suis entrée dans la chambre, la vision des deux lits alignés m'a rappelé que j'avais l'intention de venir ici avec QP.

Comme j'avais oublié de changer ma réservation d'une chambre double en simple, la pièce m'apparaissait désespérément vide. Pendant un temps, j'avais oublié que j'avais des enfants.

Aaah...

J'ignorais ce que signifiait ce « Aaah ». J'avais juste eu envie de l'exprimer à voix haute.

J'étais imprégnée de l'odeur piquante du *kusaya*, j'aurais bien voulu me laver, mais je n'avais pas la force de me traîner jusqu'à la salle de bains.

Etais-je ivre ? J'ai fermé les yeux, m'abandonnant à une torpeur douillette.

Quelle partie de l'univers avaient atteinte les esprits des mots de l'Aînée et de Monsieur Mimura, à présent ?

Le lendemain matin, je me suis plongée dans l'eau chaude du bain en plein air de l'hôtel, tout en admirant la vue majestueuse du mont Mihara. Comme j'avais encore le ventre plein, j'ai sauté le petit-déjeuner et, glissant dans ma poche les mini-pigeons que j'avais apportés, je suis partie escalader le volcan.

La mer d'arbres dont Tôma m'avait parlé la veille se trouvait sur le chemin menant au sommet du mont Mihara. Et elle était bien digne de son nom.

Lors de l'éruption de 1777, à l'époque Edo, les coulées de lave avaient atteint le pied de la montagne, calcinant toute la zone. Il avait fallu plus de deux cents ans pour que la forêt se régénère.

Les racines des plantes couraient sur la lave au lieu de s'enfoncer dans la terre, celles des arbres s'entortillaient comme les tentacules d'une pieuvre.

La végétation essayait de toutes ses forces de survivre en se cramponnant au sol. La forêt débordait de vitalité, il y soufflait une brise rafraîchissante.

Quand j'ai émergé de la mer d'arbres pour déboucher sur un sentier de montagne, le paysage a complètement changé. Ce monde, avec ses étendues désolées couvertes de roches magmatiques, ne semblait pas du tout appartenir à notre planète.

Je comprenais maintenant ce que Tôma voulait dire la veille par « faire table rase du passé ». Toute la vie végétale avait été anéantie par l'éruption du volcan. Mais peu importait le nombre de fois où les arbres et les plantes étaient détruits par la lave, ils repoussaient et tentaient désespérément de vivre. J'ai réalisé pleinement la dureté de la vie.

Sous l'effet conjugué du vent violent et du froid, ma conscience s'estompait. Sur ce mont Mihara qui ne faisait pas plus de sept cent cinquante-huit mètres de haut, j'avais beau marcher et marcher, le paysage restait le même. Le sol constitué de graviers semblables à de la pierre ponce rendait ma progression difficile et menaçait de me faire tomber à chaque pas. Pour ne rien arranger, le vent me cinglait impitoyablement. A chaque rafale, j'avais l'impression que j'allais être emportée tout entière.

Renonçant à suivre le parcours appelé *Ohachi-meguri* qui fait le tour du sommet en longeant le bord du cratère, j'ai regardé le nombril du mont Mihara depuis la plate-forme surplombant la caldeira.

Si je ne m'étais pas agrippée à la balustrade, la peur m'aurait saisie. Le calme régnait à l'intérieur du cratère, mais rien que de l'imaginer crachant d'énormes rochers et des flots de lave, je sentais mes jambes se dérober sous moi. La planète est vivante, au sens propre du terme.

Lors de l'éruption survenue à la fin de l'ère Shôwa, en 1986, il paraît que les flammes étaient visibles depuis les hauteurs de la préfecture de Kanagawa, c'est dire avec quelle violence la colonne de feu devait jaillir. Malgré cela, les habitants de l'île continuaient de vaquer tranquillement, modestement, à leurs occupations quotidiennes, au pied de ce volcan toujours en activité.

Sur le chemin du retour, je pouvais voir le mont Fuji juste devant moi. Par rapport à celui que l'on apercevait parfois depuis Kamakura, il était d'une autre stature, subjuguait la vue.

Instinctivement, j'ai joint mes mains devant ma poitrine et prié. En me disant que j'aimerais montrer à QP cette vision majestueuse, imposante, du mont Fuji.

J'ai redescendu la montagne en endurant à nouveau le froid et les vents violents et je suis rentrée à l'hôtel.

Tout en buvant dans ma chambre du thé d'angélique

Ashitaba que j'avais acheté dans une échoppe, j'ai écrit une lettre à Shizuko qui vit en Italie. Je désirais dire à quelqu'un que je me trouvais en ce moment à Izu-Oshima. J'ai collé sur l'enveloppe les timbres pour un envoi par avion et demandé à l'employée à la réception de la poster.

A midi passé, Tôma est venu me chercher à l'hôtel dans sa camionnette. Comme il restait plus de deux heures avant le départ du bateau, il m'a emmenée voir le camélia Senjû vieux de trois cents ans dont il m'avait parlé la veille. Nous avons ensuite déjeuné dans un restaurant du port de Motomachi, avant de nous diriger vers le sanctuaire Hajikama, qui était, paraît-il, le sanctuaire préféré de Monsieur Mimura.

— Ah, c'est donc là que se trouve le fameux sanctuaire Hajikama, ai-je dit devant l'allée en pente douce qui y montait.

Le long du chemin qui s'enfonçait au plus profond de la forêt, les cèdres du Japon s'alignaient en rangs parfaits, bien droits, comme s'ils se tenaient au garde-à-vous. La lumière pénétrait entre les cimes des arbres, éclairant la mousse qui tapissait le sol comme un réseau de projecteurs.

J'ai marché lentement jusqu'au sanctuaire qui se dressait tout au bout. Je sentais la chaleur et la douceur du sol sous mes pieds.

Les cèdres ressemblaient à des cordes de piano reliées au ciel. L'idée m'est venue que si je touchais leurs cimes, chaque arbre produirait peut-être un son différent.

Tandis que j'avançais, j'ai eu la vague sensation qu'ils étaient là.

Même si je ne pouvais ni les voir, ni les entendre, je sentais que les âmes de l'Aînée et de Monsieur Mimura se trouvaient quelque part dans la forêt dense et verdoyante de ce sanctuaire.

C'était un sentiment qui me réchauffait le cœur, rien d'effrayant ou de lugubre, une impression très pure et d'un grand réconfort.

Comme si je m'étais assoupie, la tête posée sur les genoux de l'Aînée, et qu'en me réveillant en sursaut, j'errais encore dans l'univers des songes ; comme si je contemplais le monde depuis les limbes, dans un état intermédiaire et flou ; comme si mon corps était doucement enveloppé dans un vêtement de plumes aux couleurs de l'arc-en-ciel.

Je désirais garder cette sensation le plus longtemps possible. Je marchais, l'esprit vide, les yeux levés vers le ciel. Sentant jusqu'aux tréfonds de mon être que l'Aînée et Monsieur Mimura étaient toujours amoureux l'un de l'autre.

C'est un muntjac qui a brisé le silence. L'un de ces petits cerfs aboyeurs est soudain apparu devant moi, avant de s'enfuir avec grâce dans les profondeurs de la forêt.

Sur Izu-Oshima, des muntjacs échappés du zoo ont proliféré et de nombreux rapports font état des dégâts importants qu'ils causent, notamment sur les terres agricoles. Ce ravissant cervidé est devenu une nuisance pour les habitants de l'île.

Priant aux côtés de Tôma, j'ai raconté aux dieux que nous avions accompli avec succès la cérémonie d'adieu aux lettres de l'Aînée et Monsieur Mimura.

Le sanctuaire Hajikama est un endroit vraiment

agréable. Derrière le bâtiment s'étendait une forêt aux allures de jungle.

— Il règne ici une atmosphère mystérieuse, ai-je soufflé.

A chaque respiration, il me semblait que mon esprit devenait limpide, se purifiait. Au plus profond de mon cœur, je sentais pleinement que l'Aînée était venue en ce lieu, dans un passé lointain.

— Hatoko, est-ce que par hasard... vous avez ressenti quelque chose, tout à l'heure ? m'a demandé prudemment Tôma, alors que je prenais une profonde inspiration.

— Comment, vous aussi ?

J'ai sondé les prunelles de mon compagnon, cherchant à découvrir le sens caché dans ses mots.

— Oui, j'ai toujours été plus réceptif que la plupart des gens. Les humains pensent qu'ils voient tout ce qu'il y a à voir, mais d'après ce que j'ai appris, l'œil humain perçoit moins de un pour cent du spectre électromagnétique. Et il en va de même des capacités auditives, l'oreille humaine capte moins de un pour cent des fréquences. Le monde regorge de bien plus de couleurs et de sons que ne le soupçonnent les humains.

Est-ce pour cela que l'Aînée et Monsieur Mimura n'étaient pas visibles à mes yeux ?

Le fait de ne pas les voir témoignait de mes limites et ne prouvait nullement qu'ils n'étaient pas là.

Tôma avait traduit clairement en mots ce que je percevais de manière confuse. Je me suis sentie apaisée.

— C'est vrai. Tout à l'heure, j'ai bel et bien senti la présence de votre oncle et de ma grand-mère.

Tôma a acquiescé de la tête, un doux sourire aux lèvres.

Retournant à la camionnette, nous avons pris la direction du port. Il restait encore un peu de temps avant le départ du jet boat, mais Tôma avait sûrement du travail qui l'attendait. Je pouvais faire les boutiques de souvenirs ou entrer quelque part prendre un café.

Tandis que je réfléchissais aux options qui s'offraient à moi, Tôma m'a soudain posé une question.

— Pourrais-je moi aussi vous confier un travail ? a-t-il commencé d'une voix hésitante, avant d'enchaîner aussitôt : Hatoko, savez-vous ce qu'est un parent toxique ?

Sans mot dire, j'ai hoché légèrement la tête.

— Mes parents sont exactement comme ça.

— Les deux ? me suis-je hâtée de demander, ne sachant que répondre à cet aveu.

Ma mère, Lady Baba, entrait probablement dans la catégorie des parents toxiques. Contre toute attente, le monde est rempli de pères et de mères dont l'existence est un poison nocif pour leurs enfants, et qui n'en sont tout simplement pas conscients.

— J'en ai ras-le-bol. Je veux qu'ils arrêtent de nier implicitement ma façon de vivre en me répétant sans cesse qu'il est temps que je me marie ou qu'ils veulent voir le visage de leurs petits-enfants. Alors que je leur ai déjà dit que je n'étais pas là pour faire leur bonheur ! a craché Tôma avec mépris.

— Ils sont au courant, pour Tom ? ai-je demandé, juste pour être sûre.

— Ils se doutent du genre de personne que je suis, de mes penchants. Mais moi, j'en ai plus qu'assez de me faire insulter, d'être cause de déception ou de crises de larmes, alors je n'ai pas fait explicitement de coming out. Je voudrais vous demander de le leur annoncer. Au point où nous en sommes, même si cela signifie couper définitivement les ponts avec mes parents, tant pis.

— Dites-m'en un peu plus sur vous.

En fonction de ce que j'allais apprendre, je serais peut-être en mesure d'aider Tôma.

Il m'a raconté à quel point ses parents s'étaient abusivement immiscés dans sa vie, combien il en souffrait depuis son enfance. Durant le délicat passage de l'adolescence à l'âge adulte, son seul répit était ces moments qu'il goûtait chaque été à Izu-Oshima.

Il avait puisé dans toutes ses ressources pour répondre aux attentes excessives de ses parents. Jusqu'ici, il avait fait de son mieux pour jouer le rôle du fils idéal qu'ils désiraient en ignorant, voire en tuant, ses véritables sentiments.

Mais il était à bout. La voix de Tôma que j'entendais en cet instant était le cri de son âme, clamant qu'il ne pouvait plus être à la hauteur de leurs espérances.

— C'est entendu.

Il souhaitait que j'écrive une lettre pour faire savoir à ses parents qu'il était gay. Même s'il allait de soi que ce ne serait pas facile, j'ai décidé d'accepter.

— Ma mère aussi est du genre problématique, ai-je avoué. Je ne sais pas si elle est toxique. Mais comme elle m'a abandonnée, j'ai pu grandir sans subir son influence. C'est ma grand-mère qui m'a élevée.

— Madame Kashiko était donc votre mère nourricière.

— Oui, je ne pourrai jamais assez remercier ma grand-mère. Pourtant, je lui ai dit un tas de choses horribles quand elle était encore en vie.

A ce souvenir, je sentais les larmes me monter aux yeux.

— Je suis sûr qu'ils sont heureux. Votre grand-mère et mon oncle...

Le profil de Tôma, qui tenait le volant, brillait sous les rayons du soleil.

— Oui, c'est ce que je veux croire, ai-je répondu.

Nous avons gardé le silence pendant quelque temps. La camionnette a traversé un tunnel de camélias.

Comme je m'en étais aperçue à mon arrivée, on trouvait de ces tunnels partout sur Izu-Oshima.

Je m'étais figuré que le « tunnel de camélias » mentionné dans la lettre de l'Aînée était un endroit spécial, absolument unique sur l'île. Or, si toutes les maisons des deux côtés d'une route étroite plantent des camélias en guise de haie, lorsque ceux-ci ont grandi, une voûte se forme naturellement. Les tunnels de camélias sont un spectacle courant à Izu-Oshima.

Tandis que j'y réfléchissais distraitement, un cri m'a échappé malgré moi :

— Arrêtez-vous !

L'adolescente marchant sur le trottoir que je venais d'apercevoir du coin de l'œil ressemblait comme deux gouttes d'eau à QP.

Surpris, Tôma a écrasé brusquement la pédale de frein. Par chance il n'y avait pas de voiture derrière nous.

— Excusez-moi, je viens de voir quelqu'un qui ressemble à ma fille, ai-je expliqué. Pourriez-vous m'attendre un instant, s'il vous plaît ? Je vais vérifier tout de suite.

Descendant de la camionnette, j'ai couru jusqu'à l'endroit que nous venions de dépasser. C'était bien QP qui se trouvait là.

— QP ! ai-je crié.

— Maman ?

QP m'a regardée d'un air étonné. Elle ne semblait pas du tout saisir que c'était moi qui avais toutes les raisons d'être déconcertée.

— Que fais-tu ici ? lui ai-je demandé depuis mon côté de la route.

— Hier, j'ai raté le bateau, alors j'ai pris le ferry du soir pour te rejoindre sur l'île, a déclaré QP comme si c'était la chose la plus naturelle du monde.

— Pourquoi ne m'as-tu pas contactée ? ai-je protesté, retenant de justesse la colère que je sentais monter en moi.

— Eh bien, parce que je voulais te faire une surprise. Mais j'ai prévenu papa, et il m'a donné son accord.

C'était donc ça ! Quand j'avais appelé Mitsurô, il n'avait cessé de me répéter que tout allait bien et qu'il n'y avait pas de raison de s'inquiéter.

Si d'un côté j'avais la sensation de m'être fait rouler en beauté, de l'autre, je me sentais plutôt heureuse du tendre mensonge de Mitsurô et de la surprise de QP.

Et quel plaisir de la voir sans l'agressivité qu'elle montrait dernièrement !

— Mais alors, tu as passé la nuit sur le ferry ? Si tu es arrivée tôt ce matin, où étais-tu et qu'as-tu fait jusqu'à maintenant ? l'ai-je questionnée d'une voix forte à travers la route.

Décidément, j'avais du mal à digérer la surprise. Je me demandais si, en tant que mère, je ne devrais pas prêter plus d'attention aux faits et gestes de ma fille.

Pendant ce temps, Tôma avait reculé sa camionnette jusqu'à se trouver à notre hauteur.

— Commençons par reprendre la route.

Apparemment, il avait compris qu'il s'agissait bien de ma fille. Il a mis de l'ordre dans les bagages sur la plate-forme pour lui faire de la place.

Comme je n'étais pas tranquille à l'idée que QP monte seule à l'arrière de la camionnette, j'y suis allée avec elle. Je ne savais pas ce qui s'était passé. Mais le fait qu'elle ait réussi à atteindre sans problème Izu-Oshima toute seule et à me retrouver me semblait un miracle.

La première chose à faire était de prévenir Mitsurô que nous nous étions retrouvées. Seulement, le véhicule tanguait tellement que j'avais du mal à taper le numéro sur mon smartphone. Peu de temps après, nous sommes arrivés au port d'Okata.

— Qu'allez-vous faire ? m'a demandé Tôma. Vous prenez le prochain bateau ?

Mais QP n'était arrivée à Izu-Oshima que ce matin. C'était vraiment dommage de repartir comme ça.

— Qu'est-ce qu'on fait ? lui ai-je demandé pour avoir son avis.

— Je veux rester encore un peu sur l'île, m'a-t-elle répondu comme si c'était une évidence.

Après tout, je n'avais aucune raison de me dépêcher de rentrer à Kamakura. Mitsurô pouvait s'occuper des enfants. Et la papeterie Tsubaki pouvait sans problème fermer un jour de plus.

Alors que je réfléchissais à la liste des choses que je devais faire, Tôma, qui avait écouté notre conversation, m'a proposé d'une voix hésitante :

— Si vous voulez, je peux demander à l'un de mes amis qui tient une auberge s'il a une chambre pour vous ?

— Oh oui, s'il vous plaît ! s'est exclamée QP avant que j'aie eu le temps d'ouvrir la bouche.

— Elle est située à Habu, l'ambiance est sympa et ce n'est pas cher.

Grâce à Tôma qui a immédiatement contacté le propriétaire, nous avons pu trouver un lit pour la nuit.

C'est ainsi que j'ai décidé de rester à Izu-Oshima un jour de plus, en compagnie de QP.

Habu est un petit village côtier au sud de l'île. Il s'est développé autour du port du même nom un havre naturel qui était à l'origine un lac volcanique. On raconte que de nombreux navires faisaient autrefois escale dans cette région, apportant avec eux une foule de richesses tant matérielles que culturelles.

Des auberges s'alignaient autour du port, où des banquets étaient donnés tous les soirs, si bien que le quartier était plein d'animation. Je n'en revenais pas d'apprendre qu'un si petit district était tellement fréquenté qu'il comptait même une salle de cinéma et un bowling.

Mais c'est désormais de l'histoire ancienne, et on ne trouve plus trace de ce qu'il y avait à l'époque. De plus en plus d'habitants quittent l'île et le nombre de maisons vides saute aux yeux. Les rues commerçantes autrefois bondées sont aujourd'hui désertes.

— J'ai l'impression d'être dans un décor de cinéma, a commenté QP en prenant des photos des alignements de maisons aux couleurs fanées.

Le ciel nuageux au-dessus de nos têtes ajoutait son petit effet à la mise en scène.

L'endroit était empreint de nostalgie et de romanesque, on aurait presque dit une ville fantôme. On n'arrivait pas à voir si les magasins étaient ouverts, les habitations occupées.

Quand nous avons finalement déniché un café, j'avais l'impression d'avoir découvert un trésor.

C'est QP qui l'a trouvé la première. Comme elle m'appelait avec de grands signes du bras, tel un poisson rejeté sur la plage qui agite violemment sa nageoire caudale, je suis allée la rejoindre, pour découvrir un très joli café à l'air avenant et qui, cerise sur le gâteau, paraissait ouvert. L'enseigne portait le nom *Hav Café* en petits caractères.

Il faisait bon à l'intérieur, grâce au poêle à mazout qui y était allumé. D'après le calendrier, cela faisait belle lurette que nous étions au printemps, mais le vent souffle si fort à Izu-Oshima que, si vous restez longtemps dehors, vous finissez gelé jusqu'à la moelle des os. En me retrouvant brusquement dans un endroit chaud, j'ai senti que tous les muscles de mon corps se détendaient.

M'asseyant avec QP au comptoir qui donnait sur la cuisine, j'ai consulté le menu. Le café était tenu par une femme qui avait l'air très ouverte de cœur et d'esprit. De la vaisselle ancienne et des pin's étaient exposés, un coin de mur était couvert de polaroids pris aux quatre coins du monde.

QP, qui avait faim, a commandé une pizza-toast avec du café au lait. Pour moi qui avais un petit creux, un chocolat chaud et un muffin. Le pain était, paraît-il, fabriqué dans l'atelier d'une institution sociale de l'île, et j'ai été également ravie d'apprendre que d'autres ingrédients produits localement, comme le beurre et le lait d'Oshima, étaient utilisés un peu partout.

A peine avais-je bu une gorgée de cacao sucré que la tension qui m'habitait s'est relâchée. Mes doigts étaient encore un peu froids mais la chaleur revenait dans tout mon corps.

Je ne sais pas si c'est parce que je me réchauffais ou à cause du soulagement d'avoir retrouvé QP sur Izu-Oshima, mais j'avais un peu sommeil. Tout en retenant désespérément mon envie de bâiller, j'ai regardé la ruelle par la fenêtre.

La lumière était si sereine, c'était comme contempler le monde au ralenti.

Au-dessus du poêle, la brume de chaleur ondulait comme une danseuse de hula. En me remémorant l'un après l'autre les événements de la veille, j'ai eu l'impression de marcher pieds nus dans un très, très long rêve. Un rêve qui se poursuivait maintenant encore.

— Maman ?

J'ai tressailli et me suis tournée. Etre appelée « maman » d'une voix aussi insouciante et joyeuse était un vrai bonheur. Pendant un instant, juste un instant, je me suis demandé si je n'étais pas en train de dormir et de rêver.

— Ma pizza-toast est délicieuse. Tu veux goûter ?

— Oui, merci, ai-je répondu, avec la sensation que c'était moi, l'enfant de QP.

Elle a approché la pizza-toast de mes lèvres tout en disant : « Aaah ! »

Comprenant son intention, j'ai ouvert grand la bouche et mordu dans le pain grillé. C'était un peu trop copieux pour pouvoir n'en faire qu'une bouchée. Alors que je mastiquais en prenant bien mon temps, QP a pris une belle photo de mon profil.

— On dirait un écureuil qui mange ! Je vais l'envoyer à papa.

Elle a regardé la photo de moi en train de mâcher et elle a ri en se remémorant la scène.

Moi, je regardais QP, les yeux baissés sur l'écran de son téléphone, et pour une raison mystérieuse, j'ai soudain senti une vague d'émotion me submerger.

Toutes les années écoulées depuis ma rencontre avec QP ont traversé mon esprit sous la forme d'un beau ruban de lumière, d'une pluie de météores.

Deux sentiments s'affrontaient en moi : l'envie de lui dire que c'était la deuxième fois qu'elle partageait sa nourriture avec moi de cette façon, mais aussi le désir de garder ce précieux secret pour moi seule.

Après avoir enfin avalé mon morceau de pizza-toast, j'ai bu l'autre moitié de mon chocolat chaud.

Doux et léger comme une brise printanière, le lait d'Oshima ne me pesait pas du tout sur l'estomac. D'ordinaire, dès que je bois beaucoup de lait, mon estomac se met à gargouiller, mais curieusement, ce n'était pas le cas avec le lait d'Oshima.

Quand je l'ai fait remarquer à la propriétaire du café, celle-ci m'a expliqué d'un air ravi :

— Moi aussi, il a fallu que j'arrive sur cette île et que je découvre le lait d'Oshima pour comprendre que le lait de vaches en bonne santé a ce goût-là. Autrefois, l'élevage laitier était très florissant à Izu-Oshima, au point que l'île était surnommée le Holstein d'Orient.

D'après la propriétaire, les vaches ont une température corporelle élevée et sont sensibles à la chaleur, il est très important qu'elles restent au frais. Izu-Oshima étant une île, une brise marine y souffle en permanence et la mer est facilement accessible depuis n'importe quel endroit. Son climat s'avère donc propice à l'élevage laitier.

— J'ai entendu dire qu'autrefois, chaque famille avait une vache, et les gens les emmenaient en promenade au bord de la mer. Là, elles trouvaient de l'herbe à brouter mais faisaient aussi le plein de sels minéraux. Tenez, voilà le lait dont je vous parle.

Elle m'a montré un carton de lait d'Oshima qu'elle avait sorti du réfrigérateur. Des camélias et le mont Mihara crachant un panache de fumée y étaient dessinés avec une mignonne touche rétro.

Tout à coup, j'ai ressenti de l'attachement pour le lait d'Oshima. Si j'avais constamment un carton de ce lait dans mon réfrigérateur, je me sentirais en paix chaque fois que je poserais les yeux sur lui.

— A un moment donné, la laiterie a rencontré des difficultés financières et l'existence du lait d'Oshima a été menacée, mais à ce que j'ai entendu dire, des bénévoles locaux se sont battus pour que la production continue. C'est pourquoi ce lait fait la fierté des habitants de l'île.

En bruit de fond, la porte vitrée du café ne cessait de claquer au vent. Exactement comme à la papeterie Tsubaki, me suis-je dit. Depuis tout à l'heure, QP compulsait avec ardeur les guides d'Izu-Oshima qui se trouvaient là.

Comme il commençait à y avoir beaucoup de monde, nous avons quitté le café assez tôt et nous nous sommes promenées au hasard dans le quartier.

QP, qui déambulait derrière moi en prenant des photos, m'a soudain interpellée.

— Dis, pour demain…

— Oui ? l'ai-je pressée de continuer en me retournant.

— Avant de rentrer, j'aimerais bien aller voir les chevaux. On peut ? a demandé QP en me regardant droit dans les yeux.

— Les chevaux ?

— Oui. Il y a un centre sur l'île qui pratique l'équithérapie et où l'on peut communiquer avec les chevaux. C'était dans le guide que je regardais tout à l'heure.

Cette requête était si inattendue qu'au début, je n'arrivais pas à faire le lien entre QP et les chevaux.

Mais le regard de QP était si limpide et beau, aussi clair que celui d'un cheval, que j'ai simplement répondu : « D'accord. »

Et nous avons repris notre petite balade dans les rues du quartier.

C'est la visite du manoir du patron des pêcheurs, construit pendant l'ère Meiji, qui m'a permis d'imaginer à quel point cette île avait jadis connu l'opulence.

Les remparts étaient en pierres d'Oya transportées par bateau depuis la préfecture de Tochigi ; les murs de la résidence à un étage étaient dans le style traditionnel *namako*, c'est-à-dire couverts de tuiles plates jointées de plâtre dessinant un motif de grillage blanc. Le portail était magnifique, le domaine vaste, il sautait aux yeux que cette demeure avait été construite avec tout le luxe imaginable.

Après avoir ôté mes chaussures, j'étais en train de visiter tranquillement le manoir, quand j'ai entendu la voix de QP m'appeler de je ne sais où.

— Maman, j'ai découvert un truc incroyable ! Viens voir un peu !

Elle avait l'air enthousiaste.

— Qu'est-ce qui se passe ?

Me guidant à sa voix, je suis arrivée là où elle était, et alors...

— Regarde ces toilettes ! Tu ne les trouves pas extra ? m'a-t-elle demandé en faisant les yeux ronds.

Sur toute la surface de la cuvette, de magnifiques motifs floraux d'un bleu indigo avaient été tracés au pinceau. Effectivement, je n'avais jamais vu de toilettes comme ça. On aurait carrément dit une œuvre d'art. Même l'urinoir des toilettes pour hommes était entièrement orné de fleurs.

QP et moi sommes restées à contempler ces cuvettes avec émerveillement. Quel charme elles avaient ! C'était un sacrilège de les utiliser. Personnellement, j'aurais peut-être renoncé, même pour une envie pressante.

Nul doute qu'autrefois, dans cette somptueuse résidence, des danseuses revêtues de splendides kimonos devaient se réunir tous les soirs, pour accueillir chaleureusement les marins quelque peu exaltés qui avaient enfin touché terre après avoir affronté l'océan déchaîné.

Tout à l'heure, j'avais lu sur un panneau d'information que pour *La Danseuse d'Izu*, Yasunari Kawabata avait pris pour modèle une véritable danseuse originaire de ce village de Habu. Qui sait, elle avait peut-être utilisé ces toilettes ? me suis-je demandé, laissant courir mon imagination.

Dans le jardin, les camélias *sasanqua* étaient en pleine floraison rose.

En sortant, je pouvais presque entendre l'effervescence des jours anciens, portée par la brise marine.

Odorikozaka, qui compte environ deux cent quarante marches, est un escalier d'une beauté vraiment pittoresque. C'est une pente raide qui relie le port de Habu et le village situé sur la colline, encadrée de maisons aux toits bleus abritées par des pins et d'autres arbres. La vue sur le port et ses bateaux en contrebas est spectaculaire.

Peu importe le nombre de fois que vous contemplez ce paysage, sa vision provoque toujours un coup au cœur. Rien que de m'y promener me donnait envie de fredonner une chanson.

Le port de Habu semblait avoir été visité par de nombreux écrivains et artistes, car des monuments gravés de poèmes étaient érigés tout le long de la pente.

Retournant à l'auberge, nous nous y sommes enregistrées.

On nous avait réservé la dernière chambre qui restait, et c'était une chambre avec un lit double. Ouille ! ai-je pensé durant quelques secondes, mais QP a accepté sans regimber.

Fallait-il voir là un geste prévenant de la part des dieux et de l'Aînée ?

Car, après tout, dormir côte à côte dans un lit double avec ma fille bientôt lycéenne n'aurait jamais été possible sans un tel imprévu.

Après avoir passé la nuit sur le ferry, QP devait être très fatiguée. Sitôt l'employée de l'auberge partie, elle s'est allongée les bras en croix au milieu du lit.

Debout à côté d'elle, j'ai rangé nos bagages.

Comme j'étais venue sur l'île avec l'intention de n'y dormir qu'une nuit, je n'avais plus de vêtements de rechange, mais vu que ceux que j'avais sur moi n'étaient pas particulièrement sales, je pouvais me permettre de ne laver que des sous-vêtements ce soir et de les laisser sécher jusqu'au matin.

QP fermait les yeux avec une telle expression de bien-être que moi aussi, l'envie m'a prise de m'étendre de tout mon long.

Passant de l'autre côté du lit double, je me suis glissée à côté d'elle. Elle a changé légèrement de position pour me faire de la place.

J'avais l'impression que nous étions toutes deux couchées sur un radeau poussé par le vent. Le plafond était constellé d'une myriade de gouttes de lumière.

Seulement, j'avais beau fermer les yeux, le sommeil ne venait pas. Ces derniers temps, je n'avais jamais le loisir de faire une sieste et mon cerveau refusait obstinément de s'assoupir. Comme je m'ennuyais beaucoup, j'ai proposé à QP, sur un coup de tête :

— Je vais te faire un massage.

Marmonnant quelque chose, elle s'est retournée pour se mettre à plat ventre.

Me redressant, je me suis mise à califourchon au-dessus d'elle et j'ai posé mes paumes sur son dos.

J'ai commencé par fermer les yeux, écoutant attentivement la voix du corps de QP.

J'imitais le chiropracteur de mon quartier, chez qui je me précipite de temps en temps, lorsque la raideur dans mes épaules devient insupportable. Ensuite, j'ai écarté les paumes et frotté doucement le dos de QP, avec de lents mouvements circulaires.

S'imaginer que parce qu'on est jeune, on n'est pas concerné par les contractures, est une grossière erreur. J'ai été surprise de constater que tout le corps de QP était raide. On aurait dit le corps d'une vieille femme.

— Mademoiselle est bien tendue... Seriez-vous débordée de travail ? C'est peut-être dû à une fatigue oculaire, ai-je dit tout en pressant la raideur dure comme une pierre qu'elle avait à la nuque, jouant les masseuses professionnelles.

— C'est la préparation aux examens, a répondu QP dans un murmure.

La zone autour de sa taille était particulièrement froide.

— Ce n'est pas bon de laisser son corps se refroidir, il faudrait porter un bandeau ventral dès le plus jeune âge, ai-je lancé en massant soigneusement le bas de son dos.

Jusqu'à l'école primaire, QP était aussi fine qu'une allumette, mais dernièrement, elle a pris juste ce qu'il faut de poids, ses formes sont plus arrondies et féminines.

— Est-ce que ça va avec vos règles ? ai-je demandé en

utilisant mon coude pour délasser l'arrière de ses fesses.

QP avait eu ses premières règles au début de l'été de sa première année de collège.

— Qu'en est-il de vos crampes menstruelles ?

— C'est très douloureux, parfois, mais elles se sont calmées.

Ce n'est qu'à des moments comme celui-ci que je pouvais parler tranquillement avec QP de problèmes gynécologiques.

— N'en faites pas trop, Mademoiselle. Si vous souffrez, parlez-en à votre médecin et prenez du repos. Il n'y a aucune raison d'avoir honte de ses règles, ai-je déclaré, tout en me disant que c'étaient bien là des paroles de mère.

J'adorais ces instants passés à jouer avec QP, comme une maman et un bébé animaux. Rien que pour ça, cela valait la peine d'être restée une nuit de plus à Izu-Oshima.

J'achevais cette séance de massage par la plante des pieds, quand QP a poussé un cri.

— Aïaaaïaaaïe !!! Vas-y plus doucement ! s'est-elle exclamée d'une voix furieuse.

— Si ça fait mal, c'est la preuve que quelque chose ne va pas. Résiste un peu. Tu te sentiras mieux après.

Et j'ai à nouveau appuyé fortement sur le point de pression situé sur le bord du gros orteil gauche de QP.

Cette fois, elle a laissé échapper un gémissement. J'ai vu que des larmes lui coulaient des yeux.

— Ça fait si mal que ça ? ai-je demandé sur un ton faussement innocent.

— Sérieux, tu vas me faire mourir ! Ça suffit. Maintenant, à ton tour !

Se redressant, QP s'est déplacée à quatre pattes jusqu'à mes pieds.

— Allez-y en douceur, s'il vous plaît, Mademoiselle.

Peine perdue. Le massage à la mode de QP n'avait rien à voir avec la réflexologie, c'était de la torture pure et simple. J'avais tellement mal que mon dos était trempé de sueur. J'ai capitulé promptement, mettant fin à cette séance improvisée.

Après avoir autant transpiré, j'aurais bien voulu changer de vêtements, mais je n'avais plus rien à me mettre. J'ai donc enfilé un vieux tee-shirt rose à manches longues que QP avait apporté en guise de pyjama. Je trouvais qu'il ne m'allait pas du tout, mais c'était quand même mieux que de porter des vêtements poisseux de sueur ; alors, passant un cardigan par-dessus, je me suis apprêtée à sortir.

Pendant que QP et moi jouions aux masseuses sur le lit double, le soleil s'était couché. Nous nous sommes habillées le plus chaudement possible avant de quitter l'auberge.

— Alors, où allons-nous ? ai-je demandé alors que nous avancions dans la rue noire. Nous avons le choix entre deux restaurants.

Le voile de la nuit venait à peine de tomber, mais des étoiles commençaient déjà à apparaître au firmament. Il n'y a qu'à Izu-Oshima que leur éclat semble receler une telle force de volonté.

— Toi, Maman, où veux-tu aller ?

— Mmm... Au restaurant de nouilles, ai-je répondu après réflexion en contemplant le ciel nocturne.

La propriétaire du café où nous étions allées dans la

journée m'avait appris qu'il n'y avait que deux restaurants dans ce quartier où l'on pouvait manger le soir : un de nouilles et un de sushis.

— Et toi, mon gars, ce s'ra quoi ? ai-je demandé à QP en plaisantant.

— Moi, j'préfère les sushis. J'goûterais bien à c'truc, les *bekkô sushi*, m'a répondu QP sur le même registre de vieux briscard.

— Huum, v'là qu'est problématique. Si on jouait ça à pierre-papier-ciseaux ? ai-je proposé après avoir réfléchi quelques secondes.

En réalité, les sushis me convenaient aussi, mais pour en manger, il nous faudrait redescendre l'escalier Odorikozaka jusqu'au port.

Pour la descente, ça irait, mais la remontée s'annonçait ardue. En plus, je mourais d'envie d'avaler une soupe chaude. Dans ma tête, l'appel des ramen ne cessait de retentir depuis tout à l'heure.

— Combien d' manches ? a demandé QP.

— Trois tours, t'en dis quoi ? ai-je répondu.

— Nan, en un seul coup !

— OK, ça me va.

C'est ainsi que pour décider du menu du soir, nous avons joué à pierre-papier-ciseaux.

— Pierre !

— Papier !

— Ciseaux !

La nuit, dans une rue déserte, une mère et sa fille se livraient un combat à outrance.

Match nul ! Nous n'arrêtions pas de choisir la même chose, mais la partie s'est finalement achevée à la quatrième manche. J'avais joué « pierre » et QP « ciseaux ».

— Hourra ! Ce soir, ça sera nouilles !

De manière très puérile, j'ai pris une pose victorieuse dans le noir. Puis, profitant de la confusion du moment, j'ai attrapé le bras de QP, et c'est bras dessus bras dessous que nous avons parcouru le court trajet jusqu'au restaurant de ramen. C'était une nuit pleine d'affection, où tout me paraissait adorable.

Le restaurant de ramen était comme ceux qu'on trouve un peu partout. Mais leurs recettes étaient succulentes, si bien que QP et moi avons aspiré nos nouilles avec extase.

— C'était fabuleux ! s'est exclamée QP au moment où nous passions sous le rideau rouge du restaurant pour sortir.

Même les gens à l'intérieur avaient dû entendre sa voix.

— Oui, je n'en reviens pas.

Une saveur exquise imprégnait mon corps comme du duvet.

Que ce soient les ramen aux algues salées de l'île que QP avait commandées, mes bonnes vieilles nouilles chinoises au bouillon de palourdes, les gyôzas ou le petit bol de riz au porc, tous possédaient un goût si réconfortant que nos estomacs en dansaient encore de joie.

— Tu voulais manger des sushis, mais les ramen étaient le bon choix ce soir, n'est-ce pas ? ai-je dit en jetant un coup d'œil au profil satisfait de QP.

Mais elle a fait la moue.

— Je pense quand même que la plupart des mères

auraient fait passer le désir de leur fille avant le leur et perdu le match volontairement.

— Avec Koume ou Rentarô, j'aurais peut-être agi comme ça. Mais toi, tu es une adulte maintenant, ai-je rétorqué comme si de rien n'était.

Aujourd'hui, en passant du temps avec elle, j'avais senti très clairement que QP n'était plus une enfant. Je voulais également lui faire comprendre qu'il ne sert à rien de relever un défi si on ne le prend pas au sérieux.

Je ne sais pas pourquoi, j'avais l'impression que ce serait dommage que la soirée se termine ainsi. Alors, sur le chemin du retour, nous nous sommes arrêtées à un magasin qui m'avait tapé dans l'œil, où nous avons cherché de quoi grignoter. Pendant que QP regardait attentivement les confiseries, j'ai glissé une bouteille de cidre dans le panier.

Une fois que QP serait plongée dans le sommeil, ce ne serait pas une mauvaise idée de siroter un peu de cidre avec son visage endormi pour accompagnement. Comme nous n'avions rien pour le dessert, j'ai aussi pris un sachet de patates douces séchées.

Des feuilles fraîches d'angéliques Ashitaba étaient posées à côté de la caisse enregistreuse. J'avais envie d'en rapporter à la maison pour les faire goûter à Mitsurô, Rentarô et Koume, mais comme j'ignorais si elles conserveraient leur fraîcheur toute la journée du lendemain, j'y ai renoncé, la mort dans l'âme.

Curieusement, il me semblait que cela faisait déjà une semaine que je séjournais sur cette île. Après avoir payé nos emplettes, nous sommes rentrées à l'auberge en faisant un petit détour. A Izu-Oshima, les heures s'écoulent dans la plénitude, étonnamment paisibles.

La salle de bains et les toilettes étant communes, QP a quitté la chambre la première pour aller prendre une douche. Ce matin, après l'arrivée du ferry, elle s'était baignée tout son soûl aux sources chaudes naturelles près du port, elle n'avait donc besoin que d'une douche rapide.

Pendant son absence, j'ai débouché la bouteille de cidre que je venais d'acheter. J'en ai versé dans un verre qui se trouvait dans la chambre et j'ai trinqué seule.

Tandis que je buvais, j'ai senti l'ivresse s'emparer peu à peu de mon corps. Au bout d'un moment, j'ai ouvert le sachet de patates douces séchées et j'ai bu mon cidre en les grignotant. Je me demandais ce que Tôma et Tom, ce couple heureux qui m'avait invitée à dîner hier soir, étaient en train de manger, en cet instant.

Avant de m'en apercevoir, je m'étais déplacée vers le lit et glissée sous la couette. Peut-être avais-je bu trop de cidre, et à un rythme trop rapide. J'avais beau scander comme une incantation : « Tu ne peux pas dormir comme ça, tu dois te brosser les dents et te laver le visage », mon corps sombrait de plus en plus profondément dans le sommeil. Je n'étais plus en mesure de me relever.

Un peu plus tard, je me suis réveillée au bruit qu'a fait QP en revenant. Mais bien que consciente, je n'arrivais toujours pas à bouger.

— Maman ? Tu dors déjà ?

Incapable de répondre, je suis restée silencieuse pendant quelques secondes. Alors...

— Merci d'être devenue ma maman, a prononcé QP dans un murmure.

Peut-être pensait-elle que je dormais et que je ne pouvais pas l'entendre, ce qui lui avait permis de parler librement.

Les paupières fermement serrées, je me suis efforcée de retenir mes larmes. J'avais la sensation que si je disais quelque chose, là, maintenant, je ternirais la gentillesse de QP. Je n'étais pas encore une mère suffisamment accomplie pour trouver les mots justes.

C'est vrai que je suis née la première et que j'assume le rôle de mère, mais cela ne veut pas dire que je suis la meilleure à tous les points de vue.

QP me surpasse dans bien des domaines, parfois elle est même mon professeur.

J'ai donc gardé le silence. Entre mes paupières, les larmes se sont mises à couler lentement.

A l'aube, j'ai fait un rêve très agréable.

L'Aînée, QP et moi prenions toutes les trois un bain.

Des fleurs de camélia de différentes couleurs flottaient à la surface de l'eau chaude. Comme la baignoire était petite, les trois femmes nues étaient assises sur trois niveaux, en se tenant dans les bras les unes des autres : l'Aînée au fond, moi sur ses genoux, et QP sur les miens.

C'était un rêve merveilleux, et aussi vraiment étrange, car au cours de la baignade, l'Aînée s'est mise à interpréter du *rakugo*. Jambes écartées, QP et moi riions aux éclats, tandis que l'Aînée contait avec sérieux son histoire comique.

Quand j'ai ouvert les yeux, je me suis sentie perdue en découvrant le visage de QP.

L'espace d'un instant, je n'ai plus su où j'étais.

Il était impossible que je dorme dans le même lit que

QP. J'avais l'impression que la baignade à trois de tout à l'heure recelait davantage de réalité.

Cependant, la mémoire m'est revenue peu à peu. Tous les événements de la veille, après que j'étais tombée par hasard sur QP et que Tôma nous avait fait monter sur le plateau de sa camionnette, ont défilé dans mon esprit comme si je tournais les pages d'un flipbook.

Je me suis rappelé aussi qu'avant cela, sur la plage de Sanohama, Tôma et moi avions organisé une cérémonie d'adieu pour les lettres d'amour de l'Aînée et de Monsieur Mimura.

Sur cette île, je vivais des moments très riches.

QP dormait comme une bienheureuse. Comme elle était tournée vers moi, je distinguais le duvet sur son visage.

Si ça se trouve, dans ses rêves, elle aussi prenait un bain parsemé de fleurs de camélia, tout en écoutant l'histoire drôle de l'Aînée.

Son visage endormi était adorable et paraissait sourire.

Les fins cheveux de sa nuque scintillaient au soleil du matin.

Souhaitant goûter à nouveau la chaleur de l'Aînée et de QP, j'ai refermé les yeux.

Dans la soirée du même jour, nous étions de retour à la gare de Kamakura. Grâce à la rapidité de réaction de Mitsurô, QP et moi avions pu profiter pleinement d'Izu-Oshima et rentrer tranquillement à la maison, sans que cela pose de problème particulier.

Pour moi, ces trois jours et ces deux nuits avaient été bien remplis, comme si je revenais d'un voyage autour du monde.

Plus important que tout, sur l'île j'avais compris que QP était devenue adulte.

QP, elle aussi, avait peut-être poussé toute seule sur la lave, étendu ses racines et régénéré sa forêt à elle, comme l'avait fait la mer d'arbres du mont Mihara.

Quelques jours plus tard, nous avons reçu la nouvelle qu'elle avait réussi son examen d'entrée au lycée.

LOTUS

Avril est arrivé.

QP avait commencé à aller au lycée dans un uniforme flambant neuf un peu plus grand, les cadets étaient passés tous deux en seconde année d'école primaire.

L'eau devait être encore froide mais Mitsurô se rendait fréquemment à la plage, en quête de bonnes vagues.

J'avais l'impression d'être la seule à demeurer au même endroit, à faire du surplace. N'était-ce qu'une impression?

Alors que le printemps battait son plein et mettait le monde entier en liesse, je continuais d'avoir le blues.

C'est au moment où les cerisiers ont perdu toutes leurs fleurs et commencé à faire des feuilles que j'ai réalisé que je faisais peut-être ce qu'on appelle communément un burn-out.

La cérémonie pour les lettres d'amour de l'Aînée, l'admission de QP au lycée, je m'étais acquittée de toutes mes missions et je me sentais vide.

Quand on ne comprend plus la raison de son existence, si on n'y prend pas garde, on finit par se retrouver enlisée jusqu'au cou dans un vaste bourbier sans fond, à se demander pourquoi on vit.

Si j'avais pu me consacrer à mon travail, cela m'aurait distraite de ce vague à l'âme, mais à cause de mes défaillances, en tant qu'écrivain public je me retrouvais au point mort.

J'avais constamment la tête lourde, je n'avais envie de rien. Commencer quelque chose d'un peu nouveau se transformait en corvée dès que je songeais à passer à l'acte.

En fait, je n'arrivais pas à écrire la lettre que Tôma m'avait demandée. Quand j'avais accepté, je pensais sérieusement que je pourrais l'aider, mais ce n'était à l'évidence que pure vanité de ma part. Je pouvais désormais affirmer que je surestimais mes capacités. A présent, j'avais terriblement honte d'avoir accepté cette commande à la légère.

A moins que je ne grandisse moi-même, il m'était impossible de traduire en mots la solitude, les conflits, la colère, et aussi l'espoir qui habitaient Tôma. Je lui ai donc envoyé un message lui demandant de m'accorder un peu plus de temps. A ce stade, j'étais assez désespérée, pour envisager de m'en remettre aux dieux et de me rendre au sanctuaire shintô de Kamakura, juste à côté de chez moi, pour lancer des petites coupes sur les pierres sacrées qui conjurent la malchance lorsqu'elles s'y brisent.

Alors que je traversais ce printemps si maussade, un grand jeune homme a fait son apparition à la papeterie Tsubaki. Les coudes appuyés sur le bureau de la boutique et le menton sur une main, je regardais distraitement le camélia.

Comme on pouvait s'y attendre, il n'avait presque plus de fleurs. Leurs dépouilles, tombées de bonne grâce en conservant leur beauté, étaient éparpillées sur le sol tels des caractères de braille.

C'était un jeune homme de belle stature qui faisait facilement un mètre quatre-vingts. Ses membres étaient longs, et peut-être faisait-il du sport, car il avait un corps bien musclé.

— Ça fait longtemps, a-t-il murmuré avec une profonde émotion en ôtant sa casquette de base-ball.

Ce jeune homme m'était inconnu. Je n'ai pas compris ce qu'il voulait dire.

— Je suis Suzuki Takahiko, s'est-il présenté, d'une voix sonore et pleine de vie.

— Quoi ?

Stupéfaite, je l'ai dévisagé. Maintenant qu'il le disait, les courbes douces de ses yeux clos me rappelaient les yeux de Takahiko lorsqu'il était enfant.

— Comme tu as grandi ! ai-je soufflé, émue du fond du cœur.

La mélancolie qui m'étreignait s'est envolée, comme emportée par un coup de vent.

— On me dit ça tout le temps. Même ma mère n'en revient pas que je sois devenu aussi grand.

Il y a bien longtemps, Takahiko, qui est presque aveugle, était venu me voir car il désirait écrire à sa mère pour la remercier. Il avait finalement calligraphié la lettre lui-même. J'ai senti comme une boule dans ma gorge en me remémorant son contenu.

— Assieds-toi, je t'en prie.

J'ai avancé un tabouret à Takahiko. Quand je discutais avec lui, j'oubliais presque qu'il était malvoyant.

— Merci.

Takahiko construisait son monde avec des sons et des odeurs. Il s'est assis fermement sur le tabouret, le visage tourné vers moi.

— Je vais te préparer une boisson, alors patiente un petit peu. Tu préfères quelque chose de froid ou de chaud ? ai-je demandé.

— Eh bien, quelque chose de froid, s'il vous plaît, a-t-il répondu avec le sourire.

J'avais vraiment l'impression de rêver. Je n'aurais jamais pensé le revoir sous les traits d'un si grand et beau jeune homme.

J'ai servi à Takahiko du jus de pomme fraîchement sorti du réfrigérateur, avant d'en réchauffer rapidement pour moi et de le verser dans un gobelet.

— Takahiko, quel âge ça te fait, maintenant ? ai-je demandé en apportant les deux gobelets sur un plateau.

— Vingt et un ans, a-t-il répondu fièrement.

— Ah oui ? Dans ce cas, tu étais encore à l'école primaire quand tu es venu me voir, ai-je conclu en me souvenant du petit Takahiko.

Malgré son jeune âge, c'était déjà un gentleman à l'époque.

— Oui, j'étais en sixième année.

— Ta maman a arrêté de te faire des bisous, depuis ta lettre ?

— Oui, grâce à vous.

Takahiko a souri d'un air gêné. Il avait gardé le même

sourire que lorsqu'il était enfant.

— C'est très bien, ai-je dit, insufflant plusieurs sens à mes paroles.

Le corps tout entier de Takahiko proclamait d'une manière prodigieuse combien sa vie était épanouie.

— Après avoir obtenu mon diplôme d'études secondaires, j'ai étudié à l'étranger pendant environ trois ans.

— C'est super ! Où es-tu allé ?

— J'ai passé les deux premières années au Canada, puis j'ai vécu un an en Australie.

— Qu'est-ce que tu étudiais ?

— Les sports pour handicapés. Après lui avoir donné ma lettre, j'ai commencé à grimper avec ma mère, qui avait arrêté pour s'occuper de moi.

Nous avons commencé par des collines basses, sur des sentiers de randonnée, mais peu à peu, je suis devenu capable de m'attaquer à des montagnes plus hautes.

Le jour de mon seizième anniversaire, j'ai escaladé le mont Fuji. C'est comme ça que j'ai découvert les joies de l'activité physique.

Actuellement, mon objectif est de participer aux épreuves de triathlon des Jeux paralympiques. Ce printemps, j'ai trouvé un emploi dans une entreprise japonaise et je poursuis ma carrière sportive tout en travaillant.

— Formidable...

Le Takahiko que j'avais devant moi était en train de se frayer tout seul un chemin dans la vie. Je respectais sincèrement les gens comme lui.

— L'autre jour, j'ai touché mon premier salaire, alors je voulais vous donner ça.

Tirant une petite boîte du sac à dos qu'il portait, il l'a posée devant moi.

— C'est pour moi ?

— Oui, j'avais décidé depuis longtemps que je ferais quelque chose pour vous remercier, une fois que je serais capable de gagner ma vie. Parce qu'à l'époque, je n'avais payé que cinquante yens. Cela m'a toujours préoccupé, a déclaré Takahiko.

Mais ce n'était vraiment la peine qu'il s'en fasse pour cela... Au contraire, la pièce de cinquante yens qu'il m'avait donnée alors avait été pour moi le plus grand des honneurs, au point que j'avais eu envie d'en faire une médaille et de la montrer fièrement à tout le monde.

— Merci beaucoup, ai-je dit, le cœur gonflé d'émotion.

— Ouvrez-le, si vous le souhaitez.

Encouragée par les paroles de Takahiko, j'ai défait lentement le papier cadeau du paquet joliment emballé. A l'intérieur, j'ai découvert une petite bouteille d'encre.

— Oh, quelle jolie couleur !

L'étiquette indiquait : *Mer de Pleine Lune.*

— Je suis content qu'elle vous plaise. J'ai demandé à ma copine de m'accompagner et de me nommer les couleurs une par une pour que je puisse faire mon choix. Les encres ont toutes des noms originaux et intéressants, n'est-ce pas ?

Pour être honnête, je ne sais pas vraiment de quelle couleur est la mer sous la pleine lune, mais je suis sûr que ce doit être magnifique.

Quand j'ai entendu son nom, j'ai eu l'impression de voir cette couleur, même si cela n'a duré qu'un instant.

Puis je me suis dit que la bouteille aussi était sympa avec ses formes arrondies.

Alors, si elle vous plaît, j'aimerais que vous l'utilisiez.

J'ai pris délicatement dans mes mains la bouteille d'encre que Takahiko avait choisie pour moi.

— Ainsi donc, tu as une petite amie, ai-je remarqué, songeant qu'il n'y avait aucun risque que la gent féminine laisse tranquille un si charmant jeune homme.

— Oui, même si ce n'est pas trop tôt ! a-t-il répondu d'un ton enjoué.

— Et ta maman, elle va bien ?

— Oui, par la suite elle a divorcé d'avec mon père et elle vit seule à présent. Parfois, nous sortons manger tous les trois, ma mère, ma copine et moi. Comme elles ont toutes les deux un sacré caractère, elles se disputent souvent.

— Pauvre Takahiko, ça doit être difficile d'être coincé entre le marteau et l'enclume ! ai-je rétorqué en riant.

— Pour ça oui ! Avant même mon mariage, j'ai peur qu'une guerre belle-mère/belle-fille finisse par éclater ! a-t-il répondu d'une voix où ne perçait pas autant de contrariété qu'il voulait le faire croire.

D'après tout ce qu'il venait de me dire, Takahiko devait mener une existence aussi heureuse que riche en expériences.

En tout cas, quelle surprise ! Il avait manifestement su mettre en valeur son véritable potentiel. C'était de plus en plus un gentleman.

— Reviens me voir quand tu veux. Et la prochaine fois, amène ta petite amie ! ai-je dit à Takahiko alors qu'il était sur le point de partir.

— Merci ! a-t-il lancé d'une voix puissante et pleine d'entrain, comme un junior de club d'athlétisme aurait répondu à un senior. J'ai toujours adoré l'odeur de cet endroit, a-t-il ajouté en reniflant comme un chien.

— Ça sent tant que ça, ici ?

— Oui. Je suppose que les articles de papeterie ont ce genre d'odeur, mais comment dire, il flotte ici comme un parfum doux, au toucher velouté.

Dès qu'on entre dans la boutique, on se sent détendu.

Il m'est arrivé de penser que c'était mon imagination, mais aujourd'hui, j'ai été soulagé en découvrant que l'odeur était exactement la même qu'autrefois, a conclu Takahiko avec un air plein de conviction.

Si lui le disait, ce devait être la vérité. J'en ai éprouvé de la joie, comme s'il m'avait fait un compliment.

— Fais attention en rentrant.

Je l'ai raccompagné jusqu'à la porte coulissante de la papeterie Tsubaki et je l'ai regardé s'en aller en évitant avec brio les pétales rouges de camélia éparpillés sur le sol.

En fin de compte, Takahiko voyait. Il pouvait tout voir, tout percevoir avec les yeux du cœur.

Avec un peu d'avance, il venait de m'apporter la lumière revigorante du mois de mai.

Environ quinze jours plus tard, j'ai trouvé un courrier qui m'était adressé dans la boîte aux lettres. L'écriture m'était familière, et en même temps pas. Quand j'ai retourné la lettre, me demandant de qui il s'agissait, j'ai découvert que l'expéditrice n'était autre que QP. Depuis qu'elle était entrée au lycée, son écriture gagnait de plus en plus en élégance et en maturité.

Rentrant aussitôt à l'intérieur de la maison, j'ai ouvert l'enveloppe. Depuis quand n'avais-je pas reçu de lettre de QP ? Sans prendre la peine de m'asseoir, j'ai entamé sa lecture.

Chère Maman,

D'habitude, je n'écris pas de lettres, alors je suis un peu nerveuse. Aujourd'hui, c'est la fête des mères. Je voudrais donc t'écrire une lettre, mais que mettre dedans ? Je n'en ai aucune idée. Pardon de n'être pas capable de rédiger correctement.

Maman, merci beaucoup de m'avoir invitée à Izu-Oshima.

Le voyage sur l'île a été super amusant. Quand j'y repense, même si je suis allée plusieurs fois à Enoshima, c'était peut-être la première fois que j'allais sur une vraie île en bateau. Je suis tombée complètement amoureuse d'Izu-Oshima.

Les chevaux étaient adorables.

Pourquoi leurs yeux sont-ils aussi doux ? Je les ai caressés et ils m'ont réconfortée. Mes idées noires se sont envolées d'un coup et mon cœur s'est apaisé.

Maman, tu te souviens ?

Il y a un peu plus d'un an, quand Rentarô et Koume sont entrés à l'école primaire, nous sommes allés tous les quatre à Dankazura un soir pour voir les cerisiers en fleurs. A ce moment-là, tu m'as dit :

« Tu es devenue une vraie beauté. Je suis heureuse que tu ressembles à Miyuki. »

C'étaient juste des paroles en l'air, mais moi, j'en ai été bouleversée.

Parce que ma maman, c'est toi. Je suis ton enfant. Pourtant, tu étais heureuse que je ne te ressemble pas. C'était trop cruel de dire une chose pareille.

Tu marchais main dans la main avec Ren et Kou, moi, je suivais derrière et mes larmes n'arrêtaient pas de couler. J'avais l'impression d'être abandonnée et ça me rendait tellement triste que je me sentais désespérée.

Car je pense que moi aussi, je te ressemble, d'ailleurs les gens qui nous entourent le disent.

Bien sûr, je sais que tu n'es pas ma mère biologique. Oui, je connais la vérité.

Mais moi, j'aimerais que ce soit toi qui m'aies donné la vie. J'envie tellement Ren et Kou d'être liés à toi par le sang.

Alors, j'ai fini par te dire des choses blessantes.

J'en suis vraiment désolée. S'il te plaît, pardonne-moi.

Mais tu sais, quand j'ai caressé les chevaux à Izu-Oshima, ils m'ont appris que ce n'était pas grave, que tout ça n'était que des broutilles. J'avais l'impression qu'ils me disaient que tout allait bien.

Je les en remercie.

Donc, maman, tout va bien pour moi à présent.

J'ai terminé ma crise d'adolescence.

J'ai compris aussi que se rebeller est vraiment épuisant.

Puisque j'ai réussi à entrer au lycée, plutôt que de gaspiller mon énergie, j'ai l'intention de bien profiter de ma vie de lycéenne à partir de maintenant.

Alors, s'il te plaît, je voudrais que tout redevienne comme avant. Je t'en prie.

Maman, merci beaucoup pour tout ce que tu fais pour moi.

Finalement, je t'adore.

Je n'ai pas réussi à te détester.

お母さんへ

普段、手紙なんて書かないので、なんだかすごく緊張してます。今日は、母の日です。だから、お母さんに手紙を書こうと思うんだけど、何を書いたらいいのかな？ さっぱりわかりません。うまく書けなくて、ごめんなさい。

お母さん、伊豆大島に誘ってくれて、どうもありがとう。

島旅、最高に楽しかったですね。よく考えたら、江ノ島には何度か行ったことがあるけど、ちゃんとした島に船で渡ったのは、初めてかも。私、すっかり島が好きになっちゃった。

馬、かわいかったなあ。

馬の目って、なんであんなに優しいのかな？ 馬の体を手でなでさせてもらっていたら、なんだか馬が私のことをなぐさめてくれているような気持ちになりました。そしたら、ずっと落ち込んでいた気持ちがふわって消えて、心が柔らかくなりました。

お母さん、覚えてますか？

一年ちょっと前、蓮太朗と小梅が小学校に入学

Vis très longtemps, je t'en prie, et reste à mes côtés pour toujours.

QP

PS

J'aimerais bien revenir avec toi à Izu-Oshima. La prochaine fois, nous prendrons notre petit-déjeuner plus tranquillement au Hav Café et nous mangerons des croquettes de chez Ukai Shôten, d'accord ? Et cette fois, je veux goûter à la spécialité d'Oshima, les bekkô sushi ! Mais j'aimerais bien retourner aussi dans ce restaurant de ramen.

J'ai relu les mêmes passages encore et encore.

Tous ces moments que j'avais passés avec QP à Izu-Oshima ont repris vie sous la forme d'une magnifique lumière. A la place de QP, c'est sa lettre que j'ai serrée contre mon cœur.

Celle qui devait s'excuser, c'était moi. Mes paroles et mes actes irréfléchis avaient fait souffrir QP. En tant que mère, je me sentais lamentable. Un frisson m'a couru le long de l'échine quand l'idée m'a traversée que moi aussi, je pouvais être un parent toxique sans le savoir.

Au lieu de critiquer les autres, j'aurais mieux fait de réfléchir sur moi-même devant un miroir. J'avais douté de l'amour de QP.

Pourquoi avais-je dit une chose aussi stupide ? En plus, si QP ne me l'avait pas révélée, je n'aurais jamais su quelle bourde j'avais faite.

J'avais envie de crier « Espèce d'idiote ! » et de me frapper pour de bon.

して、夕方、お花見しようって段葛に四人で行ったでしょ。
あの時、お母さんが私に言ったこと。
　ＱＰちゃんは美人さんになったねえ。美雪さんに似てよかったね、って。
お母さんは、なんでもないようにサラッと言ったけどさ、私、ものすごくショックでした。
　だって、私のお母さんは、お母さんなんだよ。私、お母さんの子だよ。それなのに、お母さんに似なくてよかっただなんて、ひどすぎるよ。
　お母さん、レンとコウと手をつないで歩いてたけど、私はその後ろをついて歩きながら、涙が出て止まらなかったの。自分だけ仲間はずれにされたみたいで、悲しくて悲しくて、絶望的な気持ちになったの。
　だって、私だってお母さんに似てるって思ってるし周りもそう言ってくれる。
　もちろん、わかってる。わかってるよ。ちゃんと、事実は知ってるよ。
　でも、私だってさ、お母さんのおなかから生まれたかったなって、思っちゃうんだもん。レンとコウはお母さんと血がつながってていいなあってうらやましくなっちゃうんだもん。
それで私、お母さんを傷つけるような言葉を言ってしまったの。
本当にごめんなさい。許してください。
でもね、伊豆大島で馬をなでてたら、そんなことは大したことじゃないんだ、ちっぽけなことなんだよ、ってね、お馬さんが、教えてくれたんだ。大丈夫、って私に言ってくれてるような気がしたの。
馬に感謝です。
だから、お母さん、私はもう大丈夫だよ。
反抗期は卒業しました。
反抗するのは反抗するので、すごく疲れるってこともよくわかったし。
ムダにエネルギーを浪費するより、せっかく高校生になったんだから、これからは高校生活をエンジョイしたいと思っています。
だからまた、前みたいに私と仲良くしてください。

どうか、よろしくお願いします。
　お母さん、いつも本当にどうもありがとう。
　お母さんのこと、やっぱり大好き。
　嫌いになんかなれませんでした。
　どうか、長生きして、いつまでもそばにいてください。

QPより

PS
　お母さんとふたりで、また伊豆大島に行きたいなー。今度はもっとゆっくりハブカフェで朝ごはん食べて、鵜飼商店のコロッケも食べようね。今度こそ、大島名物のべっこう寿司も食べたい！　でも、またあのラーメン屋さんも行きたいな。

M'excuser maintenant n'allait pas guérir le cœur meurtri de QP, mais je voulais quand même lui demander convenablement pardon.

Il y avait un très joli timbre de 94 yens sur l'enveloppe.

Ces pétales blancs, roses et cramoisis appartenaient-ils à des roses ou à des pivoines ? Peut-être s'agissait-il de pétales de camélias.

Profondément touchée par la gentillesse de QP, qui avait choisi un aussi beau timbre spécialement pour moi, je me sentais complètement désemparée.

Celle qui voulait que tout redevienne comme avant, c'était moi.

Les enfants grandissent comme bon leur semble à l'insu de leurs parents, deviennent indépendants et quittent le nid.

C'était le cas de QP, ce serait celui de Koume et de Rentarô. A peine avons-nous la tête tournée qu'ils nous faussent compagnie.

Le temps dont nous disposons pour câliner et serrer notre enfant dans nos bras comme il nous plaît est bien plus court que nous ne le pensons. Nul doute que QP devait être en train de battre des ailes de toutes ses forces pour essayer de prendre son envol.

La prochaine fois que je pourrai marcher main dans la main avec elle, ce sera peut-être quand je serai devenue très âgée et que j'aurai du mal à mettre un pied devant l'autre, et si ça se trouve, je ne saurai même plus qui elle est.

Rien que d'y penser, la tristesse m'a brusquement envahie.

En un claquement de doigts, la vie est finie.

J'ai attendu la venue du week-end, et le dimanche soir, j'ai proposé à QP de sortir avec moi. J'avais expliqué la situation à Misurô, qui s'était engagé à s'occuper des petits.

Quand j'ai annoncé à QP que, ce soir, nous mangerions ce qu'elle voulait, cuisine italienne, japonaise, française, grillades ou anguille, elle a répondu « du curry » sans hésitation. Un goût prononcé pour le curry qu'elle a peut-être hérité de son père.

Nous avons donc marché le long de la rue Komachi, direction le restaurant Oxymoron. Etait-ce à cause de l'arrivée du printemps ? Les touristes, peu nombreux depuis un moment, commençaient à revenir à Kamakura.

Mais chez Oxymoron, l'heure des dernières commandes était déjà passée. C'était frustrant de penser que si nous avions quitté la maison cinq minutes plus tôt, nous serions arrivées à temps, mais nous n'y pouvions rien. Tout en descendant les escaliers, je me demandais s'il y avait un autre endroit où l'on servait du curry, quand QP a suggéré que nous allions à ce café situé près du passage à niveau.

— Celui qui est tenu par deux hommes ?

— Oui, je me disais que j'aimerais bien y aller une fois, pour voir.

— C'est quoi son nom, déjà ? J'ai beau habiter à Kamakura depuis longtemps, je n'y suis encore jamais allée. Pourtant, je crois bien qu'il existe depuis un moment.

— Tu sais, un camarade plus âgé m'a dit que leur

omelette au riz est délicieuse. En plus, il paraît qu'ils ont tout un assortiment de desserts. Je veux goûter leur parfait à la crème renversée ! a lancé QP d'une voix pleine d'entrain.

— Oui, quel plaisir d'essayer sur un coup de tête un resto où on n'a jamais mis les pieds !

En y réfléchissant bien, c'était la première fois que QP et moi flânions ainsi dans les rues de Kamakura, rien que toutes les deux, comme deux amies. Un signe que QP était devenue adulte.

Hélas, au café du passage à niveau aussi, c'était l'heure de la fermeture. Pour être plus précise, son nom était « Café Vivement Dimanche ».

— Quel dommage ! a dit QP en toisant la pancarte *Fermé* d'un œil plein de rancune.

Deux rebuffades d'affilée !

— A Kamakura, beaucoup d'endroits sont fermés le mardi et le mercredi, mais il y en a aussi pas mal qui ne sont ouverts que jusqu'au coucher du soleil.

Quand j'étais célibataire, je connaissais sur le bout des doigts les horaires et les jours de fermeture des restaurants de Kamakura, mais maintenant, j'étais complètement dépassée.

— Bon, qu'est-ce qu'on fait ? ai-je demandé à QP.

Nos silhouettes se reflétaient dans la vitrine du café. J'étais encore un petit peu plus grande qu'elle, mais ce n'était qu'une question de temps avant qu'elle me dépasse.

— Pour l'instant, traversons le passage à niveau, a déclaré QP.

Nous sommes donc passées de l'autre côté de la voie

ferrée, puis QP s'est arrêtée net.

— Tiens ? Un resto dans un endroit pareil ?

— Tu as raison ! Moi non plus, je ne le connais pas !

En contrebas s'ouvrait un petit restaurant.

— Je me demande quel genre de cuisine ils servent...

— Occidentale, on dirait.

— Si on demandait à voir le menu ?

— D'accord.

J'ai descendu les escaliers avec QP et demandé à un serveur de nous montrer le menu, écrit sur un tableau noir à l'intérieur.

Apparemment, c'était un bistro qui servait de la cuisine française. La carte proposait des plats alléchants, cuisinés à base de légumes cultivés localement et de poissons du port de pêche voisin.

— Puisque nous sommes là, pourquoi ne pas l'essayer ?

Les yeux brillants, QP a aussitôt accepté ma proposition.

Comme il y avait des places libres au comptoir, nous nous sommes assises côte à côte près de l'entrée. A la table derrière nous, un gentleman de Kamakura, sexy et élégant comme un dandy, dégustait seul son repas en buvant du mousseux. Une brise agréable se coulait par la porte laissée ouverte.

Malheureusement, il n'y avait pas de curry au menu, mais puisque QP montrait une attirance particulière pour la bouillabaisse, nous avons pris deux portions de cette spécialité marseillaise en entrée.

Pour le plat principal, nous avons commandé chacune ce qui nous faisait le plus envie.

QP a opté sans hésitation pour un steak dans la bavette, mais moi, j'avais bien du mal à me décider. Finalement, j'ai choisi des cuisses de canard confites, tout en me disant que la pintade aurait peut-être été meilleure et que le poisson blanc poêlé avait l'air délicieux, lui aussi. QP était devenue une adulte beaucoup plus résolue que moi !

— Encore une fois, félicitations pour ton entrée au lycée !

Nous avons trinqué, QP avec de l'eau gazeuse, moi avec de la bière artisanale.

Le mois dernier, nous étions allés tous ensemble chez Tsuruya célébrer sa réussite aux examens en mangeant de l'anguille, mais comme le restaurant était bondé et que Rentarô s'était mis à avoir mal au ventre au cours du repas, l'atmosphère n'était guère à la fête et à la détente.

C'est alors que brusquement QP a demandé :

— Maman, tu ne m'appelais pas Haru, à un moment donné ?

Pendant un instant, j'ai bien cru que j'allais m'étouffer avec ma bière.

— En effet, ai-je répondu. Parce que Miyuki t'appelait comme ça. Je voulais devenir ta vraie mère, mais d'un autre côté j'avais l'impression de mal agir vis-à-vis de Miyuki en te donnant le même diminutif qu'elle, alors j'hésitais à t'appeler Haru. Mais en fin de compte, j'en avais vraiment envie, alors j'ai essayé.

Avec sincérité, j'ai fait part à QP des sentiments complexes qui m'habitaient à ce moment-là. Elle était maintenant capable de les encaisser.

— Mais... ?

— Comment dire, ça ne me convenait tout simplement pas. Parce que dans mon esprit, tu étais toujours QP.

— Qu'est-ce que c'est que cette histoire ? a-t-elle dit en riant.

— Alors, dis-moi, comment aimerais-tu que je t'appelle ? Tu préférerais Haru ?

J'avais posé ma question sérieusement, c'était pour moi un sujet important, mais elle a déclaré en riant :

— C'est tout pareil !

— Tout pareil ?

— Bien sûr ! Que tu m'appelles Haru ou QP, c'est toujours moi !

J'étais complètement désorientée, comme si j'avais été ensorcelée par un renard. En fait, secrètement, je me tourmentais en me demandant si je pouvais continuer à l'appeler QP.

— Je vois... ai-je soufflé.

La solution du problème était beaucoup plus simple que je ne le pensais. Je me suis sentie délivrée. Nous avons commencé à manger notre bouillabaisse.

Après le plat principal, nous avons pris chacune un dessert. Nous avons tout dévoré sans en laisser une miette et nous avons quitté le restaurant le ventre plein.

Le voile de la nuit était descendu sur la ville. Même le quai de la gare était désert.

— Tu veux bien qu'on fasse un petit détour ? ai-je demandé après avoir attendu le bon moment.

— D'accord, mais pour aller où ?

— Au temple Jufuku-ji. QP, nous y sommes déjà allées, tu te rappelles ?

Tout en disant cela, je songeais qu'elle ne conservait

sûrement aucun souvenir de mon premier rendez-vous avec son père, elle n'avait que cinq ans.

— C'est de quel côté ?

— Sur le chemin de Kita-Kamakura, mais pas besoin d'aller jusqu'à Kiridôshi. C'est tout près.

Pendant que nous discutions, nous nous dirigions déjà vers le temple Jufuku-ji.

— Je me suis régalée !

— Retournons-y en cachette de papa, ai-je proposé pour rire.

— Ah oui, si papa découvre l'existence de ce resto, il pourrait devenir jaloux ! Même les serveurs ont de la classe !

Une passante âgée qui promenait un gros chien noir écoutait notre conversation en souriant.

Cela faisait très longtemps que je n'étais pas allée au temple Jufuku-ji.

— J'ai appris que grand-mère avait un amoureux, ai-je murmuré à QP qui marchait à côté de moi, prenant garde à ne pas troubler le silence de la nuit. Il vivait à Izu-Oshima.

— Grand-mère ? a répété QP d'un air perplexe.

— Ma grand-mère, donc ton arrière-grand-mère.

— Ah, tu veux parler de l'Aînée ?

— Oui, c'est ça.

— J'aurais compris si tu l'avais dit dès le début.

QP faisait légèrement la moue.

— Ici, c'était l'endroit préféré de l'Aînée à Kamakura.

Nous nous tenions au bas des escaliers menant à la porte principale du temple Jufuku-ji.

— C'est beau, n'est-ce pas ? Moi aussi, j'adore cet endroit, alors je voulais te le faire connaître.

Marche après marche, nous avons lentement gravi les escaliers.

Une myriade de pousses d'un vert tendre bourgeonnaient au bout des branches des arbres. Dans l'obscurité, elles semblaient briller comme des bougies allumées.

Oui, c'était vraiment un lieu attrayant. On y retrouvait quelque chose de l'atmosphère qui régnait au sanctuaire Hajikama, où Tôma m'avait emmenée à Izu-Oshima.

D'ailleurs, peut-être était-ce pour cette raison que l'Aînée l'aimait tant.

Arrivée devant le portail intérieur, je me suis accroupie sur le sol.

— QP, laisse-moi te porter sur mon dos.

— Impossible ! s'est-elle exclamée d'une voix stupéfaite. Je viens de faire un repas copieux et je pèse plus lourd que quand j'étais petite !

— T'en fais pas pour ça. Allez, grimpe sur mon dos, ai-je insisté.

— Papa aussi t'a portée sur son dos, juste là où nous nous trouvons.

Quelques secondes plus tard, j'ai enfin senti une douce chaleur contre moi. De tout mon dos, j'ai accueilli le poids et la chaleur de QP.

Oh hisse ! Rassemblant mes forces, je me suis relevée.

Comme il s'avérait effectivement difficile de me mettre debout, j'ai déplié lentement une jambe à la fois, en prenant mon temps pour maintenir mon équilibre, telle une haltérophile.

— QP, je te demande pardon, ai-je dit, une fois complètement redressée. Je suis vraiment désolée de t'avoir blessée.

Enfin, j'avais pu transmettre à ma fille les mots qui me pesaient sur le cœur depuis si longtemps.

En guise de réponse, QP a enroulé ses bras autour de moi et m'a serrée très fort.

Ce paysage contemplé depuis un dos était un trésor que j'avais reçu de l'Aînée. Ce qu'elle avait fait pour moi, je voulais à mon tour le faire pour QP.

Après l'avoir reposée à terre, j'ai repris la parole :

— Vois-tu, il y a je ne sais plus combien d'années, quand ton père, toi et moi sommes sortis ensemble pour la première fois, Mitsurô m'a dit ceci pendant qu'il me portait : « Plutôt que de rechercher ce qu'on a perdu, mieux vaut prendre soin de ce qui nous reste. »

Ces mots m'ont véritablement sauvée.

Et il m'a aussi appris que si quelqu'un nous a porté sur son dos, la prochaine fois, c'est à nous de le faire pour quelqu'un d'autre.

Ce sont ces paroles qui m'ont fait devenir amoureuse de lui. C'est pourquoi cet endroit est pour moi rempli de bons souvenirs.

— Merci, a dit QP d'une voix émue. Je ne voulais pas spécialement que tu t'excuses, mais je suis contente que tout à l'heure, tu m'aies portée sur ton dos. Car tu ne l'avais jamais fait avant, n'est-ce pas ?

Maintenant qu'elle le disait, en effet, c'était peut-être le cas.

Quand j'ai rencontré QP, elle avait déjà cinq ans et n'était plus en âge d'être portée. Même plus tard, quand elle s'endormait subitement, c'était toujours Mitsurô qui la prenait sur son dos ou dans ses bras.

Au fil des années, QP avait dû accepter, digérer et

assimiler progressivement le fait qu'elle n'était pas ma fille biologique. Ses paroles me le faisaient intensément ressentir.

Marche après marche, nous avons lentement descendu les escaliers, côte à côte.

Désormais, une nouvelle ère avec QP allait commencer.

Pour une raison mystérieuse, les événements de cette nuit particulièrement belle à Kamakura m'en donnaient le diffus pressentiment.

Seulement, la vie n'est pas toute rose. S'il y a du bon, il y a aussi – toujours – du mauvais. Je suppose que c'est ainsi que l'équilibre se maintient, tout comme nous avons un pied droit et un pied gauche, mais quand même...

Juste au moment où le problème de la crise d'adolescence de QP semblait enfin résolu, celui de l'allergie au bruit de notre voisine a pris le relais. C'était tomber de Charybde en Scylla.

Alors que le printemps battait son plein, était-ce vraiment une mauvaise idée de donner une grande fête à la maison pour l'anniversaire de Koume ? Quelques jours plus tard, nous avons trouvé une réclamation dans notre boîte aux lettres. Elle provenait de cette voisine grincheuse qui vivait entourée de chats.

De l'enveloppe marron ordinaire, dépourvue de timbre, j'ai sorti une feuille de papier pour photocopieuse au format A4. Le texte avait été tiré à l'imprimante. Avant même de le lire, mon moral est tombé dans mes chaussettes : j'avais un mauvais pressentiment. Comme je ne pouvais cependant pas l'ignorer, je l'ai survolé à contrecœur :

C'est la goutte d'eau qui fait déborder le vase !

La prochaine fois, j'appellerai la police.

Vous avez fait un tel vacarme que je n'ai pas pu dormir avant minuit !

La clinique m'a prescrit des somnifères.

Ça suffit comme ça !

Au train où vont les choses, je ne pourrai bientôt plus travailler !

Plus je lisais, plus je me sentais déprimée. A la dernière phrase, j'avais l'impression qu'un jeu de couteaux me lacérait l'estomac.

Ce n'est ni une exagération ni une image : incapable de rester debout, je suis vraiment tombée sur les fesses.

Bien sûr que je faisais attention au bruit. A la fête d'anniversaire de Koume notamment, j'avais exhorté dès le début les enfants à faire attention. Je leur avais dit de sortir chaque fois qu'ils voulaient jouer bruyamment, et j'avais même réalisé des affiches que j'avais placées bien en vue, leur recommandant de ne pas courir dans le couloir ou dans les escaliers.

La plupart du temps, Koume et Rentarô vont s'amuser chez leurs copains plutôt que de les ramener à la maison. Je devine qu'ils agissent ainsi par égard pour moi, bien qu'ils ne soient que des enfants, et c'est justement pour ça que, dans mon cœur de mère, j'avais voulu que pour une fois, ils invitent des amis chez nous. Jamais je n'aurais pensé que cela aurait de telles conséquences.

Naturellement, je me suis sentie mal toute la journée. Passant mon temps à soupirer, incapable de me concentrer sur mon travail. Même lorsque j'ai jeté des mini-pigeons en sucre dans ma bouche pour me changer les idées, cela ne m'a pas donné de papillons dans le ventre, c'était comme si je mangeais du carton.

Je ne voulais pas rejeter la faute sur les enfants et les gronder en laissant mes émotions guider mes actes. S'il y avait bien quelque chose à ne pas faire, c'était ça.

J'ai donc gardé secret le fait que nous avions reçu une plainte de la voisine, jusqu'à ce que Mitsurô rentre à la maison, le soir, après avoir fermé son restaurant. Je n'en ai même pas parlé à QP.

— Nous avons un petit problème, ai-je dit à mon mari avec une expression amère.

Bien que sachant en théorie que mieux vaut conserver le sourire en des moments pareils, je n'arrivais pas à mettre cela en pratique. Moi-même, j'étais parfaitement consciente que mon visage était aussi crispé que s'il était taillé dans la pierre.

— Ce matin, j'ai trouvé ça dans la boîte aux lettres.

Et j'ai tendu la feuille à Mitsurô.

Pendant qu'il prenait connaissance de la situation, j'ai porté à mes lèvres la canette de bière qu'il était en train de boire.

Ce soir, je m'étais abstenue de toucher à l'alcool, mais vraiment, je n'en pouvais plus. Je n'avais même pas l'énergie de me verser un verre de bière.

Tout en buvant une gorgée du breuvage légèrement tiède, j'ai regardé distraitement le visage de Mitsurô.

Son expression s'assombrissait à vue d'œil. En me rappelant le contenu de la lettre, je me suis sentie mal de nouveau, comme si j'avais les entrailles retournées.

— C'est effrayant, a murmuré Mitsurô en relevant la tête.

— N'est-ce pas ? Moi aussi, j'en tremble depuis ce matin.

Oui, c'est ça, bien dit, Mitsurô ! Ce sentiment inexplicable que j'éprouvais depuis ce matin n'était rien d'autre que de la peur. Pour avoir mis le doigt dessus, mon mari a suscité chez moi un brin d'admiration.

— J'ai comme l'impression qu'on n'en est plus au stade où il suffit d'aller s'excuser avec une boîte de gâteaux, pas vrai ? lui ai-je demandé.

— Mais il n'y a pas eu tant de bruit que ça ?

— Exactement, ai-je hoché la tête avec conviction, et c'était justement là que résidait le problème.

La fête d'anniversaire de Koume avait eu lieu un dimanche. Mitsurô était à la maison alors qu'elle battait son plein, il savait aussi bien que moi que nous avions fait attention.

— Même à la fin de la journée, je suis restée prudente en renvoyant les enfants chez eux un peu plus tôt.

En disant cela, je n'ai pu empêcher les larmes de me monter aux yeux. Moi qui les avais retenues toute la journée...

J'étais mortifiée. Je croyais avoir fait de mon mieux, pour au bout du compte en arriver là. Je me sentais également désolée pour Koume, dont la fête d'anniversaire laissait un arrière-goût amer.

— Les enfants ne sont pas responsables, ai-je affirmé.

Ce jour-là, en plus des camarades de classe de Koume, des copains de Rentarô étaient venus à la maison et ils avaient joué tous ensemble. Mes deux enfants étaient généralement attentifs à faire le moins de bruit possible, au point que j'en étais navrée pour eux.

Même si, comme le prétendait la voisine, quelqu'un avait sans le vouloir élevé la voix ou laissé échapper un cri, c'était sans doute l'un des enfants invités, et il n'y avait pas de quoi fouetter un chat. Je pouvais assurer avec confiance que tout s'était déroulé dans les limites du raisonnable.

— C'est effrayant, a de nouveau murmuré Mitsurô.

Seulement, ce n'était pas la peur qui allait résoudre le problème.

— Tu crois qu'il suffirait de s'excuser ? Qu'on devrait aller tous ensemble lui demander pardon et lui promettre de ne plus jamais faire de bruit en s'inclinant humblement ? Mais enfin, ce n'est pas comme si nous avions fait un vrai charivari ! D'accord, c'était un peu plus bruyant que d'habitude, mais nous pouvons en dire autant à son égard.

Je ne compte plus les fois où elle sort ses poubelles tard le soir, et comme elle ne met pas le filet correctement, les corbeaux déchirent les sacs. Du coup, il y a plein de détritus dans la rue et c'est moi qui dois tout nettoyer.

Parfois, ses chats poussent des miaulements insupportables en plein milieu de la nuit.

Pourtant, nous, nous ne passons pas notre temps à râler. On ferme les yeux et on la boucle !

Alors, n'avons-nous pas nous aussi des raisons de nous plaindre ?

Et d'abord, tu ne trouves pas ça bizarre d'aller s'aplatir devant quelqu'un juste parce qu'il s'est mis en colère, même si on n'a rien fait de mal ?

Tandis que je parlais, je me sentais de plus en plus gagnée par une rage impuissante.

— La perception des sons est différente selon les individus, tout comme le goût, a dit calmement Mitsurô. Ce qui n'est qu'un peu de bruit pour nous a pu s'apparenter à du vacarme pour la voisine. A mon avis, elle doit y être plus sensible que la plupart des gens.

Il me fallait admettre que le raisonnement de Mitsurô était pertinent.

— Mais si on accepte ça gentiment, alors c'est celui qui se plaint le plus fort qui gagne, non ? Je trouve ça injuste.

Car ce n'est pas normal, tu n'es pas d'accord ? En cas de divergence d'opinions, au lieu que l'un exige tout et l'autre se résigne sans broncher, n'est-il pas plus sain que chaque partie fasse des concessions afin de trouver un compromis ?

Si nous acceptons les revendications de la voisine, elle va nous imposer sa loi et nous serons forcés de vivre comme des reclus !

Mon ennemi n'était pas Mitsurô, mais j'avais fini par diriger ma colère contre lui.

— Alors, qu'est-ce qu'on fait ?

J'en avais assez de l'entendre parler comme si le problème ne le concernait pas.

— C'est justement ce dont nous sommes en train de discuter ! ai-je crié, furieuse aussi contre moi-même d'élever la voix.

J'ai poussé un soupir. Décidément, on pouvait dire qu'un souci chassait l'autre ! J'en arrivais même à me demander si l'idée d'organiser cette fête d'anniversaire à la maison pour faire plaisir aux enfants n'avait pas été une erreur.

Mais je ne pouvais nier qu'une autre partie de moi me soufflait avec flegme que ce n'était pas là la cause du problème.

— Nous étions si tranquilles quand notre voisine était Madame Barbara, a dit pensivement Mitsurô, tenant la canette de bière qu'il avait fini de boire comme un micro.

J'étais entièrement d'accord.

Quand Madame Barbara occupait la maison d'à côté, nous vivions vraiment, vraiment en paix.

Même des sons qui semblaient intrusifs pouvaient se transformer en musique par le biais du rire et de l'humour. Nous avions cohabité en faisant des concessions mutuelles.

Pour moi, c'était la relation idéale, et maintenant que la situation était exactement le contraire, j'avais l'impression d'être coincée dans une impasse.

— La voisine, c'est une cliente de mon restaurant… a murmuré Mitsurô, le regard perdu dans le vague.

— Ah bon ? Et elle vient souvent ? ai-je demandé.

Je n'étais pas du tout au courant.

— Ce n'est pas une habituée, mais je suis sûr qu'elle est venue déjeuner une ou deux fois.

Seulement, à ce moment-là, je n'ai pas réalisé que c'était notre voisine.

Rappelle-toi, une fois je suis allé chez elle pour m'excuser avec des bonbons, parce qu'elle s'était plainte que les enfants s'étaient introduits dans son jardin et lui avaient volé des fleurs.

Je me suis dit : « Tiens ? J'ai déjà vu ce visage. » Puis je me suis rappelé qu'elle était venue au restaurant. Mais elle ne savait peut-être pas que j'habitais à côté.

Raison de plus pour que Mitsurô ne veuille pas envenimer la situation. Je pouvais le comprendre, et moi aussi je ne voulais pas avoir affaire à la police ou que cela finisse au tribunal. S'il y avait un moyen de s'entendre avec cette voisine récalcitrante, je désirais sincèrement qu'on me l'apprenne, même si je devais payer pour cela.

Pendant quelques jours, j'ai enchaîné les nuits blanches. Je les passais à me tourmenter : c'est moi qui aurais dû me plaindre de troubles du sommeil. J'étais irritée par le manque d'implication de Mitsurô et par sa façon de me refiler négligemment tous les problèmes à résoudre.

A force d'accumuler les frustrations, j'allais bientôt étouffer. Si je ne changeais pas d'humeur, ce poison allait me consumer. De gré ou de force, il me fallait modifier concrètement mon point de vue, sous peine que les choses tournent mal.

Mon instinct de survie tirait la sonnette d'alarme.

Après avoir déposé les enfants à l'école le lundi matin, n'y tenant plus, j'ai quitté la maison.

A la librairie en face de la gare, j'ai choisi un livre d'après sa couverture, sans même savoir de quoi il parlait.

Comme j'avais envie d'un café, je suis allée au nouveau coffee shop qui avait ouvert dans la rue commerçante Onari, où j'ai pris un café au lait à emporter. Tant qu'à faire, j'ai aussi acheté des gâteaux cuits au four qui me faisaient de l'œil, et j'ai sauté dans le train Enoden depuis la sortie ouest de la gare de Kamakura.

Pour une raison mystérieuse, au cours du trajet, j'ai été prise d'un désir irrépressible de voir la mer, comme si je souffrais d'un état de manque.

Quand j'ai commencé à apercevoir l'océan au-delà des toits d'un quartier résidentiel, alors que le train passait devant la gare de Wadazuka, j'ai éprouvé un profond soulagement.

J'ai eu envie d'ouvrir les bras vers la mer et de lui sauter au cou en criant « Maman ! ». Peut-être avais-je besoin de la présence d'une mère toute-puissante, en ce moment.

Tout en admirant l'océan lumineux qui s'étendait derrière la vitre, j'ai bu mon café au lait à petites gorgées. Comme j'avais un petit creux, j'ai aussi mangé des gâteaux.

A travers les nuages, la lumière descendait sur la mer tel un voile de mariée.

A cette vision, j'ai senti mes émotions se calmer un peu.

Grâce à la flottabilité de l'eau de mer, j'ai presque oublié à quel point mon cœur était lourd sous l'effet de la gravité.

Je me suis rendu compte que j'avais cessé de respirer à pleins poumons, ces derniers jours. J'ai pris aussitôt une profonde inspiration. Puis j'ai expiré lentement.

Je suis descendue à la gare d'Inamuragasaki pour me rendre aux sources chaudes.

Je connais de nom depuis l'enfance la station thermale d'Inamuragasaki, mais je n'y étais encore jamais allée. Le Baron y va de temps en temps, d'ailleurs c'est là qu'il s'est rapproché de sa femme Panty. Je pourrais y venir autant que je veux, mais allez savoir pourquoi, je n'en ai jamais trouvé l'occasion.

A cet instant précis, mon corps, non, mon âme, avait soif de sources chaudes.

Un désir impérieux, presque une fringale. Mon instinct me criait que je devais me plonger dans l'eau immédiatement. Et les sources chaudes les plus proches étaient celles d'Inamuragasaki.

Après m'être déshabillée et lavée, à l'instant où je me suis immergée jusqu'aux épaules dans le bassin extérieur, j'ai poussé un long grognement semblable à celui d'un animal. Ce n'était pas aussi rustique que les bains en plein air *rotenburo*, mais je pouvais quand même voir l'océan au-delà de la clôture.

Au début, j'ai trouvé l'eau trop chaude, mais peu à peu, ma peau s'y est habituée et le bien-être m'a envahie.

Elle était brun foncé, presque noire, dense comme une soupe à la fécule de kudzu. La brise marine était forte, mais comme j'étais dans l'eau chaude jusqu'aux épaules, ça ne me gênait pas vraiment.

J'ai fait des allers-retours entre les bassins intérieur et extérieur, je me suis même offert une séance de sauna entre les deux. Il paraît que le sauna fait fureur dans le monde entier. Mais pour être honnête, je ne voyais pas ce qu'il y avait d'agréable à transpirer dans une pièce brûlante.

Ce n'est qu'après cette séance de sauna que j'ai compris. En effet, après avoir sué abondamment en supportant une chaleur extrême, on se sent régénérée. J'avais l'impression d'avoir chassé tous les mauvais démons qui s'étaient accumulés dans mon corps, comme lorsqu'on lance des haricots lors de la fête de Setsubun. J'ai aussi essayé le bain froid, ce qui m'a fait apprécier encore plus le sauna.

J'avais décidé de ne plus penser à mon problème, c'est pour ça que je m'étais rendue aux sources chaudes d'Inamuragasaki. Malgré tout, l'histoire de la voisine s'est inopinément rappelée à mon bon souvenir.

N'y pense plus. Facile à dire, mais difficile à mettre en pratique. Les pensées sont comme des lapins sauvages en liberté. Il faut beaucoup d'entraînement pour y mettre bon ordre.

Il arrive que j'oublie tous les petits soucis du quotidien, et ces moments de répit m'apaisent.

Mitsurô avait eu l'idée de demander à nos deux plus jeunes enfants d'écrire des lettres d'excuses. Le fait que les accusés s'excusent directement plutôt que leurs parents aurait peut-être plus de chance de toucher le cœur de l'adversaire.

S'ils avaient vraiment fait du bruit et causé de l'embarras, j'aurais trouvé cela juste, moi aussi.

Mais ce n'était pas le cas. En tant que mère, je pense que c'est une erreur de forcer son enfant à écrire une lettre d'excuses alors qu'il n'a rien fait de mal, simplement parce que quelqu'un est en colère.

Mitsurô semblait avoir de plus en plus peur de la voisine. Il disait qu'elle pourrait commettre l'irréparable et mettre le feu à la maison pour se venger.

Ces derniers temps, aux actualités, on entend de plus en plus souvent parler de gens pleins de colère qui s'en prennent à des personnes qui ne leur ont pourtant rien fait. Mon sens commun et celui d'autrui ne sont pas nécessairement les mêmes. Il faut de tout pour faire un monde.

C'est pourquoi Mitsurô soutenait que s'excuser et calmer la voisine reviendrait en fin de compte à protéger notre foyer. Ma foi, il n'avait pas tout à fait tort.

Malgré tout, je me refusais absolument à faire porter la faute aux enfants.

Peut-être devrais-je écrire ces lettres moi-même…

Telle était l'idée qui m'avait soudain traversé l'esprit alors que je transpirais dans le sauna. Cela paraissait la solution idéale. Je m'étonnais de n'y avoir pas pensé plus tôt.

Car après tout, je suis écrivain public. Sans aller jusqu'à prétendre que ce serait simple comme bonjour, je devais être capable de rédiger des lettres d'excuses en imitant l'écriture de mes enfants. Le degré de difficulté était sûrement moins élevé que celui de la lettre de coming out que Tôma m'avait demandée pour ses parents et que j'avais laissée en stand-by.

C'est le sens du proverbe : « Il fait noir au pied du phare. » On ne voit pas ce qui se trouve juste sous son nez. J'avais envie de me féliciter moi-même de mon excellente idée. En me liquéfiant dans le sauna, j'ai laissé échapper un petit rire.

Est-ce parce que je me croyais bloquée dans un cul-de-sac que je n'avais pas vu un moyen aussi simple de contourner le problème ? Si on est entouré de hauts murs de tous côtés, il suffit de sauter par-dessus ; s'ils sont surmontés d'un plafond, il n'y a qu'à y percer un trou. Et si l'un et l'autre se révèlent impossibles, rongez le mur avec vos dents pour vous ménager vous-même une échappatoire.

Je me sentais comme une criminelle projetant de s'évader de prison.

La sueur jaillissait par tous mes pores et je n'en pouvais plus.

Comme pour chercher du secours, j'ai ouvert la porte du sauna de toutes mes forces. Après être allée prendre une douche, *plouf !*, je me suis à nouveau immergée dans l'eau jusqu'aux épaules.

Quel délassement ! Mais maintenant que j'avais trouvé la solution à mon problème, j'avais faim, alors j'ai décidé qu'il était temps de sortir du bassin.

Une fois rhabillée, j'ai quitté les sources chaudes d'Inamuragasaki. J'ai repris la ligne Enoden, direction Enoshima.

En fait, je mourais d'envie de manger les *futomaki-zushi* de Madame Hana, mais comme je voulais prolonger un peu ce petit voyage, je suis descendue à la station Kamakura-Kôkômae. En y pensant, Akane aussi parlait du trajet qu'elle effectuait de chez elle à cette station comme d'un voyage.

Une fois passé le guichet d'accès aux quais, je me suis promenée en quête d'une boulangerie, me fiant uniquement à mon intuition.

Je ne pouvais pas chercher sur mon téléphone car je l'avais laissé à la maison.

Mais rien qu'en suivant mon flair, je suis arrivée à une boulangerie. J'ai acheté un pain garni et une viennoiserie, puis je suis retournée au quai de la gare de Kôkômae. Cet endroit était devenu mon port d'attache.

Tout en regardant la mer, j'ai pris un déjeuner un peu tardif.

Comme j'avais oublié d'acheter une boisson à la boulangerie, j'ai pris un thé *hôjicha* chaud au distributeur automatique du quai. En grignotant ce qui restait de mes gâteaux du matin.

Cela avait été une excellente décision de m'échapper plutôt que de rester chez moi à me faire du mouron.

Me souvenant que j'avais acheté un livre dans la librairie en face de la gare, je me suis plongée quelque temps dans la lecture.

A peine arrivés sur le quai, des lycéens étaient aspirés dans les wagons Enoden. Des vagues d'animation et de calme se succédaient.

Chaque fois que je relevais la tête, je prenais une gorgée de thé vert torréfié et je contemplais la mer.

Le livre que j'avais choisi à la hâte ce matin était un recueil d'essais d'un auteur qui m'était inconnu. Les activités d'une vie paisible y étaient décrites dans une prose simple et douce.

Alors que je l'avais choisi pour sa couverture, curieusement, son contenu est venu se blottir étroitement au creux de mon cœur.

Après avoir terminé mon livre sur un banc de la gare de Kôkômae, je me suis dépêchée de rentrer chez moi.

J'avais vécu le meilleur des courts voyages.

A la maison, après avoir préparé le dîner et donné le bain aux enfants, je me suis mise tout de suite au travail. Avant que mon élan s'éteigne, je voulais mettre en forme les lettres d'excuses de Koume et Rentarô.

Je me suis d'abord glissée dans la peau de Rentarô. En guise de papier à lettres, j'ai utilisé le dos d'une feuille de son papier à origami jaune-vert préféré.

Chère Madame la voisine,

Pendant la fête d'anniversaire de Koume, nous avons fait trop de bruit. Pardon. Vous voulez bien qu'on fasse la paix ?

Morikage Rentarô

J'ai pris mon temps pour écrire en utilisant un crayon pour enfants 2B de la marque Kumon, dont la mine est plus grasse et plus arrondie que celle des crayons ordinaires et dont le corps possède une forme triangulaire.

Peut-être parce qu'il est né en tout début d'année, Rentarô n'est pas encore capable de composer de longues phrases. Non seulement son vocabulaire est limité, mais il ne sait pas écrire les kanji.

Le développement de Koume a été remarquable. C'est une enfant précoce, et dès son entrée en CE1, elle s'est mise à employer des mots d'adulte sans aucune hésitation.

Par exemple, l'autre jour, lors de sa fête d'anniversaire, elle a qualifié de « sournois » un élève qui n'était pas de sa classe.

Je me suis demandé si cet adjectif était censé figurer dans le vocabulaire des élèves des petites classes du primaire. Quoi qu'il en soit, Koume l'utilisait avec beaucoup de naturel.

Comparées aux garçons, les filles sont plus matures.

おとなりさんへ。
こうめちやん のたんじよ
うかいのとき、ぼくたち、
うるさくしてしまいまし
た。ごめんなさい。なか
なおりしてもらえます
か?。もりかげれんたろ
う

Je l'ai bien vu à la fête d'anniversaire, et pas seulement à propos de Koume et Rentarô. C'est peut-être dû à un nombre différent de circonvolutions cérébrales.

En tant que sœur aînée, QP a sûrement beaucoup d'influence sur Koume, dont l'écriture est assez adulte. Pour sa lettre d'excuses, j'ai donc décidé d'utiliser un crayon HB standard.

Comme papier à lettres, j'ai choisi un modèle aux motifs mignons et *girly*.

Chaque feuille s'ornait d'une grande illustration de chat portant une cagoule. Je l'avais acheté il y a longtemps, avec l'intention de l'utiliser un jour pour mon travail d'écrivain public. Un choix qui manifestait le désir d'apporter un peu de joie à une voisine amoureuse des chats – *nan*, plutôt l'arrière-pensée calculatrice d'une adulte.

Adoptant un nouveau point de vue, je me suis cette fois identifiée à Koume.

Bonjour,

Dimanche dernier, pour la première fois, nous avons fêté mon anniversaire à la maison. Beaucoup de mes amis sont venus, j'étais contente. Maman a préparé des sandwichs et papa a fait un gâteau. C'est un gâteau italien appelé pandoro et je crois que d'habitude on le mange en hiver, mais comme c'est mon gâteau préféré, papa l'a fait exprès pour moi. Quand je l'ai mangé, j'étais tellement heureuse que je me suis mise à faire des bonds. C'est aussi moi qui ai poussé un grand cri. Mais j'ai été très triste en apprenant qu'à cause du bruit, vous n'avez pas pu dormir.

こんにちは。

このまえの日よう日に、はじめて、いえでたんじょう会をしてもらいました。おともだちもたくさんきてくれて、うれしかったです。お母さんが、サンドイッチを作ってくれて、お父さんが、ケーキをやいてくれました。お父さんがやいてくれたのは、イタリアのパンドーロというおかしで、ほんとうは冬にたべるらしいのですが、わたしが大すきなおかしなので、お父さんがとくべつにやいてくれました。一口たべたとき、わたしはものすっごくうれしくなって、ぴょんぴょんジャンプしてしまいました。きゃーって、大

こえを出してしまったのもわたしです。

でも、おとなりさんが、わたしたちがうるさくしたせいで、よる、ねむれなくなってしまったときいて、とてもかなしくなりました。

ごめんなさい。すごく、はんせいしています。

ゆるしてくれますか？

ときどき、おうちの出まどのところにねているねこちゃん、かわいいですね。わたしも、ねこが大すきです。

宇かげ小梅

Pardon. Je regrette vraiment beaucoup. Vous voulez bien me pardonner ?

Le minou qui dort parfois à la fenêtre de votre maison est trop mignon. Moi aussi, j'adore les chats.

Morikage Koume

Bien sûr, je n'oserais pas prétendre que je ne me sentais pas coupable d'écrire ainsi des lettres d'excuses au nom de mes enfants. Au contraire, j'avais très mauvaise conscience. Je n'étais pas du tout convaincue que c'était la bonne solution.

Mais bon, il fallait bien commencer par quelque chose, alors j'ai glissé les lettres dans des enveloppes. Comme le dit Mitsurô, c'était sûrement mieux que de ne rien faire.

J'ai mis la lettre d'excuses de Rentarô dans une enveloppe faite à la main avec un papier pour origami, et celle de Koume dans une enveloppe aux motifs de pattes de chat, assortie au papier à lettres.

Ne dit-on pas que la fin justifie les moyens ? Plutôt que de forcer de jeunes enfants à mentir, je trouvais préférable que ce soit moi, une adulte, qui mente délibérément. Même Dieu devait pardonner un tel mensonge. L'argument était peut-être un peu forcé, mais c'est ce que je voulais croire.

Le lendemain matin, alors qu'il faisait encore nuit, j'ai ouvert la porte d'entrée et, en avançant à pas de loup, j'ai discrètement déposé les deux courriers dans la boîte aux lettres de la voisine.

Tout en priant du fond du cœur pour que cela règle le problème.

Au cours des jours suivants, inquiète de la réaction de la voisine, j'allais inspecter ma boîte aux lettres plusieurs fois par jour. Je n'avais pas éprouvé une telle impatience depuis ma courte période de correspondance avec QP, quand elle était petite. A cette époque, j'avais tellement hâte de recevoir sa réponse que j'ouvrais le couvercle de la boîte aux lettres comme quelqu'un qui se languit d'amour.

Mes sentiments actuels étaient vagues et ambigus, un peu similaires à ceux d'alors, et pourtant complètement différents. Si je recevais une lettre de réconciliation de la voisine, il y aurait de quoi pousser des hourras, mais si elle prenait mal les lettres d'excuses, celles-ci pouvaient aussi jeter de l'huile sur le feu. Bien sûr, j'espérais que ce ne serait pas le cas. Chaque fois que je regardais dans la boîte aux lettres, j'étais tellement nerveuse que mes mains en tremblaient presque.

Une semaine s'est écoulée, puis dix jours, quinze jours... sans la moindre réponse de la voisine.

A la place, j'ai néanmoins reçu une heureuse nouvelle. Elle émanait de Madame Barbara, qui avait même choisi son surnom comme nom d'expéditeur sur la carte postale.

Elle disait qu'elle allait quitter le sud de la France pour revenir quelque temps au Japon. Dans un futur pas si lointain. La date prévue était déjà toute proche.

Lors de son retour au pays, Madame Barbara prévoyait de passer quelques jours à Kamakura.

Quand QP est rentrée du lycée, je lui ai annoncé la nouvelle.

— Dans ce cas, qu'elle vienne loger à la maison ! a-t-elle lancé sans hésiter, les yeux brillants.

En fait, j'y avais pensé, moi aussi. Bien que pleinement consciente que loger dans un hôtel serait plus confortable, puisque Madame Barbara allait séjourner à Kamakura, je voulais qu'elle puisse reposer tranquillement ses ailes dans ce quartier qui lui était si familier.

Quand j'en ai parlé à Mitsurô, il a donné son accord comme si c'était une évidence ; quant à nos deux plus jeunes enfants, même s'ils ne savaient pas vraiment qui était Madame Barbara, ils étaient ravis d'accueillir une invitée.

Tout en me sentant désolée à l'idée que nous serions à l'étroit dans ma petite maison, j'avais très envie que Madame Barbara voie de près ma famille et mon mode de vie.

Si j'envoyais une lettre dans le sud de la France pour lui faire part de ma proposition, celle-ci n'arriverait jamais à temps. J'ai donc téléphoné.

— *Merci beaucoup*, a répondu Madame Barbara en français de son habituelle voix décontractée. Rien ne pouvait me faire plus plaisir que ton invitation.

— Je vais vous préparer un lit dans la chambre de QP. Est-ce que ça ira ? ai-je demandé timidement.

— *Bravo !* s'est-elle exclamée joyeusement en français.

Tout s'est décidé en un clin d'œil. J'étais désormais dotée d'une nouvelle mission : accueillir Madame Barbara.

La voisine était toujours muette, mais jour après jour, j'y attachais de moins en moins d'importance. Mon côté optimiste s'étant réveillé, j'ai vu dans cette absence de réponse un signe favorable.

Cette fois encore, le remède du temps venait de démontrer sa puissance. Son efficacité se révélait extraordinaire.

Penser que j'allais bientôt revoir Madame Barbara ajoutait de la saveur au *kyôbancha* que je buvais le matin. Pas de doute, ce sentiment était de l'exaltation.

J'avais l'impression d'être amoureuse.

J'avais tellement le cœur en fête que pour un peu, je me serais mise à sautiller et à gambader.

En fin de compte, Madame Barbara n'allait séjourner chez nous que trois jours et deux nuits. A vrai dire, j'aurais aimé qu'elle reste plus longtemps, une semaine ou même dix jours, mais il y avait une foule de gens dans tout le pays qu'elle désirait rencontrer, ou qui désiraient la rencontrer. Tous guettaient avec impatience son retour, bien décidés à ne pas rater cette précieuse opportunité de la revoir. Nous ne pouvions pas la garder pour nous tout seuls.

La veille de l'arrivée de Madame Barbara à Kamakura, je suis sortie faire quelques emplettes de dernière minute. Chaque fois que je faisais des courses, j'achetais un supplément de produits de première nécessité, comme des brosses à dents ou des serviettes, mais aujourd'hui, c'était la dernière ligne droite.

A l'improviste, la saison des hortensias est arrivée à Kamakura.

Au printemps, bloquée par mon burn-out, j'avais manqué l'occasion d'aller voir les cerisiers en fleurs. C'est pourquoi j'avais tellement hâte d'apaiser mon âme en admirant les hortensias.

Les lotus des étangs Genji et Heike n'allaient sans doute pas tarder à fleurir, eux aussi. La vision fugace de leurs bourgeons dressés m'a réchauffé le cœur.

Comme je m'attendais à avoir les mains prises au retour, je suis sortie sans emporter de parapluie. C'était un pari à haut risque. On ne pouvait prétendre que le ciel était dégagé, mais j'ai décidé de miser sur le fait qu'il ne pleuvrait pas. C'était aussi l'avis du présentateur de la météo.

Cependant, pendant que je marchais, les nuages sont soudain devenus menaçants. Ces derniers temps, les bulletins météo sont complètement à côté de la plaque.

Après avoir acheté des sablés-pigeons et des *rakugan* pour Madame Barbara chez Toshimaya, j'étais sur le point de quitter le magasin et de rentrer chez moi, quand il s'est mis à pleuvoir pour de bon. Il aurait été imprudent de marcher sans parapluie sous une douche pareille.

Ne sachant que faire, je m'abritais de la pluie sous un avant-toit, à l'écart pour ne pas gêner le passage, quand j'ai senti brusquement une présence à mes côtés.

— M'dame, les parapluies en plastique passent de main en main, comme on dit.

Et sur ces mots, un homme m'a tendu un parapluie en vinyle.

Je ne l'ai pas reconnu tout de suite parce qu'il ne portait pas ses lunettes de soleil, mais ce n'était autre que le Yakuza Intello. L'ayant enregistré sous ce sobriquet dans ma tête, je n'arrivais pas à me rappeler son vrai nom.

— Mais...

Alors que j'hésitais, il m'a fourré de force le parapluie dans la main.

— J'vais juste au *kitchaten* qu'est tout près. Allez, à la prochaine !

Et voilà mon Yakuza Intello, revêtu de ce qui était manifestement un costume d'été bien coupé, qui s'élance vaillamment sous la pluie battante.

Son apparition avait été si soudaine que j'en demeurais confondue.

L'écho du mot *kitchaten* qu'il venait de prononcer tourbillonnait dans mes oreilles comme une roue de feu d'artifice.

Etait-ce ainsi qu'on appelait les *kissaten* – les cafés – dans le Kansai ? Ou s'agissait-il d'un terme original inventé par le Yakuza Intello ?

Quoi qu'il en soit, je trouvais la phrase « Les parapluies en plastique passent de main en main » aussi appropriée que bien tournée.

Peut-être une expression couramment utilisée dans le Kansai, elle aussi ?

Il y avait beaucoup de choses que je ne comprenais pas, mais puisque le Yakuza Intello m'avait cédé son parapluie, j'ai repris mon chemin, abritée dessous, en prenant bien garde à ne pas mouiller mes achats.

La prochaine fois que je verrai quelqu'un bien ennuyé d'être sans parapluie, je lui en offrirai un, d'un air décontracté, en lançant : « Les parapluies en plastique passent de main en main ».

La pluie est tombée abondamment jusqu'à l'aube du lendemain, avant de s'arrêter enfin.

— Poppo chérie, me revoilà !

Je travaillais à mon bureau tout en gardant un œil

sur la pendule parce que Madame Barbara n'allait plus tarder à arriver, quand celle-ci a surgi dans la papeterie Tsubaki.

— Bon retour parmi nous ! ai-je lancé, exprimant mille sentiments dans ces mots.

Je pensais confier la boutique à mon employée et aller chercher Madame Barbara à la gare de Kamakura. Mais elle avait gentiment décliné ma proposition.

Selon ses propres mots, elle voulait rentrer tranquillement en bus tout en profitant de l'atmosphère de Kamakura.

Ainsi, j'ai accueilli Madame Barbara pendant que le temps suivait son cours habituel et que je m'occupais du magasin. J'ai été émue par la chaleur de son étreinte, que je n'avais pas goûtée depuis longtemps.

— Dites donc, vous avez bronzé ! ai-je remarqué en contemplant attentivement son visage.

— Là où je vis, je vais nager dans la mer presque tous les jours, sauf en hiver. C'est normal que je sois bronzée.

Même si Madame Barbara avait toujours été en bonne santé, celle-ci semblait s'être encore améliorée. Je ne connais personne à qui l'épithète « être pleine de vie » corresponde aussi bien.

— Et toi, Poppo ? Comment ça va ?

L'espace d'un instant, le souvenir de la solitude et du vide que j'avais ressentis quand Madame Barbara avait quitté la maison voisine a menacé de ressurgir. Mais tant que nous étions toutes deux en vie quelque part sur Terre, nous pourrions toujours nous retrouver.

— Ma famille s'est agrandie, ai-je annoncé.

Mes deux plus jeunes enfants, qui n'avaient encore

jamais rencontré Madame Barbara, allaient rentrer de l'école d'un moment à l'autre.

— QP va bien ?

— Oh oui ! Dire qu'elle était si petite quand vous jouiez avec elle, et maintenant la voilà au lycée.

— J'ai hâte de rencontrer ton chéri.

Comme nous avions des tas de choses à nous dire, j'ai fait entrer Madame Barbara dans la maison. La disposition des meubles et la décoration intérieure étaient très différentes de celles de l'époque où je vivais seule ici.

— J'ai l'impression d'être dans une autre maison, s'est émerveillée Madame Barbara en promenant son regard dans la pièce.

— Quand on est cinq, ce n'est pas facile de gérer l'encombrement, ai-je dit comme pour m'excuser.

L'idée m'a traversée que c'était la première fois que j'invitais quelqu'un à passer la nuit dans cette maison. Pas étonnant que toute la famille soit surexcitée.

Voyant ma rencontre de la veille avec le Yakuza Intello comme un signe, j'ai servi à Madame Barbara du *hôjicha* fraîchement rôti, le thé qu'il appréciait tant. Et, pensant que cela lui rappellerait de bons souvenirs, je l'ai accompagné de sablés-pigeons, puis j'ai discuté avec elle en essayant de ne pas trop la fatiguer.

Ensuite, j'ai invité Madame Barbara à prendre tranquillement un bain.

C'était une salle de bains à l'ancienne, donc pas très commode à utiliser, mais je l'avais soigneusement nettoyée et j'avais rempli la baignoire d'une eau où flottaient des herbes médicinales aux vertus délassantes.

Pour le dîner du premier jour, j'ai préparé des gyôzas

avec l'aide de QP, et le deuxième jour, dans l'après-midi, j'ai organisé une fête entre filles. Nous étions quatre participantes : Panty, qui voulait absolument revoir Madame Barbara et a rappliqué après avoir réajusté de force son emploi du temps, Madame Barbara, QP et moi. Maintenant qu'elle était lycéenne, QP avait officiellement rejoint les rangs des adultes.

Pour la nourriture, vu que Panty disposait d'une foule de produits-tests, elle a apporté une grande quantité de pains fourrés et d'amuse-gueules. Dans la matinée, QP avait fait un gâteau au chocolat pour le dessert, quant à moi, je me suis chargée principalement de préparer les boissons. Cette fête entre filles, même si elle n'avait rien de spécial, s'annonçait riche en nourriture.

Nous avons trinqué pour célébrer nos retrouvailles, et alors que la fête devenait de plus en plus animée, j'ai dit :

— Excusez-moi, mais j'ai des problèmes avec la voisine à cause du bruit, en ce moment. Cela me rendrait un grand service si vous pouviez parler un tout petit peu moins fort.

Je me sentais vraiment, vraiment confuse de demander une chose pareille à mes invitées, mais ce n'était pas envenimer la situation qui allait l'arranger, aussi j'avais pris mon courage à deux mains.

— Que se passe-t-il ? a demandé Madame Barbara aussi bas que possible, comme si elle me chuchotait un secret.

Alors que Panty s'apprêtait à l'imiter...

— Inutile de parler aussi bas, les ai-je informées. Il faut juste ne pas faire trop de bruit.

En m'entendant m'exprimer à un volume normal,

Panty a fait de même. Mais elle avait sans doute pressenti la gravité de la situation.

— Poppo, qu'est-ce qui se passe ? Raconte-nous ça en détail, a dit Madame Barbara d'un ton résolu.

Je n'avais pas encore prévenu QP que nous avions reçu une lettre de récriminations de la voisine. Cependant, en m'entendant parler avec Mitsurô, elle semblait avoir plus ou moins deviné qu'il s'était passé quelque chose, aussi ai-je décidé de raconter toute l'histoire sans rien dissimuler. En l'évoquant, j'ai à nouveau senti la bile monter en moi, comme une procession d'insectes au goût amer.

— Dans ce cas, fais-la venir ici, a dit Madame Barbara quand j'ai fini de parler.

— Quoi ? Vous voulez inviter la voisine à notre fête ? s'est exclamée QP avec surprise.

— Mais nous ne savons pas du tout quel genre de personne elle est ! a protesté Panty en faisant les yeux ronds.

Quant à moi, l'idée d'inviter la voisine chez moi ne m'était jamais venue à l'esprit. J'étais tout bonnement abasourdie.

Alors...

— C'est justement pour ça qu'il faut la faire venir et lui parler, a insisté Madame Barbara. C'est inquiétant de ne pas savoir à qui on a affaire, n'est-ce pas ?

La voisine ressent peut-être la même chose.

Parce que l'une et l'autre vous ne vous connaissez pas, vous devenez méfiantes.

Imaginez par exemple une maison hantée. Ne pas savoir ce qui va surgir ni d'où, c'est effrayant !

Mais si vous savez que c'est un vieil homme de votre connaissance qui joue les fantômes, vous n'avez plus peur du tout, n'est-ce pas ?

Les gens ont peur de l'inconnu. Alors, pourquoi ne pas donner simplement l'occasion à la voisine de révéler qui elle est ?

Peut-être qu'en parlant avec Poppo et QP, elle aussi sera soulagée de découvrir qui elles sont vraiment.

— Vous avez raison, ai-je dit. Elle n'a pas mis de nom sur sa porte, alors je ne sais même pas comment elle s'appelle. C'est pour ça que je parle d'elle en disant « la voisine ».

— Elle a une famille ? Un mari ou des enfants ? a demandé Panty.

— Je pense que sa seule famille, ce sont ses chats.

Je ne sais même pas exactement combien elle en a.

En général, elle sort très peu, alors je suppose qu'elle travaille à domicile.

Pour dire la vérité, je n'ai vu la voisine qu'en de rares occasions au cours des deux années qui se sont écoulées depuis son emménagement. Même quand je viens lui apporter le bulletin d'informations du quartier, la plupart du temps elle ne répond pas, si bien que je me contente de le laisser devant sa porte.

Avant cela, un couple de personnes âgées avait habité la maison de Madame Barbara pendant six mois. Eux, ils étaient venus nous saluer quand ils avaient emménagé, et nous avions entretenu de bonnes relations de voisinage, n'hésitant pas à bavarder lorsque nous nous rencontrions.

— Quoi qu'il en soit, invitons-la, a répété Madame Barbara.

Je me suis levée à contrecœur. Mais c'était Madame Barbara qui me donnait ce conseil. Je ne pouvais pas m'empêcher de lui obéir. Bien que toujours sceptique, j'ai quitté la maison.

J'ai sonné chez la voisine, mais comme je m'y attendais, elle n'a pas répondu.

Si ça se trouvait, elle dormait le jour et vivait la nuit ; en la réveillant, je risquais de la prendre à rebrousse-poil. Et donc d'essuyer à nouveau sa colère.

A force d'imaginer le pire, je ne savais plus quoi faire.

J'ai pressé une nouvelle fois la sonnette, décidée, si personne ne venait, à laisser tomber et à rentrer chez moi. Secrètement, c'est ce que j'espérais, mais au bout d'un moment, j'ai entendu du bruit dans la maison et, une fois n'est pas coutume, la porte s'est ouverte.

Comme la chaîne était toujours attachée, je me suis exprimée du mieux que j'ai pu en essayant de voir par l'interstice. Un mince chat tigré essayait désespérément de sortir par l'entrebâillement de la porte.

— Désolée de vous déranger, ai-je dit rapidement. Je suis Madame Morikage, qui habite à côté.

Je m'excuse pour le désagrément que le bruit vous a causé l'autre jour.

En fait, des amies sont réunies chez moi en ce moment.

Je dis « sont réunies », mais c'est juste une petite fête entre filles, nous ne sommes que quatre, moi y compris. Si le cœur vous en dit, j'aimerais que vous vous joigniez à nous.

Des excuses dans la première partie de ma tirade, une invitation dans la deuxième... je ne savais pas par où commencer ni comment. Je voulais seulement qu'elle ne me referme pas la porte au nez pendant que je lui parlais.

Une fois que j'ai eu fini de dire tout cela, je me suis retrouvée à court de mots. Je ne sais combien de temps il a duré, mais un lourd silence s'est installé entre nous.

C'est la voisine qui l'a rompu.

— Là, je suis en plein travail.

— Ah, je vois. Mais la fête va durer jusqu'au soir, alors si vous en avez envie, venez, s'il vous plaît, ai-je insisté, tout en me disant qu'il y avait peu de chances qu'elle vienne.

Il me semblait que c'était la meilleure façon d'arrondir les angles.

— Excusez-moi de vous avoir dérangée.

Je me suis inclinée profondément. Pendant que je faisais ma courbette, la porte de la voisine s'est refermée bruyamment.

Je suis rentrée chez moi en interprétant cette entrevue de manière positive. Je m'estimais déjà heureuse qu'elle ait daigné m'ouvrir. Un masque lui couvrait plus de la moitié du visage, ce qui me donnait l'impression diffuse que c'était à lui que j'avais parlé.

Quand j'ai ouvert la porte de derrière, j'ai entendu de bruyants éclats de rires féminins fuser des profondeurs de la maison. Apparemment, tandis que je me risquais avec des sueurs froides en territoire ennemi, mes amies se régalaient à parler d'amour.

— Madame Barbara, quel est votre type d'homme ? a demandé Panty.

— Eh bien, voilà une question difficile. Car l'homme dont je tombe amoureuse finit à chaque fois par devenir mon type, a répondu nonchalamment Madame

Barbara. Je me suis néanmoins fixé une règle absolue : les hommes doivent rester de l'épicerie fine.

— De l'épicerie fine ? ai-je répété, me mêlant à la conversation.

— Vous voulez dire, comme le chocolat, les cigarettes et l'alcool ? a poursuivi QP.

— Exactement. Tu as parfaitement compris, QP, je n'en attendais pas moins de toi.

Un homme, en fin de compte, cela doit rester une friandise. On en vient vraiment à penser ainsi, quand on arrive à mon âge.

Il ne faut surtout pas en faire un produit de première nécessité.

Parce qu'alors, si votre homme disparaît, vous ne pouvez plus continuer à vivre.

Quant à le traiter comme un consommable, c'est également contraire à ma règle, a conclu Madame Barbara.

— Dans mon cas, c'est toujours moi qui devient l'article de première nécessité, a déclaré Panty.

En les écoutant, je me suis demandé sérieusement si je considérais Mitsurô comme un consommable.

— Ce sont surtout les hommes qui traitent leurs femmes comme des objets jetables une fois mariés, ce qui est vraiment minable. On dirait que pour eux, les femmes ont une date limite de consommation. Quels idiots !

On dit que c'est dans la maturité que la femme déploie toute sa saveur, mais il y a beaucoup trop d'hommes qui n'ont pas cette vision des choses. En particulier chez les Japonais.

Tandis que Madame Barbara exposait ses idées, Panty ne cessait de hocher la tête.

— QP, tu ne vas pas tarder à tomber amoureuse, alors aiguise ton sens de l'esthétisme et n'accorde tes faveurs qu'à une personne que tu aimes.

Quoi qu'il arrive, tu ne dois jamais montrer ton corps à un partenaire sans valeur, ni le laisser te toucher. Il en va de même pour les cigarettes et pour l'alcool : si tu deviens accro, tu ne feras que te détruire. Le choix t'appartient.

Vis avec la personne que tu aimes en partant du principe que tu serais parfaitement capable de vivre seule. Compris ? a insisté Madame Barbara en regardant QP.

— Compris ! a répondu fermement cette dernière.

Madame Barbara lui communiquait sans détour des choses que je n'osais habituellement pas lui dire, gênée par ma position de mère, et je lui en étais reconnaissante.

— De l'épicerie fine ?... Vous avez raison... Il ne faut pas les dorloter... a murmuré Panty d'un ton lourd de sens, en faisant tournoyer les glaçons dans son verre. Sans le vouloir, j'en fais trop, si bien que je finis par détruire mon partenaire. Le temps que je m'en rende compte, c'est moi qui me retrouve un article de première nécessité.

J'écoutais de toutes mes oreilles en me demandant qui était ce partenaire qu'évoquait Panty : son mari, le Baron, ou le jeune bassiste qui avait fait l'objet de rumeurs ?

— En amour, chacun a ses préférences et ses habitudes, c'est pourquoi nous avons tendance à répéter les mêmes expériences encore et encore, ai-je dit à mon tour.

Quand je repense à mon palmarès amoureux, même

si j'avais toutes les raisons du monde de vouloir que les choses changent, en fin de compte, j'étais toujours attirée par le même type d'homme.

— QP, tu as déjà un petit ami ? a demandé Panty.

— Il y a un garçon qui me plaît, mais je crois qu'il est encore trop tôt pour sortir avec lui ou quoi que ce soit de ce genre. Pour l'instant, je me contente de le mater.

J'ai pris la déclaration de QP au sérieux, j'étais impressionnée. C'est alors que Madame Barbara a lancé gaiement :

— Oui, tu as parfaitement raison ! Cela n'apporte rien de bon d'avoir des relations sexuelles très jeune !

Je ne m'attendais guère à ce que le sujet du sexe soit abordé, je n'en menais pas large, mais cela m'a rassurée de voir que QP semblait écouter attentivement.

La discussion entre filles battait son plein, si bien que tout le monde avait oublié la voisine. Du coup, j'ai moi aussi gardé le silence sur ma mission.

Il était un peu plus de quinze heures lorsque la sonnette a retenti. Mais comme je n'avais jamais imaginé que la voisine viendrait à notre fête entre filles, ou plutôt, comme j'avais presque oublié que je l'avais invitée dans le feu de la conversation qui avait suivi, j'ai ouvert la porte avec insouciance, persuadée qu'il s'agissait d'une livraison à domicile. Mais la voisine se tenait là. Je suis restée figée pendant quelques secondes, comme si le temps s'était arrêté.

Je croyais qu'elle venait se plaindre du bruit, mais elle m'a tenu des propos tout à fait inattendus :

— Je n'avais rien de convenable à la maison, alors tout ce que j'ai pu faire, c'est des beignets de poulet.

Et elle m'a tendu un sac en papier contenant une boîte Tupperware.

Bien que paniquée par ce rebondissement soudain, feignant le calme, j'ai guidé la voisine jusqu'à la pièce où se trouvaient les autres.

Tout d'abord, je lui ai présenté Madame Barbara, l'avant-avant-dernière résidente de la maison qu'elle occupait actuellement, puis Panty, la célèbre YouTubeuse, ensuite QP, ma fille, pour terminer par moi. Pendant tout ce temps, la voisine est restée muette, toujours affublée de son masque, le regard inexpressif.

Peut-être était-elle extrêmement timide ou simplement nerveuse à l'idée de participer à l'improviste à une fête entre filles où elle ne connaissait personne.

C'est ce que j'ai pensé, et comme si les autres sentaient la même chose, nous avons volontairement évité de lui prêter attention, essayant de ne pas lui adresser la parole ni de lui poser plus de questions que nécessaire.

La voisine a commencé à prendre part à la conversation, acquiesçant parfois à une remarque.

Ce jour-là, j'ai appris que son nom de famille était Andô et son prénom Natsu, qu'elle travaillait comme correctrice à domicile, et que les chats qui se trouvaient chez elle étaient des chats abandonnés, dont elle s'occupait temporairement en tant que bénévole.

J'avais beau voir son visage de près, impossible de lui donner un âge.

J'ai découvert bien plus tard la raison pour laquelle elle avait toujours l'air de mauvaise humeur : c'était dû à une maladie qui l'empêchait de bouger ses muscles faciaux. Et si elle portait constamment un masque, c'est apparemment parce qu'elle s'inquiétait de ses traits inexpressifs.

— Aaah, j'ai l'impression que quelque chose ne va pas chez moi ! a lâché Panty d'une voix sonore, alors que le soleil était sur le point de se coucher.

S'apercevant qu'elle avait parlé trop fort, l'espace d'un instant, la confusion s'est peinte sur son visage ; mais lorsqu'elle a réalisé que la voisine, ou plutôt Andô Natsu, se trouvait parmi nous, elle s'est rassérénée.

— Je ne sais pas pourquoi, mais ces derniers temps, il ne m'arrive rien de bon ! ai-je déploré à mon tour en imitant le ton de Panty, car je ressentais la même chose. J'ai diplomatiquement passé sous silence le fait que la cause de mes soucis était Andô Natsu elle-même.

— Dans ce cas, pourquoi ne pas aller briser des coupes au temple d'à côté pour conjurer le sort ?

Etonnamment, c'est Andô Natsu qui avait fait cette proposition. Comme nous ne l'avions pas encore entendue prononcer une phrase aussi longue, nous nous sommes regardées les unes les autres.

— Je veux y aller !

QP a été la première à approuver la suggestion, bientôt suivie par Madame Barbara et Panty.

— Il y a quelque temps, ai-je avoué, j'ai été victime d'une sorte de burn-out, et je me suis dit que je devrais peut-être aller casser des coupes. Mais finalement, je ne l'ai pas fait.

— J'ai toujours voulu essayer, a dit Andô Natsu en plissant les yeux.

Nul doute qu'elle devait supporter pas mal de moqueries à cause de son nom. Il se prononçait exactement comme *an-donuts*, les beignets à la pâte de haricots rouges. Moi, je le trouvais juste appétissant, mais je suis certaine qu'elle ne devait pas apprécier qu'il soit tourné en ridicule.

C'est peut-être pour ça que son nom ne figurait pas sur sa plaque de porte. Bien sûr, ce n'était que pure spéculation de ma part.

Essayant de repousser le crépuscule lumineux d'une journée ensoleillée de la saison des pluies, cinq femmes ont traversé la rivière et se sont dirigées vers le temple de Kamakura.

QP marchait en tête. Puis venait Andô Natsu.

Nous avancions en file indienne, on aurait dit une procession réservée aux femmes. C'est moi qui fermais le cortège.

A chacun de mes pas, les pièces que j'avais apportées pour l'offrande tintaient dans ma poche. Tout à l'heure, au moment de quitter la maison, je m'étais dépêchée d'en prendre pour tout le monde dans la boîte où je range la monnaie. Mais peut-être avais-je poussé sur la quantité. Sous le poids des pièces, je perdais mon pantalon !

Le sanctuaire Kamakura est un sanctuaire shintô dédié au prince impérial Morinaga, qui a mis fin au shogunat de Kamakura. Emprisonné là par le frère cadet du général et futur shogun Ashikaga Takauji, il a perdu la vie à l'âge de vingt-huit ans.

Les vestiges de la grotte où il était enfermé sont encore visibles dans l'enceinte du sanctuaire.

Tout d'abord, nous sommes allées une par une prier au sanctuaire principal.

Curieusement, j'étais la seule à avoir de la monnaie sur

moi. De nos jours, les paiements par carte sont devenus la norme, tandis que les occasions d'utiliser des pièces se font de plus en plus rares. J'ai donc remis à chacune de mes compagnes vingt-cinq yens en petite monnaie.

Donner vingt-cinq yens d'offrande lors d'une visite au sanctuaire est une pratique que j'ai héritée de l'Aînée. Ce n'est que tout récemment que j'ai réalisé que ses prières renfermaient un souhait caché : « J'espère que le destin nous réunira un jour. » Je suis sûre que depuis le Paradis, l'Aînée participe à distance à la fête entre filles d'aujourd'hui.

Il se peut que nos discussions franches et crues lui aient fait froncer légèrement les sourcils, à moins qu'elle n'en ait profité pour parler fièrement de sa liaison avec Monsieur Mimura qu'elle avait tenue secrète jusqu'ici.

Une fois que tout le monde a fini ses dévotions, nous nous sommes dirigées vers les pierres sacrées.

Le *yakuwari-ishi* est une forme d'exorcisme qui consiste à souffler sur une petite coupe en poterie non émaillée appelée *kawarake* afin d'y transférer la malchance que l'on a en soi, puis à la jeter sur une pierre pour conjurer le malheur. On dit que ce rituel a été créé en l'honneur du prince Morinaga, qui a vécu en conservant jusqu'au bout un esprit indomptable.

Les *kawarake* sont d'une pâle couleur crème, elles ont la forme d'une gaufrette de *monaka*. Pour évacuer toutes les émotions négatives que j'avais en moi, j'ai soufflé sur ma coupe en y mettant tout mon cœur.

Mais quand je l'ai jetée, elle ne s'est pas brisée de manière propre et nette.

Bien qu'en terre cuite, une *kawarake* est très fine, et

comme sa forme creuse ne la rend pas vraiment aérodynamique, elle ne heurtait pas les pierres comme je le voulais. D'ailleurs, même lorsqu'elle le faisait, elle s'en tirait sans une égratignure. Ma poisse n'allait pas se laisser conjurer si facilement.

Je l'ai jetée, ramassée, relancée, récupérée, et quand, au bout de je ne sais plus combien de tentatives, j'ai finalement réussi à casser la petite coupe, mon dos était en sueur.

Panty a galéré encore plus que moi, et QP ne touchait carrément aucune pierre, à croire qu'elle n'était pas encore concernée par la malchance. Madame Barbara est parvenue à endommager sa *kawarake* à la deuxième tentative, mais ce n'était guère plus qu'une éraflure sur le bord.

Le clou du spectacle a été Andô Natsu, montée sur scène à la fin. Elle a ôté son masque, puis, les yeux clos, elle a soufflé avec un grand sérieux sur la petite coupe d'argile. Enfin, visant les pierres sacrées avec un élégant geste du bras, elle a lâché la *kawarake* dans les airs.

Celle-ci a heurté une pierre et s'est brisée joliment en deux. Natsu était la seule à avoir réussi cet exploit du premier coup.

A cet instant, son regard s'est illuminé d'un sourire. Son visage demeurait inexpressif, mais ses yeux souriaient indéniablement.

Nous nous sommes toutes rassemblées autour d'elle pour la féliciter. Madame Barbara a été la première à prendre la pose ; Panty, QP et moi avons à notre tour levé les bras et Natsu a tapé dans les mains de chacune d'entre nous.

Ainsi, notre malchance à toutes venait d'être éradiquée.

— Je me sens délivrée ! s'est exclamée Natsu de sa voix la plus éclatante de la journée.

Les ombres de la nuit commençaient à s'étendre à nos pieds. Panty a annoncé qu'elle devait se dépêcher de rentrer chez elle à Hayama, et Natsu, qu'il lui fallait terminer le travail qu'elle avait laissé en plan.

Cette fête entre filles s'est donc terminée sous le torii du sanctuaire Kamakura.

QP et moi avons pris la route au crépuscule, Madame Barbara entre nous deux. Nous étions pile à l'heure. Ce soir, nous avions prévu de réserver le café-restaurant de Mitsurô pour nous seuls et de déguster sa cuisine en famille avec Madame Barbara.

— Merci beaucoup.

Alors qu'elle marchait à mes côtés, je lui ai exprimé ma profonde gratitude.

— Les gens comme Natsu sont simplement maladroits. En réalité, c'est une personne affectueuse qui souffre de la solitude et ne demande qu'à se faire des amies.

Madame Barbara me tenait doucement la main. Comme elle tenait aussi celle de QP, nos bras reliés semblaient former la lettre M.

— Quand on arrive à mon âge, on se demande souvent pourquoi on est né.

Car après tout, peu importe l'argent qu'on a amassé, on ne peut pas l'emporter dans l'au-delà, ni la maison luxueuse qu'on a fait construire.

Il nous faut aussi dire adieu à nos meilleurs amis, n'est-ce pas ? Et même nous séparer de la personne que nous aimons.

A mon âge, la vie n'est plus qu'une succession de pertes.

— Alors, pourquoi est-ce qu'on vient au monde ?

C'est QP qui avait posé cette question ingénue.

Madame Barbara a marché en silence pendant un moment, puis elle a répondu, les yeux levés vers le ciel :

— Ce monde est peut-être comme un parc d'attractions.

Qu'il s'agisse de goûter la peur sur les montagnes russes ou de trouver l'amour sur un carrousel, tous autant que nous sommes, ne venons-nous pas au parc pour jouir de la vie ?

Il paraît que le Bouddha a dit que les humains sont nés pour souffrir et que la vie n'est qu'une série d'épreuves.

Il y a certainement une part de vérité là-dedans, mais moi, je crois que les humains sont venus au monde pour rire.

Ce qui fait le sel de la vie, c'est de s'amuser à fond dans ce parc d'attractions qu'est le monde. Il s'agit avant tout de profiter de l'expérience elle-même, même si elle est effrayante ou douloureuse.

Mais, tôt ou tard, tout le monde doit quitter le parc. C'est peut-être la seule règle ici-bas.

J'ai l'impression que la vraie valeur de la vie réside dans l'intensité du plaisir que l'on peut éprouver dans ce parc.

Chaque mot prononcé par Madame Barbara était comme un joyau.

Nous tenant indirectement la main, QP et moi avons reçu son précieux message religieusement, de nos quatre paumes.

— Alors, vous deux, riez beaucoup et profitez bien de la vie !

Madame Barbara a serré plus fort nos mains dans les siennes.

J'ignore pourquoi, j'avais envie de pleurer. De crier « Je vous aime ! » d'une voix qui résonnerait dans le monde entier.

En cet instant, je chérissais intensément le fait de vivre ici et de cette manière.

— À TOUT À L'HEURE ! SOYEZ PRUDENTS ! ai-je crié à pleins poumons après m'être levée et avancée jusqu'à l'extrême bord du quai.

Même si je sais qu'il est impossible qu'on m'entende, je n'ai pas pu m'empêcher de crier.

Je me trouve actuellement à la station Kamakura-Kôkômae de la ligne Enoden.

Tout à l'heure, QP et Mitsurô m'ont fait signe depuis le bord de la route. Depuis, je ne cesse de suivre leurs silhouettes des yeux, tel un pêcheur au cormoran, mais maintenant qu'ils sont entrés dans l'eau, je ne suis pas très sûre de savoir quelle tête est celle de QP et quelle tête est celle de Mitsurô.

Pourtant, je les cherche désespérément du regard. Quelque part dans ce troupeau de phoques qui flotte sur la mer, il y a ces deux personnes que j'aime tant.

C'est la première fois que QP fait du surf.

Sa combinaison de plongée, c'est moi qui la lui ai offerte pour son entrée au lycée, puisant dans l'énorme somme d'argent que m'a versée le Yakuza Intello. Quant à la planche de surf, elle dit qu'elle va se trouver un petit boulot et travailler dur pour l'acheter elle-même.

En attendant, un ami de Mitsurô lui prête une

planche qu'il n'utilise pas.

Sur ce banc où, autrefois, Akane et moi bavardions face à l'océan, je suis seule désormais à contempler l'étendue bleue.

Cette fois, je ne sais vraiment plus quelle tête est celle de QP.

Ondulant paisiblement, la mer du début de l'été soutient en douceur les corps des baigneurs.

En regardant l'océan, j'ai réalisé âprement l'insignifiance et la fragilité de l'existence humaine. Qu'une vague d'une ampleur inattendue déferle, et les surfeurs seraient engloutis en un instant.

Malgré tout, rassemblant leur courage, certains prennent le large en ramant avec leurs bras.

Tirant une lettre de mon sac, j'ai sorti les feuillets de l'enveloppe. Cela fait quelques jours à peine que je suis parvenue à écrire la lettre de coming out que Tôma m'avait demandé pour ses parents.

Dans la lumière, j'ai parcouru le texte des yeux.

Merci.

J'ai prononcé ce mot en direction du ciel limpide.

Telle la marée montante, je sens la gratitude m'inonder. Pour le fait de me trouver ici et maintenant, de respirer, de vivre en bonne santé.

Le bonheur réside peut-être dans cette boue où nous nous débattons quotidiennement.

Peu importe combien nous paraissons disgracieux ou ridicules aux yeux des autres quand nous luttons ainsi dans la gadoue, j'en suis venue à aimer cette facette de moi-même et de ceux qui me sont chers.

Mes chers parents,

Je suis venu au monde comme votre fils unique.

Je pense sincèrement que vous m'avez élevé avec beaucoup de soin. Je vous en suis profondément reconnaissant.

J'ai vécu en faisant de mon mieux pour être à la hauteur de vos attentes.

Pour mériter vos éloges et devenir un fils dont vous puissiez être fiers.

Quand j'étais petit, mon but était de devenir celui que vous souhaitiez que je sois.

Je ne voulais pas vous décevoir.

Pourtant, à un moment donné, j'ai commencé à avoir des doutes, ou plutôt, à me sentir mal à l'aise.

Au nom de vos valeurs et de vos principes, je tuais celui que je suis réellement.

Au début, je trouvais cela naturel, ou alors je n'en ressentais aucune souffrance.

Je pensais que du moment que je parvenais à le supporter et que cela rendait mes parents heureux, tout était pour le mieux. Cela m'était égal de me sacrifier.

Mais le fait est qu'en grandissant, en rencontrant d'autres adultes que vous et en découvrant un monde différent du foyer de mon enfance, j'ai commencé à souffrir de ce que je faisais.

Vous souvenez-vous de l'oncle Ryûzô ?

Chaque année, quand venaient les vacances d'été, j'allais les passer à Izu-Oshima.

Je n'y faisais rien de spécial. Mon quotidien se bornait à prendre le petit-déjeuner avec l'oncle Ryûzô, à aller nager et parfois, le soir, à allumer des feux d'artifice.

僕を育ててくれた両親へ。
あなた達のひとり息子として、僕はこの世界に誕生しました。
あなた達は、本当に僕を、大切に育ててくれたと思います。そのことには、
心から感謝をしています。
僕は、あなた達の期待に応えようと、僕なりに努力して生きてきました。
あなた達に褒められ、自慢の息子になれるようにと。
幼い頃は、あなた達が望むとおりの人物になることが、僕の目標でした。
あなた達に、がっかりされたくなかった。
でも、いつからかそのことに疑問というか、違和感を覚えるようになりました。
あなた達の価値観や習慣の下で、僕はいつも、本当の自分を
殺していました。
最初はそれが当たり前というか、そのことに痛みなど感じていなかったと

思います。僕さえ我慢すれば、両親が幸せを感じるのであれば、それでいいと思っていました。自分を犠牲にすることなんて、なんとも思っていなかったのです。

でも、僕自身が成長し、両親以外の大人に出会い、生まれ育った家とは別の世界を知るうちに、自分のやっていることに苦痛を感じるようになったのは事実です。

龍三おじさんを、覚えていますか？

毎年夏休みになると、僕は伊豆大島に行きました。

何も特別なことはせず、ただ一緒に朝ご飯を食べて、海に行って泳いで、たまに夜花火をして、そんな毎日でした。

でも僕は、毎日が、本当に本当に楽しかった。自分自身が、生きていると思える時間でした。

振り返ると、僕は常に、両親の目を気にしていました。
自分がどうしたいかではなく、両親が僕に何を望んでいるのかを推測して、それを実行していました。
僕は、両親からの愛情が途切れることを恐れていたのかもしれません。
最近になってわかったことですが、龍三おじさんには、愛する人がいました。
世間的には決して歓迎されるような関係ではなかったかもしれませんが、でも彼は彼なりに、その女性を深く愛していたのだと思います。
今、僕は愛する人と伊豆大島で暮らしています。
相手は男性です。
あなた達はとっくに気づいていたのではないかと思いますが、決してそのことを認めようとはしませんでした。
僕は、両親から自分を否定されることが、本当に本当に辛かった。

だから、なかなか真実を言えませんでした。
あなた達が望む通りの人生を歩めなかったことを、申し訳なく思います。あなた達が期待していた孫の顔を見せてあげることができず、心苦しい限りです。
でも、それに関しては、僕自身どうすることもできない領域です。そのことに、僕の選択できる余地はないのです。
留意していただきたいのは、このことは、あなた達の責任でも、僕自身の責任でもない点です。
どうか、悲嘆に暮れたり怒ったりせず、冷静にその現実を理解して、受け入れていただけたらと思って、この手紙を書きました。
繰り返しになりますが、あなた達が、あなた達なりの愛情を持って僕を育ててくれたこと、そのことには本当に一点の曇りもなく、感謝しています。

ただ、僕は生まれた瞬間から、もうあなた達とは別の、僕自身の人生を歩んでいるというのもまた、事実なのです。

世間的に、マイノリティーとされる人生を歩むことは、正直、とても不安になります。それでも、僕は、なんとか自らの人生を切り開こうと、パートナーと共に模索しています。

生まれる場所も両親も選ぶことはできませんが、どう生きるかの主導権は、誰もが、自分の手に握っているのだと思います。

僕は、パートナーと出会って、ようやく、この世界に生まれてよかったと思えるようになりました。ようやく、心の底から笑えるようになりました。

心の整理をする時間が必要だと思いますので、今すぐにというのは無理かもしれません。

でもいつか、あなた達と笑顔で再会できることを願っています。
僕をこの世に誕生させてくれたことに、感謝の言葉を贈ります。
どうもありがとう。

冬馬より

Mais j'appréciais vraiment chacune de ces journées. Je me sentais vivant.

Quand je regarde en arrière, je me rends compte que j'ai passé ma vie à m'inquiéter de ce que vous pensiez de moi.

Au lieu de réfléchir à ce que je voulais faire, j'agissais en fonction de ce que je supposais que vous attendiez de moi.

Sans doute avais-je peur de perdre votre amour.

Je ne l'ai découvert que récemment, mais l'oncle Ryûzô avait une amante cachée.

Leur liaison n'était peut-être pas de celles que la société accueille avec bienveillance, mais je pense qu'à sa manière, il aimait profondément cette femme.

Actuellement, je vis à Izu-Oshima avec la personne que j'aime.

Cette personne est un homme.

Je suis sûr que vous le savez depuis longtemps, mais vous n'avez jamais voulu l'admettre.

C'était vraiment très dur pour moi d'être ainsi désavoué par mes propres parents.

C'est pourquoi je n'arrivais pas à vous dire la vérité.

Je suis désolé de ne pouvoir mener la vie que vous souhaitez pour moi. Je regrette profondément de ne pas pouvoir vous donner les petits-enfants que vous attendez.

Mais je n'y peux rien. C'est au-delà de ma volonté.

Je tiens à ce que vous gardiez à l'esprit que cela ne relève ni de votre responsabilité, ni de la mienne.

J'écris cette lettre dans l'espoir que vous compreniez et acceptiez la réalité calmement, sans vous abandonner au chagrin ou à la colère.

Encore une fois, je voudrais vous exprimer ma sincère gratitude pour m'avoir élevé, à votre manière, avec amour.

Mais il est également vrai que depuis l'instant de ma naissance, je vis ma propre vie, différente de la vôtre.

Pour être honnête, je me sens très anxieux à l'idée de mener une existence considérée comme marginale par la société. Malgré cela, j'essaie tant bien que mal de me frayer mon propre chemin dans la vie, avec mon compagnon.

Nous ne pouvons pas choisir notre lieu de naissance ni nos parents, mais je crois que chacun est libre de vivre comme il l'entend.

Quand j'ai rencontré mon compagnon, enfin, j'ai éprouvé le bonheur d'être au monde. Enfin, j'ai pu rire du fond du cœur.

Je pense que vous avez besoin de temps pour accuser le coup, donc ce sera peut-être impossible dans l'immédiat, mais j'espère qu'un jour, nous pourrons nous revoir avec le sourire.

Je tiens à vous exprimer ma reconnaissance pour m'avoir donné la vie.

Merci beaucoup.

Tôma

Levant la tête, j'ai entendu, venant je ne sais d'où, le rire de l'Aînée. Peut-être m'avait-elle enfin reconnue comme écrivain public à part entière.

Merci de veiller toujours sur moi, ai-je murmuré en direction du ciel bleu.

Je veux continuer à semer des graines d'espoir en ce monde, comme on fait voler aux quatre vents les akènes d'un pissenlit.

M'éloignant du quai de la gare de Kôkômae, j'ai

serré dans mes bras en souriant Mitsurô et QP qui sortaient de l'eau.

Au début, je ne faisais qu'enrouler une serviette de bain autour de QP pour sécher son corps mouillé, mais je me sentais tellement heureuse de la retrouver saine et sauve, comme s'il s'agissait d'un miracle, que tout à coup, je n'ai pas pu arrêter mes larmes.

J'étais gênée de pleurer. Malgré tout, mes larmes tombaient sans interruption, comme une averse par temps ensoleillé. Plus j'essayais de me forcer à sourire, plus elles coulaient, comme si on les tirait de l'autre côté.

— Hato, tu es vraiment une pleurnicheuse.

De ses doigts froids, Mitsurô a séché mes larmes en riant.

Mais lui-même, depuis tout à l'heure, ne pleurait-il pas par contagion, essuyant ses larmes en secret ? Sans le savoir, Mitsurô et moi sommes devenus pareils, un couple à la larme facile.

QP n'avait pas remarqué que je pleurais, ou plutôt, elle s'en était aperçue mais faisait semblant de ne pas le voir.

Si QP et aussi Koume et Rentarô qui ne nous avaient pas accompagnés pouvaient grandir en pleine santé, baignés par les rayons du soleil, cela suffirait à me combler.

Car quoi qu'il advienne, tant que nous sommes en vie, je suis sûre que nous pourrons nous retrouver un jour, quelque part.

Achevé d'imprimer en octobre 2024
par Normandie Roto Impression s.a.s.
61250 Lonrai
N° d'impression : 2404213
Dépôt légal : octobre 2024

Imprimé en France